U0505715

中央党校（国家行政学院）"改革开放以来党的社会建设思想研究"创新工程项目组；

国家社科基金青年项目"行为社会政策视域下社会救助对象积极就业研究"

（项目编号：22CSH096）

CHENGSHI PINKUN RENYUAN
JIUYE JIUZHU YANJIU

城市贫困人员
就业救助研究

王燊成 著

上海三联书店

摘　　要

　　本书主要研究城市贫困人员的就业救助。不同于缴费型失业保险与家计调查型失业救助，**就业救助指的是国家为满足一定条件的未就业贫困人员提供现金津贴、货币支持以及就业服务，以帮助其找到工作并摆脱贫困**。作为一项新兴的社会政策，就业救助不仅将就业延展至社会救助，而且将救助内嵌至劳动力市场，逐渐成为激活贫困者内生动力以及应对福利给付与就业参与"二律背反"的重要选择。

　　围绕城市贫困人员就业救助这一核心议题，本书主要探讨了五个方面问题：**第一，就业救助的基本内涵**。尽管《社会救助暂行办法》明确了就业救助的概念，并将其作为一项社会救助项目，但目前无论是政策界还是学术界，对于就业救助的理解不仅模糊而且较为狭隘。因此，本书旨在以"先破后立"的方式，不拘泥于现行政策规定，而是从学理上回答就业救助"是什么"。**第二，就业救助的事实基础**。就业救助旨在帮助贫困人员找到工作，那么贫困人员的就业状态如何？影响就业的因素又有哪些？需要进行就业救助的人员占比如何？**第三，就业救助的需求分析**。需求分析主要从就业障碍的维度展开，即城市贫困人员面临着哪些就业障碍？背后的主要原因又有哪些？**第四，就业救助的制度回应**。现行制度如何回应城市贫困人员的就业救助需求？具有哪些典型性措施？回应效果如何？就业救助存在哪些问题与不足？**第五，就业救助的优化路径**。从理论视角以及国际经验来看，就业救助应该如何避免陷入"新瓶装老酒"的窠臼，打破制度困境，实现路径优化？

本书遵循演绎与归纳的双重逻辑，在厘清就业救助基本内涵的前提下，基于就业救助议题与工作福利理论"一明一暗"两条行文线索，利用定量与定性相结合的混合研究方法进行了系统研究，并主要得到以下四方面发现：

第一，对城市贫困人员开展就业救助具有翔实的事实基础。从登记失业低保人员的统计数据来看，就业救助对象占比呈现下降趋势，但依旧超过三成；从未就业（无业失业）贫困人员的调查数据来看，2012—2016 五年间就业救助对象占比趋于稳定，处于四成至五成之间。在掌握就业状态事实基础上，本书发现城市贫困人员就业状态的影响因素是多元的，至少包括个体、家庭、福利领取以及劳动力市场四个维度；同时如果将就业状态设置为未就业、非正式就业以及正式就业三分变量，影响因素具有明显异质性。比如，低保金享有对就业存在一定抑制，但若只考虑非正式与正式就业，该指标并不显著。又比如教育水平存在"门槛效应"，只考虑非正式与正式就业，教育水平能够正向预测正式就业，但只考虑就业与未就业，教育反而成为抑制就业的显著性因素。

第二，城市贫困人员就业救助的需求是多元复杂的，大体包括三个方面：就业机会、就业能力以及就业意愿。个案研究表明，在劳动力市场分割、社会排斥以及家庭照顾的影响下，城市贫困人员面临着就业机会障碍，具体表现为"不合适""不要我"以及"走不开"；在教育水平制约、健康状况限制以及长期未就业的影响下,城市贫困人员面临着就业能力障碍,具体表现为"没技能""没体力"以及"没经验"；在救助福利驱动以及心理认知局限的影响下,城市贫困人员面临着就业意愿障碍,具体表现为"典型性懒汉"与"非典型性懒汉"。不过,现实中三种就业障碍往往相互交织,共同制约就业参与。

第三,城市贫困人员就业救助目前实行属地化管理,各地在制度供给数量上形成了与救助需求相对应的三种回应路径,但是制度供给质量整体不高,制度瓶颈凸显。就业救助的需求回应路径分别为:以职业介绍、自谋职业自主创业扶持、公益性岗位安置为核心措施拓展就业机会；以免费培训为核心措施增强就业能力；以设置福利领取条件与就业收入支持为核心措施激励就业意愿。不过,实证分析表明,现行措施效果受限,就业救助存在制度瓶颈,具体包括三方面:制度定位的双重偏差导致独立性不足,救助对象的瞄准缺失造成供需不匹配,救助主体的协同不足引发政策执行打折扣。

第四,城市贫困人员就业救助应借鉴工作福利理论与国际经验进行路径优化。首先,理顺就业救助在社会救助与劳动力市场中的制度定位以实现独立性,这是路径优化的基础,包括优化就业救助对象识别路径、补充失业救助金、衔接就业救助与失业保险、健全积极的劳动力市场政策并凸显城市贫困人员的特殊性、加强就业救助与就业保护之间的衔接等；其次,实现救助对象与服务递送的精分以提高瞄准度,这是路径优化的关键,包括做好就业救助对象的精分,补齐就业救助服务内容,在需求分析的基础上精准递送服务等；最后,重塑治理结构以实现协同化,这是路径优化的保障,包括明确"人社主责、民政协助"政府内部分工机制,构建社会工作机构与用人单位的协作参与模式,提高基层工作队伍的力量、水平、待遇以及助推贫困人员作出正确的行为选择等。

本书做出的**主要贡献**包括以下四点:**第一,能够为城市贫困人员的就业救助"把脉问诊开良方"**。本书不但在厘清相似概念的基础上从学理层面重新反思了就业救助的主要内涵,而且构建了就业行为产生的"机会—能力—意愿"三维分析框架,为就业救助的制度优化建言献策。**第二,将工作福利理论引入就业救助研究,既有现实意义,也具理论贡献**。本书在梳理政策实践的基础上概括提炼了工作福利的前提假设、价值导向、政策路径以及治理逻辑四方面理论内涵,既能够为城市贫困人员的就业救助提供研究线索,同时将工作福利置于就业救助的政策场域反过来也能为丰富理论内涵提供鲜活的实证素材。**第三,能够与现有研究进行一定对话**。一方面,相较于国外研究,不同于现金津贴与就业促进相分离的研究取向,本书无论是概念理解,还是路径优化,既兼顾失业津贴,也强调就业服务,以期构建更具包容性的就业救助话语体系,这既是一种借鉴,也是一种补充。另一方面,相较于国内研究,本书针对福利对于就业的抑制效应、就业救助政策评估以及就业救助路径优化等研究议题尝试给出了新的回答与解释。**第四,能够为了解中国是如何回应福利领取与就业参与悖论积累一定的经验材料**。福利领取与就业参与悖论是世界各国面临的普遍性难题,目前关于西方国家的实践经验与制度探索的研究成果十分丰富,但是对于中国是如何应对这一问题的系统性研究并不多见,因此本书以期能够为了解中国经验进行资料补充。

本书的**创新之处**主要包括三方面:**第一,研究选题具有一定创新**。现有研究较少关注就业救助这一新兴的社会政策。同时,本书尝试"先破后立",在"实然之举"到"应然之思"的演绎逻辑中并没有局限于现行政策文本,而是在学理层面厘清就业救助基本内涵的前提下展开研究。**第二,理论视角具有一定创新。**目前从理论维度来审视工作福利的研究并不多见。同时,相较于人力资本投资、发展型社会政策、第三条道路等理论,工作福利不仅兼具中观理论的分析优势,而且还涵盖了社会政策与经济政策、公民权利与义务、福利领取与就业参与、福利依赖与反福利依赖、福利递送多元主体等相关议题,也能够在就业救助研究中延伸更多的研究思考与制度探索。**第三,研究发现与研究过程具有一定创新。**除了一些创新性发现以外,本书在研究过程也尝试着进行创新。比如以概念比较的方式界定核心概念、构建多维的低保金享有度指标、利用 PSM-DID 的政策评估方法、对于心理认知局限的"非典型懒汉"的关注并强调引入助推的政策工具以及强调利用可视化图表。

　　由于研究者学科背景、知识积累、研究能力以及研究资料的限制,本书也存在许多不足之处,包括如何提高就业救助的有效性与公平性、工作至上的价值反思、子问题的研究深度等。在未来,还可以重点关注以下研究议题:第一,从外延更广的就业保障维度来思考贫困者等弱势群体的就业问题;第二,如何实现社会保险、社会救助以及社会福利的有机组合,构建覆盖全民的多层次立体化的就业保障体系;第三,在数字经济时代,如何构建就业与可持续生计两条预防与反贫困的重要路径。

　　总而言之,失业与贫困、就业与反贫困既是一个拥有渊源历史的研究议题,也是一个始终应景的现实话题,希望能够以本书作为学术研究新起点!

目 录

第1章 导言 ……………………………………………… 1

1.1 问题提出 ……………………………………… 1

1.1.1 研究背景 ………………………………… 1

1.1.2 研究问题 ………………………………… 4

1.1.3 研究意义 ………………………………… 5

1.2 文献综述 ……………………………………… 6

1.2.1 失业与贫困的关系研究 ………………… 6

1.2.2 福利领取与就业参与的关系研究 ……… 10

1.2.3 我国城市贫困人员的就业促进研究 …… 18

1.2.4 文献评述 ………………………………… 24

1.3 概念界定 ……………………………………… 27

1.3.1 失业人口与未就业人口 ………………… 28

1.3.2 低保人员、贫困人员、社会救助对象 …… 31

1.3.3 就业困难人员与贫困人员 ……………… 33

1.3.4 就业救助与就业援助、就业帮扶、就业促进 …… 35

1.3.5 失业救助、失业保险与就业救助 ……… 38

第2章 理论视角与研究设计 …………………………… 41

2.1 理论视角：工作福利 …………………………… 41

2.1.1 工作福利的术语起源 …………………… 42

2.1.2 工作福利的政策实践 ·············· 44

2.1.3 工作福利的理论内涵 ·············· 47

2.1.4 工作福利的适用分析 ·············· 55

2.2 研究设计 ······················· 59

2.2.1 研究方法 ····················· 59

2.2.2 技术路线与章节安排 ·············· 69

第3章 城市贫困人员就业救助的国际经验 ······· 72

3.1 贫困失业者的现金津贴：失业救助金 ······· 72

3.1.1 失业救助金的权利条件 ············ 73

3.1.2 失业救助金的津贴慷慨度 ·········· 77

3.2 积极的劳动力市场政策 ·············· 82

3.2.1 培训 ······················ 83

3.2.2 辅导与求职帮助 ················ 84

3.2.3 就业创业激励 ················· 84

3.2.4 直接就业/就业机会创造 ··········· 86

3.2.5 公共就业服务 ················· 87

3.3 现金津贴与积极的劳动力市场政策的衔接 ···· 88

3.3.1 兼顾"现金津贴＋服务支持"的救助内容 ···· 89

3.3.2 坚持"个性灵活＋动态调整"的救助原则 ···· 90

3.3.3 强调"制度衔接＋执行协同"的救助实施 ···· 92

3.3.4 注重"领取条件＋收入支持"的救助激励 ···· 93

3.4 本章小结 ····················· 101

第4章 城市贫困人员就业救助的事实基础 ······ 103

4.1 城市贫困人员就业状态与就业质量 ······· 104

4.1.1 就业状态：登记失业与未就业的两种视角 ···· 106

4.1.2　就业质量：就业收入、行业层次、职业类型以及
就业保护 •••••••••••••••••••••••••••••••••• 114

4.2　城市贫困人员就业状态的异质性••••••••••••••••• 117

4.2.1　个体异质性 •••••••••••••••••••••• 117

4.2.2　地区异质性 •••••••••••••••••••••• 121

4.3　城市贫困人员就业状态的影响因素分析••••••••• 123

4.3.1　模型工具 •••••••••••••••••••••••• 123

4.3.2　变量测量 •••••••••••••••••••••••• 124

4.3.3　回归结果 •••••••••••••••••••••••• 128

4.3.4　稳健性检验 •••••••••••••••••••••• 134

4.4　本章小结 •••••••••••••••••••••••••••••••••••• 137

第5章　城市贫困人员就业救助的需求分析 ••••••••• 140

5.1　就业机会障碍："不合适""不要我""走不开" ••••••••• 141

5.1.1　劳动力市场分割的"不合适" ••••••••• 141

5.1.2　社会排斥的"不要我" ••••••••••••••• 143

5.1.3　家庭照顾的"走不开" ••••••••••••••• 147

5.2　就业能力障碍："没技能""没体力""没经验" ••••••••• 149

5.2.1　教育水平制约的"没技能" ••••••••••• 150

5.2.2　健康状况限制的"没体力" ••••••••••• 151

5.2.3　长期未就业的"没经验" ••••••••••••• 152

5.3　就业意愿障碍："典型性懒汉"与"非典型性懒汉" •••••• 153

5.3.1　救助福利驱动的"典型性懒汉" ••••••• 154

5.3.2　心理认知局限的"非典型性懒汉" ••••• 160

5.4　本章小结 •••••••••••••••••••••••••••••••••••• 164

第6章　城市贫困人员就业救助的制度回应 ⋯⋯⋯⋯⋯⋯ 167

6.1　就业救助的制度演变及其阶段目标⋯⋯⋯⋯⋯⋯ 167

6.1.1　就业救助的制度演变 ⋯⋯⋯⋯⋯⋯⋯⋯⋯ 167

6.1.2　就业救助的阶段目标 ⋯⋯⋯⋯⋯⋯⋯⋯⋯ 169

6.2　就业救助回应的典型做法及其效果⋯⋯⋯⋯⋯⋯ 173

6.2.1　以职业介绍、自谋职业自主创业扶持、公益性岗位

安置为核心措施拓展就业机会 ⋯⋯⋯⋯⋯⋯ 173

6.2.2　以免费培训为核心措施增强就业能力 ⋯⋯⋯ 188

6.2.3　以设置福利领取条件与就业收入支持为核心措施

激励就业意愿 ⋯⋯⋯⋯⋯⋯⋯⋯⋯⋯⋯⋯ 192

6.3　就业救助存在的主要问题与不足 ⋯⋯⋯⋯⋯⋯⋯ 199

6.3.1　定位的双重偏差导致独立性不足 ⋯⋯⋯⋯⋯ 199

6.3.2　对象的瞄准缺失造成供需不匹配 ⋯⋯⋯⋯⋯ 208

6.3.3　主体的协同不足引发政策执行打折扣 ⋯⋯⋯ 217

6.4　本章小结 ⋯⋯⋯⋯⋯⋯⋯⋯⋯⋯⋯⋯⋯⋯⋯ 221

第7章　城市贫困人员就业救助的路径优化 ⋯⋯⋯⋯⋯ 223

7.1　理顺制度定位,增强就业救助的独立性 ⋯⋯⋯⋯ 223

7.1.1　理顺就业救助在社会救助中的制度定位 ⋯⋯ 223

7.1.2　理顺就业救助在劳动力市场中的制度定位 ⋯⋯ 232

7.2　瞄准救助对象,提高就业救助的匹配度 ⋯⋯⋯⋯ 236

7.2.1　实行就业救助对象的精分 ⋯⋯⋯⋯⋯⋯⋯ 237

7.2.2　精准递送就业救助服务 ⋯⋯⋯⋯⋯⋯⋯⋯ 238

7.3　重塑治理结构,促进就业救助的协同化 ⋯⋯⋯⋯ 245

7.3.1　明确"人社主责、民政协助"政府内部分工机制 ⋯ 245

7.3.2 构建社会工作机构与企业等用人单位的协作参与
模式 ·· 248

7.3.3 提高基层工作队伍的力量、水平以及相关待遇 ··· 250

7.3.4 助推城市贫困人员作出正确的行为选择 ············ 251

7.4 本章小结 ·· 259

第8章 结论与展望 ·· 260

8.1 研究发现与主要贡献 ·· 260

8.1.1 研究发现 ··· 260

8.1.2 主要贡献 ··· 263

8.2 研究特点与创新之处 ·· 266

8.2.1 研究特点 ··· 266

8.2.2 创新之处 ··· 267

8.3 研究不足与未来展望 ·· 270

8.3.1 研究不足 ··· 270

8.3.2 未来展望 ··· 271

参考文献 ·· 273

中文著作 ·· 273

英文著作 ·· 275

中文论文 ·· 278

英文论文 ·· 295

其他(会议论文、报纸、电子资源、政策文件等) ············· 306

附录 ·· 314

深度访谈个案编码信息 ·· 314

访谈提纲 ·· 316

后记 ·· 319

图表索引

图 1-1 失业人口、未就业人口、就业困难人员与贫困人员
相关概念比较 ················· 35

图 2-1 城市贫困人员就业救助研究的理论脉络线索图 ········ 58

图 2-2 研究技术路线 ················· 70

图 4-1 就业救助对象识别路径图 ················· 103

图 4-2 2007—2018 年城镇低保对象人员构成情况 ·········· 108

图 4-3 2007—2018 年有就业条件的城镇低保对象人员构成
情况 ················· 108

图 4-4 2012—2016 年城市贫困人员就业参与状态的变化图
················· 111

图 4-5 2012—2016 年城市贫困零就业家庭比例与家庭平均
就业率 ················· 112

图 4-6 2012—2016 年城市贫困人员就业率的性别比较分析
················· 119

图 4-7 2012—2016 年城市贫困人员就业率的年龄段比较
分析 ················· 120

图 4-8 2015—2016 年四地区城市贫困人员就业率 ········· 123

图 5-1 2008—2009 年北京市低保标准和最低工资标准增幅
变化 ················· 158

图 5-2 就业参与的"能力—意愿—机会"关系图 ·············· 166

图 6-1 就业救助中从"福利"到"工作"的阶段路径 ·········· 172

图 6-2 就业障碍的需求回应路径图 ················· 173

图 6-3 ROC 曲线 ·························· 177

图 6-4 协变量匹配前后标准偏误% ················· 180

图 6-5 四类劳动力市场政策的对象关系图 ············· 205

图 7-1 就业救助对象识别路径优化图 ··············· 226

图 7-2 就业救助在社会救助与劳动力市场中的定位图 ····· 233

图 7-3 就业意愿—就业能力—就业机会三维下就业救助对象
　　　　立体精分模型 ······················ 237

图 7-4 救助对象精分下的就业救助靶向干预机制 ·········· 240

图 7-5 就业救助多元主体"协同治理"关系图 ··········· 246

图 8-1 1977—2019 年"workfare"主题词发文情况 ········· 264

表 1-1 失业人口与未就业人口的概念比较 ············· 30

表 1-2 就业救助与就业援助、就业帮扶及就业促进的概念
　　　　比较 ····························· 38

表 3-1 OECD 以及非 OECD 的欧盟国家失业现金津贴类型
　　　　一览表 ··························· 73

表 4-1 城市低保未就业状态占比调研数据一览表 ·········· 105

表 4-2 2007—2018 年度我国城镇低保人员构成情况(万人)
　　　　····························· 107

表 4-3 2012—2016 年城市贫困人员就业状态情况 ········· 110

表 4-4 2012—2016 年城市贫困家庭就业率一览表 ········· 112

表 4-5 2012—2016 年城市贫困人员就业参与状态一览表 ··· 113

表 4-6　贫困家庭有劳动能力人员人均劳动收入类型(2015 年)

　　　　………………………………………………… 114

表 4-7　贫困家庭主要收入人排名前十的主要行业(2015 年)

　　　　………………………………………………… 115

表 4-8　贫困家庭主要劳动力最近从事的职业类型(2015 年)

　　　　………………………………………………… 116

表 4-9　贫困人员及其家庭成员社会保险享受程度(2015 年)

　　　　………………………………………………… 116

表 4-10　2012—2016 年城市贫困人员就业参与的性别比较

　　　　　分析 ……………………………………………… 118

表 4-11　2012—2016 年城市贫困人员就业参与的年龄段比较

　　　　　分析 ……………………………………………… 120

表 4-12　2015—2016 年城市贫困人员就业参与情况的地区

　　　　　比较 ……………………………………………… 122

表 4-13　因子分析的变量基本情况 ………………………… 126

表 4-14　因子分析结果 ……………………………………… 127

表 4-15　因变量和自变量的描述性分析 …………………… 127

表 4-16　城市贫困人员就业状态的 Logistic 回归结果 ……… 130

表 4-17　Hausman 检验结果 ………………………………… 134

表 4-18　城市贫困人员就业状态的 mlogit 模型回归结果…… 135

表 5-1　城市贫困人员教育和健康水平一览表(2015 年) …… 151

表 5-2　城市贫困人员自评健康(2015 年) ………………… 152

表 5-3　2007—2019 年北京市城市低保标准与最低工资标准

　　　　一览表 …………………………………………… 157

表 6-1　职业介绍接受情况 ………………………………… 175

表 6-2　职业介绍对城市贫困人员就业状态影响的二元

　　　　Logistic 回归结果 ⋯⋯⋯⋯⋯⋯⋯⋯⋯⋯⋯⋯⋯ 176

表 6-3　PSM-DID 平衡性检验结果 ⋯⋯⋯⋯⋯⋯⋯⋯⋯⋯ 178

表 6-4　匹配前后模型总体拟合优度统计量 ⋯⋯⋯⋯⋯⋯ 180

表 6-5　PSM-DID 与 Logistic 回归结果比较 ⋯⋯⋯⋯⋯⋯ 181

表 6-6　基于 PSM-DID 的异质性分析 ⋯⋯⋯⋯⋯⋯⋯⋯ 182

表 6-7　2016 年北京市城市低保就业对象（不含离退休人员）

　　　　类型 ⋯⋯⋯⋯⋯⋯⋯⋯⋯⋯⋯⋯⋯⋯⋯⋯⋯⋯ 184

表 6-8　公益性岗位聘用人员类型（多选题） ⋯⋯⋯⋯⋯ 188

表 6-9　免费培训接受情况 ⋯⋯⋯⋯⋯⋯⋯⋯⋯⋯⋯⋯⋯ 190

表 6-10　免费培训对城市贫困人员就业状态影响的二元

　　　　 Logistic 回归结果 ⋯⋯⋯⋯⋯⋯⋯⋯⋯⋯⋯⋯ 191

表 6-11　PSM-DID 与 Logistic 回归结果比较 ⋯⋯⋯⋯⋯ 192

表 6-12　城市未就业低保对象需求类型 ⋯⋯⋯⋯⋯⋯⋯ 213

表 7-1　社会救助金与失业救助金比较 ⋯⋯⋯⋯⋯⋯⋯⋯ 230

表 7-2　就业意愿—就业能力—就业机会的障碍简单组合表

　　　　⋯⋯⋯⋯⋯⋯⋯⋯⋯⋯⋯⋯⋯⋯⋯⋯⋯⋯⋯⋯ 238

第1章 导 言

1.1 问题提出

1.1.1 研究背景

失业是收入不安全的主要根源,更是陷入贫困的重要致因。由于单靠市场并不能提供足够的保护以防范失业风险,各国政府大都建立了保护失业者的失业津贴(unemployment benefit,UB)以满足其生活需求(Boeri et al.,2003)。自从英国于1911年开创性建立失业保险(unemployment insurance,UI)制度以来,世界各国纷纷开始建立起国家层面的缴费型失业保险制度(Alber,1981)。世界劳工组织发布的报告显示,截至2015年,世界范围内建立失业保险的国家共计82个(ILO,2017:44)。然而,由于劳动力市场的日益分化,从事自雇就业、兼职就业等非正规就业的群体越来越多,加上失业保险金的领取不仅需要满足一定的缴费年限与金额,还有各种货币(monetary)、非货币(non-monetary)要求以及津贴领取时间的限制,越来越多的短期以及长期失业(无业)的贫困劳动力被排除在失业保险之外(Boushey & Wenger,2006)。因此,除了失业保险(UI),各国同时依托社会救助(social assistance,SA),向没有资格享有失业保险金的贫困人员给付现金津贴。

将有劳动能力的贫困者纳入社会救助,一方面打破了只针对没有劳动能力穷人的救助传统,因为根据英国1601年颁布的《伊丽莎白济贫法》(The Elizabeth Poor Law),只有没有劳动能力的穷人才会被安排至济贫院进行生活救助(Farley et al.,2000:18);另一方面,产生了长期失业与长期领取福利的并存现象,对个人和社会带来了严重的负面影响(Blank,1989;Duell et al.,2016)。对个人而言,长期失业会带来人力资本下降、健康问题、贫困以及社会排斥等;对社会而言,因长期失业而长期领取救济金会危及社会保障制度的可持续性,降低劳动力市场匹配效率(Hohmeyer et al.,2020)。更令人担忧的是,长期失业与长期领取福利似乎已经成为一组互为依赖的关系,即长期失业会增加贫困者长期领取福利的概率,而长期领取福利也会加大贫困者长期失业的风险,并且这种关系还会随着失业状态或福利领取状态的时间推移而增强(Bane & Ellwood,1994;Bäckman & Bergmark,2011;Carpentier et al.,2014;Immervoll,et al,2015)。西方发达的资本主义国家,福利项目越来越被视为在贫困家庭中形成了长期依赖和功能失调的文化,因此如何回应贫困者长期失业与长期领取福利问题始终是一项重大的政策挑战(Immervoll et al.,2015)。从20世纪60年代以来,各国开始了一系列福利津贴以及劳动力市场改革,试图打破社会救助与就业参与的悖论。比如,英国、德国等国在失业保险津贴(UI)和社会救助津贴(SA)之外,还建立了失业救助(unemployment assistance,UA),形成了失业保险—失业救助—社会救助的三层(tie)失业津贴支持系统(Clasen & Clegg,2011:3;Pfeifer,2012)。失业救助与社会救助作为第二层、三层系统通常以家计调查(means-test)为基础,津贴水平保持在较低的水平(Kvist,1998)。

尽管相较于西方发达国家,我国现代社会保障的发展进程相对滞后,但是通过依托社会救助津贴给付保障失业无业致贫人员的做法是一致的,也产生了就业与收入保障的"二律背反"现象(唐钧,2002)。始于20世纪90年代的我国城市贫困问题(洪大用,2003),源于国有经济重组以及城市劳动力市场改革,产生了一大批下岗职工、失业人员群体(都阳、Park A,2007;唐钧等,2003:2—16)。在当时,20%的居民由于失业而陷入暂时贫困,10%的居民由于失业而陷入长期贫困(张世鹏,1998)。这些因下岗、失业而陷入贫困的新城市贫困群体对只针对"三无"人员的传统城市救济提出了改革要求,迫使政府探索新的社会救助(郑功成,2011:2)。同时,也对政府如何帮助这些群体实现再就业提出了严峻挑战。面对这一现实诉求,一方面,中央政府建立了最低生活保障制度(以下简称低保),通过给付社会救助金的方式来满足因下岗、失业而陷入贫困人员的基本生活需求;另一方面,各地积极开展再就业工程,并强调有劳动能力的贫困人员在领取低保金的同时应该积极就业(Solinger,2009)。在当时,国家主张劳动者"以劳动自养为主,低保福利制度为辅"的社会福利理念(周昌祥,2005),并出台了诸如社区公益劳动参与、免费培训、职业推荐、岗位补贴等多元化措施,鼓励并支持有劳动能力的贫困人员积极就业,防止长期依赖救助。

十余年发展,城市低保满足了贫困人员的生存需求、促进了社会公平、有利于社会和谐以及消除社会顾虑,成为我国政府消除城市贫困的重大举措(韩克庆,2012:3—4)。然而,城市贫困人员的下岗、失业再就业难题似乎并没有得到有效解决,甚至还引发了人们对于福利依赖的担忧。在新闻报道和学术研究中,"低保金变成了养懒金""低保养懒汉""年轻懒汉""国家不养懒汉"等词语不断出现(康劲,2006;谢治菊,2013;张浩淼,2014;刘璐婵、林闽钢,2015;胡思洋、赵曼,2017)。国家越来越重视如何帮助有劳动能力的城市贫困人员重返劳动力市场,就业也因此进入到社会救助的话语体系。2014年5月1日,我国第一部统筹各项社会救助制度的行政法规《社会救助暂行办法》(以下简称《暂行办法》)正式出台,就业救助的概念第一次在法律文件上予以明确,并成为我国社会救助项目中的重要组成部分。然而,无论是学术界还是政策界,对就业救助都存在诸多模糊认识,甚至连就业救助的叫法都有分歧,对就业救助的覆盖对象、实施措施、政策目标等问题,也都存在不同理解;在政策实践层面,更是由于就业救助分属人力资源社会保障和民政两个政府主管部门,而出现"自说自话"、各管一块的工作局面(韩克庆,2016)。在这样的背景下,讲明白、弄清楚城市贫困人员的就业救助无论是对政策实践,还是对理论研究都具有很强的必要性。

1.1.2 研究问题

本书的核心议题是城市贫困人员的就业救助,主要包括五方面的研究问题:

第一,就业救助的基本内涵。作为兼顾"就业"与"救助"的复合型概念,就业救助与就业援助、就业帮扶、就业促进等概念应该如何进行区分和厘清? 就业救助的对象又该如何界定? 就制度而言,就业救助与失业保险、失业救助又是何种关系?

第二,就业救助的事实基础。在明确就业救助基本内涵的基础上,本书拟回答在有劳动能力的城市贫困人员当中,需要进行就业救助的贫困人员占比情况,即准确把握城市贫困人员当前的就业状态。其中,影响就业的因素有哪些?

第三,就业救助的需求分析。对于城市贫困人员而言,面临着哪些典型的就业救助需求?又该如何看待这些就业救助需求?

第四,就业救助的制度回应。现行就业救助如何回应城市贫困人员的就业救助需求?具有哪些代表性的核心措施?这些措施回应效果如何?现行制度又有哪些问题与不足?

第五,就业救助的优化路径。作为一个新兴的政策领域,就业救助应该如何避免陷入"新瓶装老酒"的窠臼,打破制度困境,实现路径优化?

1.1.3 研究意义

本书认为,城市贫困人员就业救助研究具有实践和理论两方面重要意义。

在实践层面上,就业无论对个人还是对家庭而言,都是一种避免贫困和消除个人对政府依赖的可靠途径,就业优先应该被视为社会福利政策的基本原则之一(何平、李实、王延中,2009)。就业是一种最大的福利,个人要积极就业,国家也应该提供社会保障支持就业(彭华民、宋祥秀,2006)。因此,如何促进贫困人员的就业一直以来都是各国贫困救助的重要内容和基本方案(李乐为、王丽华,2011)。对于我国未就业的城市贫困人员,探讨如何通过就业救助以帮助其就业具有重要的现实意义,有利于实现个人发展、优化社会救助制度并激活劳动力市场。尽管《暂行办法》对就业救助的主要内容进行了大体规定,但是在政策实践中,就业救助似乎仍然处于"摸着石头过河"的探索阶段。因此,本书能够为明晰就业救助对象、理顺就业救助定位、优化就业救助设计、实现就业救助目标等实践环节提供重要的政策建议。

本书并不只是一份应用研究,也是一项重要的理论研究。横贯社会救助与劳动力市场的就业救助,不仅将就业的研究延展至社会救助领域,也将贫困的话题嵌入到劳动力市场领域,因此本书有利于从理论上厘清二者如何实现协同。其次,对于就业救助的讨论,还可以在特定的社会政策场域下回答诸如福利领取与就业参与、公民权利与责任业务、经济政策与社会政策、福利依赖与反福利依赖等热点话题。最后尽管工作福利(workfare)理论在西方国家探讨也很深入,但是如何运用于我国的社会政策设计,国内学者较少系统探讨。工作福利理论的引入不仅能够为就业救助研究提供严密的逻辑线索,反过来就业救助研究也能够为丰富工作福利理论提供鲜活的实证素材。

1.2　文献综述

1.2.1　失业与贫困的关系研究

在联合国 1995 年通过的《根本哈根社会发展问题宣言》中,贫困、失业以及社会排斥被列为影响各国的三大深重社会问题(联合国大会,1995)。一直以来,失业与贫困相关议题始终是学者们关注的热点话题。不过,失业与贫困并不是简单的并列式关系,二者往往相伴相生:一方面,失业是贫困的重要致因;另一方面,贫困也会进一步固化失业人口。

1. 失业是贫困的重要致因

国内外研究表明,失业已经成为贫困产生以及恶化的重要影响因素。安妮塔·哈塔贾(Anita Haataja)基于美国、英国和德国的失业与贫困情况的比较,发现失业会极大增加贫困发生率(Haataja,1999)。皮特·桑德斯(Peter Saunders)指出,强有力的证据表明失业增加了贫困风险,加剧了不平等,而且它还对失业者、家庭以及所居住的社区产生了一系列削弱社会力量的影响(Saunders,2002)。纳萨尔(Nassar)等人的研究也指出,全球青年失业是造成贫困的一个重要原因,并且还将导致贫困人口持续边缘化(Nassar et al.,2019)。约瑟夫·A.克肖(Joseph A. Kershaw)认为,劳工失业、就业不足和退出就业市场是导致贫困问题的核心原因(Kershaw,1970:7)。此外,失业率还增加了未来贫困的可能性,工作的负担将更多地放在后代身上,这种失业冲击将会导致个人始终处于贫困循环之中(Borgen Magazine,2017)。不过,也有研究发现,尼日利亚失业率的上升反而降低了贫困,而贫困水平的上升却降低了失业率。这是因为由于在尼日利亚,当人们在官方意义上失业时,许多人仍然从事各种不正规的工作,这些工作并不被官方视为就业。这些不稳定的工作使许多工人生活得更好,提高了他们的生活质量,使他们摆脱了贫困。此外,当人们变得很穷时,他们倾向于接受工资很低的工作,这就减少了失业(Osinubi,2005)。

在我国,进入新世纪以来,失业已经成为最严峻、最主要的贫困产生要素。原化荣(1990)指出,失业或不充分就业是导致贫困最直接,也是最明显的原因。吴忠民(2001)认为,中国城市的贫困者多来自失业者或是半失业者,失业人员及其亲属同时最有可能成为贫困者。由于就业机会的减少(王小鲁、樊纲,2005),下岗、失业或就业质量不高共同推动着下岗人员陷入贫困(华迎放,2004;梅建明、秦颖,2005)。在其他条件不变的情况下,大量失业的出现会导致贫困率上升(夏庆杰、宋丽娜、Appleton S.,2007)。王绍光、何焕荣、乐园(2005)基于卫生部 1998 年调查数据的研究指出,失业是导致城镇人口陷入贫困最主要原因。林卡、范晓光(2006)进一步发现,城市贫困人口中,因为失业、下岗、企业停产或半停产以及其他市场因素而陷入贫困的"新城市贫困群体"占了七成至九成比重。李永友、沈坤荣(2007)通过测算发现,1 个百分点的失业率将会导致相对贫困水平上涨至 1 至1.26 个百分点。李实、John Knight(2002)的测算还表明,对于户主失业或下岗的家庭来说,其贫困发生率明显较高。如果户主失业或下岗,该家庭成员陷入总体贫困的概率将比一般家庭高出 44 倍。

2. 贫困会进一步固化失业人口

随着研究的深入开展,学者们发现失业不仅会造成贫困,同时贫困反过来也使人们更难以重返工作岗位,导致失业产生固化(Gallie et al.,2003)。一旦贫困,个人陷入长期失业的风险就会增加,贫困者将会陷入严重的贫困陷阱,因为家庭或个人没有必要的工具来实现就业(Borgen Magazine,2017)。对于贫困对失业的固化效应,如果从劳动力市场的供需关系来看,主要包括两种主要的解释机制:

第一种解释机制是个体特征决定论,即从劳动力市场供给方出发,强调贫困者的个体特征导致其难以重返工作岗位。查尔斯·默里(Charles Murray)认为,贫困者之所以陷入长期失业,除了诸如健康状况欠佳等事实以外,更主要的是贫困者产生了懒散、

依赖、道德意志薄弱等态度导致其不愿意就业(Murray,1984:
56)。克鲁塞尔(Per Krusell)等人指出,人力资本和物质资本匮乏
削弱了低收入群体抵御失业风险的能力,因而更多地承受了经济
波动的不确定性(Krusell,2009)。尹志刚等人(2002)的实证研究
发现,身体素质差、年龄偏大以及文化程度低是贫困劳动人口失业
和再就业困难的主要原因。华迎放(2004)认为,受到个人文化、专
业技能、身体素质、年龄以及思想观念等因素的限制,贫困对象在
劳动力市场的竞争中往往处于劣势地位。韩克庆、刘喜堂
(2008)发现,大多数低保对象具有较强的就业意愿,但是受限于年
龄、健康等状况,常常无法实现稳定就业。还有研究强调,贫困对
象由于不具有相应的知识技能和就业能力,导致其无法进入到较
高收入水平的劳动力市场(宋扬、赵君,2015)。

第二种解释机制是劳动力市场排斥论,即从劳动力市场的需
求方出发,强调贫困者难以重返劳动力市场的主要原因在于劳动
力市场排斥。自彼得·汤森(1979)的"相对贫困"以及阿马蒂亚·
森(2002)的"可行能力剥夺"提出以来,社会学家们越来越强调贫
困人员的失业及其就业困难应该归因于劳动力市场的各种排斥。
约翰·D.卡萨达(John D. Kasarda)与丁国辉(Kwok-fai Ting)等人
的研究指出,二战后,美国城市产生了大量高技术工作岗位,这些
工作无法匹配大多数没有适当技能的城市贫困对象;与此同时,城
市内的低技能工作岗位减少,向更具经济优势的郊区地区转移。
由于缺乏技能和空间不匹配,穷人陷入了长期失业以及依赖福利
的困境(John et al.,1996)。威廉·朱利叶斯·威尔逊(Willam
Julius Wilson)认为,贫困单亲妇女在劳动市场分化过程中位居底
层,加上都市内城产业区位的外移,导致她们想要工作却找不到,

或即便找得到工作也依然穷困(Willam，1990：167)。劳动力市场边缘化导致贫困和社会排斥呈现螺旋式上升，反过来又加剧了贫困者陷入长期失业的风险(Gallie et al.，2003)。彭华民(2007：121)认为，在社会转型过程中就业制度的排斥使得一些有劳动能力的贫困群体被排除在劳动力市场之外。包振宇等人(2012)指出，在城市绅士化的进程中，小商贩等体制外职业受到了严重排斥，导致低收入群体失去了重要的非正式就业途径。方菲(2012)的研究表明，低保对象由于人力资本存量较低，被排斥于劳动力市场之外，很难有效地实现生产活动参与。孙远太(2016)强调，随着我国经济下行以及劳动力市场结构的调整，低收入群体将面临更大的失业贫困双重风险。

1.2.2 福利领取与就业参与的关系研究

如果说贫困与失业描述的是社会问题的一组重要关系，那么福利领取与就业参与描述的则是社会政策回应过程的另一组重要关系。一直以来，失业和贫困是导致公共服务需求增加的主要因素(吕炜、王伟同，2008)，二者也被视为现代社会救助制度的两种重要催生力量(谢增毅，2014)。针对因为失业或无业而陷入贫困的人员，各国普遍建立了各种现金津贴项目以保障贫困人员或家庭的基本生活需求。然而，如前文所述，现金津贴给付的保障模式下，反而产生了一批长期领取福利且长期处于失业的贫困群体。因此，人们越来越怀疑除了劳动力市场的供需机制，现金津贴项目的引入是否已经成为第三种导致贫困人员失业固化的解释机制。因此，针对贫困者福利领取与就业参与的关系研究也就成为近年来国内外学者关注的热点话题。不过，就目前而言，并没有形成统一定论,尤其在发展中国家,学者们对此形成了激烈的争论。

1. 西方主要发达国家的福利抑制就业论

在美国、英国、德国、法国等西方主要发达国家中,人们似乎一致地认为贫困人员陷入失业陷阱的一个主要原因就是福利依赖(welfare dependency)现象的产生。在美国和其他工业化、资本主义社会,"福利"计划,特别是现金救助,从来就不受欢迎且不够慷慨,福利领取者长期以来被歧视。早在 17 世纪,英国的济贫院(workhouse)就被指控向穷人提供食物、衣服和住房,以换取他们的劳动。1834 年,贫穷的法律专员们发表的一份声明指出,按照设计,济贫院是那些无法自立的人的最后惩罚之地:没有人愿意进入这样的屋子;工作、限制和纪律,将阻止懒惰和邪恶;只有在极端的必要下,才能使任何人接受必须通过放弃他们的自由活动和牺牲他们的习惯和满足来获得的舒适(Piven & Cloward,1993:33)。同时,在美国,有一种由来已久的说法,即一旦获得福利救助,受助人就会停止寻找工作或试图克服困难(O'Connor,2001)。20 世纪70 年代以来,福利项目越来越被视为在贫困家庭中形成了长期依赖和功能失调的文化,贫困人员的失业或者无业重新被定义为个人失败、无能和道德堕落问题,抛弃了结构性和经济方面的考虑。1965 年,丹尼尔·帕特里克·莫伊尼汉(Daniel Patrick Moynihan)在讨论文件《黑人家庭:国家行动的理由》(*The Negro Family:The Case for National Action*)的第二章——黑人美国家庭中明确提到了"福利依赖"问题:黑人家庭的破裂导致福利依赖的惊人增加。1981 年,吉尔德(Gilder)在《财富与贫困》一书中指出福利金需要减少,最好的制度是"有纪律地将紧急援助、紧缩的补贴和儿童津贴相结合——所有这些都远远低于辛勤工作的回报"(Gilder,1981:127)。与吉尔德对待福利的态度相一致,默里(Murray)在《失去的基础:1950—1980 年美国社会政策》中指出,长期以来的福利供给产生了严重的福利依赖问题,从而造成了美国 20 世纪六七十年代出现的高失业率、高离婚率以及高犯罪率等问题,是下层阶级长期贫困的主要原因,并强调"应该废除为工作年龄人口提供的整个联邦福利和收入支持结构。"除了就业市场、家庭成员、朋友和当地资助的公共或私人服务之外,处于工作年龄的人就没有任何求助渠道了……"(Murray,2008:295—296)。20 世纪 90 年代,劳伦斯·米德(Lawrence Mead)提出了新家长制(new paternalism)理论,为福利制度的改革提出了参考性指南。米德指出,新家长制主要涉及穷人的社会政策,试图通过指令和监督手段来减少贫困和其他社会问题(Mead,1997:2)。在新家长制看来,工作是满足福利领取的重要行为条件,求职者没有工作不是一个缺乏机会或结构性约束的问题,而是求职者的能力问题,穷人找不到工作是因为没有国家的强制力量,他们就无法组织自己去做(Elizabeth,2012)。针对穷人找不到工作问题,米德反对贫困失业的结构性解释,强调就业失败的社会心理学解释,找不到工作的穷人是因为没有按照自己的价值观生活,这种意图和行为之间的不匹配使强制执行工作要求成为必要,并且强制性工作计划并没有要求人们做一些对他们陌生的事情(Mead,1997:64—69)。

在吉尔德、默里、米德等学者的影响下,人们普遍相信,福利依赖不仅可能对受助者的偏好和行为产生负面影响,而且可能还会创建一个所谓的"福利陷阱",意味着收入与福利依赖的发展有关,从而减少了独立于社会福利的发展机会(Contini & Negri,2007)。依赖性理论强调,社会救助和福利获得可能是人们失业的主要原因(Miller，2004)，社会救助频率对失业水平有明显的反应，劳动力市场的发展可以解释经济上的弱势群体是否开始依赖社会救助(Bergmark & Bäckman，2004；Brännström & Stenberg，2007)。马克·W.普兰特(Mark W. Plant)认为，福利制度本身会产生就业拒绝形为以及福利依赖。一旦潜在的福利领取对象从社会福利项目中受益，他们就不太可能成为非受助者(Plant，1984)。桑德拉·K.丹齐格(Sandra K. Danziger)与克里斯汀·K.西费尔德(Kristin S. Seefeldt)的研究也表明，外在丰厚的福利给付使得贫困者有恃无恐并逐渐成为工作逆向激励的主要诱因(Danziger & Seefeldt，2003)。赫维格·伊梅沃尔(Herwig Immervoll)等人的研究指出，相较于没有福利领取经历者，有过福利领取经历的人们在未来更容易成为福利领取者，并且随着过往受益次数的提升，个体保有福利资格的意愿将会越来越大，因此就业意愿以及求职行为变得越来越弱(Immervoll et al.，2015)。

2. 发展中国家关于福利领取与就业参与的争论

由于西方主要发达国家福利水平往往较高，高水平下的福利领取抑制贫困人员就业参与的逻辑是否在福利水平较低的发展中国家也适用? 针对这一议题，近年来围绕发展中国家贫困人员福利领取与就业参与的关系研究也开始出现。总体来看，这些研究结论主要可以分为三种观点:第一种观点强调社会救助福利领取可以通过健康生产力效应、自雇流动性效应、保险效应以及对于劳动力搜寻的投资效应等潜在机制对贫困人员就业产生正向促进效应(Baird et al.，2018)。不过，也有研究强调只有为就业或创业而进行的社会救助现金转移才有利于减轻流动性和风险约束，从而增加劳动力的供应和收入，那些在没有明确就业重点情况下开展的现金转移项目往往对成年劳动力的变化影响很小甚至没有影响（Baird et al.，2018）。另一方面，针对肯尼亚、马拉维和吉尔吉斯斯坦等国的社会救助项目研究表明，救助领取对贫困人员的就业产生了明显的抑制效应（Covarrubias et al.，2012；Asfaw et al.，2014；Gassmann & Trindade，2019）。此外，还有来自巴西、墨西哥、尼加拉瓜、厄瓜多尔、洪都拉斯等发展中国家的研究表明，现金救助项目对贫困人员的就业没有任何影响（Edmonds & Schady，2008；Maluccio，2010；Galiani and McEwan，2013；Alzúa et al.，2013）。

3. 中国贫困人员福利领取与就业行为的关系研究

对于中国贫困人员的福利领取与就业行为的关系，学者们也给出了三种不同的观点：

第一种观点强调低保领取对贫困人员的就业产生了抑制作用，并认为福利依赖问题已经产生。在早期研究中，研究者主要基于调查数据的描述分析以及实地调研的直观判断方法。蓝云曦、周昌祥（2004）发现低保对象找工作积极性不高，主观上不愿劳动，福利依赖问题已经产生。洪大用（2005）利用北京市民政局 2003 年的调查数据进行描述性分析，发现尽管低保对象生活困难，但相当一部分具有劳动能力的低保人员就业意愿明显不足。此后，随着各地调查数据的获得，研究者开始利用量化统计模型对这一问题进行回应。王欣（2011）基于北京市宣武区的调查数据，利用 logistic 回归模型发现，长期的福利救助会削弱贫困人员的求职意愿。王增文（2012）利用中国 16 省 37 县市的社会救助对象抽样调查数据，利用 Logit 模型研究发现，家庭人均社会救助收入以及社会救助配套项目的享有对社会救助对象的再就业意愿通过了负向的显著性检验。在利用倾向度匹配方法的另一研究中，他与合作者仍然发现享有社会救助的家庭成员的再就业意愿(可接受的劳动报酬起付线)以及劳动供给行为(社会救助家庭的再就业人员)发生了显著性的减少(王增文、邓大松,2012)。慈勤英、兰剑(2015)基于2014年湖北省和辽宁省的调查数据,认为"救助依赖"已经在一定程度上产生,因为低保救助福利从统计上来看显著提升了贫困人员处于失业的可能性,并且还在一定程度上降低了再就业意愿。不同于这些抽样调查数据研究,冯帆(2019)还利用南京市2018年2月27日的客观截面数据进行了二元logistic回归分析,同样发现低保金的提高会对再就业产生抑制作用,福利依赖现象在一定程度上存在。除了地方数据,一些涵盖全国范围的调查数据研究同样发现低保领取产生了明显了就业逆向激励。刘璐婵、林闽钢(2015)基于民政部2013年城乡低收入家庭调查数据进行描述性分析,发现城市低保受助者劳动力市场参与率低,"养懒汉"问题已普遍存在。姚建平(2017)基于2015年全国低收入家庭经济状况调查数据(CLIFSS),利用二元logistic回归模型发现低保和医疗救助对于城乡低收入家庭成员就业具有显著负向影响。刘一伟(2018)基于2014年中国家庭追踪调查数据(CFPS),利用Probit模型研究发现,享有低保人员外出就业的概率要低于未享有低保人员,低保存在"福利依赖"与"养懒汉"现象。除了数据的优化,韩华为(2019)的研究还在方法上进行了创新,使用倾向值匹配和双重差分相结合(PSM-DID)的因果识别策略,利用中国家庭追踪调查(CFPS)2012和2014两个年度的面板数据进行了论证,同样发现低保会显著降低有劳动能力受助个体的就业激励,当就业状态变量纳入工作意愿信息之后,该结论仍然成立。除了在数据来源、模型方法等方面不断发展以外,最新的研究在因变量的设置上进行了创新,孙伯驰、段志民(2020)将平均就业时间作为就业参与的测量变量,同样利用中国家庭追踪调查(CFPS)2012 和2014 两个年度的面板数据以及 PSM-DID 的方法,发现低保救助的确会减少家庭的劳动时间,因此存在显著的福利依赖效应。此外,有研究认为真正逆向激励低保对象就业参与的福利其实是低保背后的各种专项救助。黄晨熹(2007)基于上海市的实证研究,认为附带福利是影响低保对象是否愿意工作的重要因素,尤其是廉租房福利。徐月宾、张秀兰(2009)也指出,低保制度的福利依赖问题并非低保标准水平过高,而是由于低保资格附带着很多连带的利益,一旦失去低保资格会使家庭的很多风险失去保护。面对着各类附带福利的"诱惑",低收入的困难家庭往往通过各类方式降低收入,甚至采取不就业的方式以维持低保资格,从而能够不断地享受附带福利(乔世东、2009;崔风、杜瑶,2010)。因此,多萝西·J.索林格(Dorothy J. Solinger)发现,低保对象就业难实际上是一种"被迫的无业(enforced worklessness)",低保计划束缚了领取者,无法使其变得自给自足(Solinger,2009:328—329)。

第二种观点则认为,低保领取对贫困人员的就业没有显著性影响,福利依赖问题并不存在。韩克庆、郭瑜(2012)基于北京等六省市的调查数据,研究发现低保救助降低就业动机的结论缺乏明显的证据支持,并且事实上有劳动能力的救助对象不仅就业意愿较强,而且还有较高的改变贫困动机。肖萌、李飞跃(2017)利用多项 Logistic 回归模型对 2013 年城乡困难家庭社会政策支持项目数据研究,发现无论是低保金的领取时间,还是低保附带福利,对于低保对象的就业均没有显著性的负向影响,低保对象就业参与的主要还是受制于就业能力不足以及市场就业机会的缺乏。在另一份研究中,她还利用事件史分析方法,对 2014 年的数据进行分析并发现城市低保对象退保难与工作积极性下降无关,其中的主要原因在于极为有限的低保金很难产生对救助的完全依赖(肖萌、陈虹霖、李飞跃,2019)。徐月宾及其合作者使用在济南、长沙和包头三个城市收集的调查数据,利用不同替代率的模拟研究发现,福利依赖性问题实际上被夸大了,大多数低保的受益人实际上从事非正式工作,尽管工资很低,不过许多人存在与健康问题和家庭需求有关的就业障碍(Xu & Carraro,2016)。马爽(2017)同样利用这套数据采用 logistic 回归模型研究发现,无论是低保人员领取的低保金水平,还是低保人员所处社区的低保失业比率都没有对低保人员的就业带来负向激励效应。雷杰与陈泽群基于广州市低保对象以及政府官员的访谈研究表明,低保金标准过低,不足以减少低保对象的工作动机,低保对象长期维持低保资格只是为了获取医疗、住房、教育等专项救助福利(Lei & Chan,2019)。此外,高琴及其合作者基于上海城市低保的研究表明,低保福利实际上有助于使贫困家庭投资于人力资本(Gao et al.,2014),救助福利领取反而还能促进受助个体的生产能力并对其就业产生正向影响(韩华为,2019)。对于低保领取之所以不会对就业参与产生逆向激励的原因,既有的研究解释包括低水平的低保金、公示带来的"羞辱感(stigma)"、严格的家计调查与明确的禁止性规定、繁琐的申请程序、差额救济原则、强调自力更生与艰苦朴素的福利文化、总量预先控制的弹性逻辑等(陈泽群;2007;彭宅文,2009;高功敬、高灵芝,2009;张浩淼,2014)。因此,有研究强调中国的福利依赖不同于西方语境下的福利依赖,主要是依赖福利资格而非福利水平(万国威,2016),是一种"中国式福利依赖"(刘璐婵,2016;肖萌、李飞跃,2016)。彭宅文(2009)认为,"这只是低保障水平下,居民为提高收入水平而弱化'正规就业'的权宜之计,而并不是慷慨的福利给付而致低保对象策略性地降低劳动激励的一种生存策略"。

第三种观点则认为,低保领取与就业的关系是复杂的,它并非通常认为的"救助会导致福利依赖,而就业能避免福利依赖";救助和就业并非"对立"或简单的替代关系(张浩淼,2014)。慈勤英以及与王卓祺的合作研究均表明,低保对就业行为既有正面效应也有负面效应(慈勤英,2003;慈勤英、王卓祺,2006)。殷俊、谢沁怡(2017)基于2013年中国家庭收入跟踪调查数据,也发现低保与贫困就业意愿之间存在双向因果关系,享有低保的贫困人员就业意愿较低,具有典型的"福利依赖"特征;但同时,就业意愿低的贫困者获得低保的概率也相对较高。

1.2.3　我国城市贫困人员的就业促进研究

在我国,尽管学者们对于福利领取是否对城市贫困人员产生了就业抑制效应依旧处于争论当中,但是纵观现有研究,可以发现一个很明显的事实:强调贫困人员的就业促进已经成为一种共识。目前,对于城市贫困人员的就业促进的相关研究大体可以分为以下三个方面:

1. 城市贫困人员就业促进的对策研究

现有的政策建议主要可以分为两个维度:第一,如何优化社会救助,从推力的角度来激励城市贫困人员就业;第二,如何完善就业促进服务,从拉力的角度来帮助城市贫困人员就业。

对于社会救助的优化,学者们提出了一系列具体措施:比如针对有劳动能力对象进行精准识别并实施分类救助,对于有劳动能

力的低保对象的福利领取时间设置一定的时间期限(周良才,
2007;杨得前、彭文栋、肖莹,2017),实施严格的工作要求并保持较
低的低保标准(肖萌,2005;姜丽美,2010),生活救助只是一种临时
辅助措施(徐月宾、张秀兰,2009),实施相应福利惩罚机制(李志、
杨笛,2013;苑晓美,2018);甚至有学者强调,如果经过调查核实,
确实是有工作能力却因为有福利依赖心理未参加工作,不应该将
其纳入社会救助范畴内且不应给予低保救助金(朱一丹,金喜在,
2014)。又比如,加强对低保对象的收入审核和调查工作(韩克庆、
郭瑜,2012)。包括完善法律法规(姜丽美,2010),加强群众参与和
社区监督(朱一丹,金喜在,2014),实施核查主体多元化,促进部门
信息共享(陈翠玉,2016),对把关不严问题实施问责制(安华、葛
越,2017)等;再比如,加强精神文化建设以及诚信体系建设(朱一
丹、金喜在,2014),培育"劳动是美德""以工作为本"的工作伦理和
工作道德(周良才,2007),引入社工加强低保心理建设,培训自立、
自主、自助的价值观(徐丽敏,2014;陈翠玉,2016)。还有学者强调
实施收入豁免和低保渐退制,规定适当的就业收入免税期和低保
资格有条件保留期(洪小良、王雪梅,2004;王磊,2009;韩克庆、郭
瑜,2012;边恕,2014;慈勤英、兰剑,2015;陈翠玉,2016;苑晓美,
2018;林丛,2019),逐步剥离捆绑在低保制度上的各种福利(姚建
平,2012)单独确定专项救助的申请资格,实施分类救助(徐月宾、
张秀兰、王秀波,2011;徐丽敏,2014;Gao,2017)或者附带福利的申
请资格由低保家庭扩大到低收入家庭或者有特殊困难的家庭(王
磊,2009),根据困难群体的实际情况按需提供各项救助(兰剑、慈
勤英,2016)。

　　对于就业促进服务的完善,学者们也提出了一系列具体措施,

比如加强针对性的免费就业培训,并将其与教育救助实现联动,重视低保对象就业能力的提升,将低保金发放与就业培训、就业求职要求有机结合(黄晨熹,2007;李丹、徐辉,2008;林辰乐、吕翔涛,2012;张浩森,2014);提供更多公益性岗位、临时性岗位或鼓励兴办社会企业(李迎生、肖一帆,2007;韩克庆、郭瑜,2012);通过家庭内就业、社区内就业、政府和社会公益性岗位就业、市场化就业以及自主创业等多种渠道促进就业(陈翠玉,2016;安华、葛越,2017);利用就业补贴、自主创业补贴、用人单位补贴等经济激励措施鼓励就业(陈水生,2014;陈翠玉,2016);优化公共就业服务,实施更加灵活的就业服务(周良才,2007;徐月宾、张秀兰、王秀波,2011;陈翠玉,2016);发挥好社会工作机构以及社会工作者的作用(徐月宾、张秀兰、王秀波,2011;徐丽敏,2014;安华、葛越,2017);加强就业保护以及劳动力市场建设(李丹、徐辉,2008)等。

2. 城市贫困人员就业促进的评估研究

中央以及地方政府一直以来出台了各种就业促进措施以帮助贫困下岗或失业人员重返劳动力市场,学者们针对一些典型措施也开展了实证与规范性评估。整体看来,学者们观点不一。

在实证性研究中,一方面,有研究认为部分措施能够有效帮助城市贫困人员的就业促进。慈勤英、王卓祺(2006)发现,培训服务的获得会显著影响低保对象获得面试的机会以及再就业情况。林辰乐、吕翔涛(2012)的研究也发现,免费的就业培训能够有效预测低保对象的就业状态,参加就业培训的低保对象的就业概率更高,并且免费就业培训也是四种常见的就业促进政策(登记失业、免费就业培训、免费职业介绍以及公益性岗位)中唯一能够起到促进作用的措施。慈勤英、兰剑(2015;2016)的研究也发现职业培训能够显著性提高城市低保对象的再就业意愿,发挥了"反福利依赖政策"的就业促进作用。除了培训措施,李娟(2017)的研究还表明,就业补贴也能够有效激励低保对象就业参与,并且如果优化补贴比例系数,就业激励的效果还会更加凸显。侯斌(2019)还发现,无论是从就业行为而言,还是从就业意愿来看,培训次数均能够有效起到正向的预测效果。此外,职业介绍也能够显著预测贫困对象的就业意愿。肖萌、李飞跃(2017)还指出,就业服务政策的效果因地区就业水平及低保对象年龄的差异将会有所改变,比如职业介绍对低失业率地区的低保对象的非正规就业具有显著的正向效应,公益性岗位只对高年龄组的低保对象具有显著的正向效应,培训只对低年龄组的低保对象有效应。另一方面,也有研究发现部分措施并不能起到显著的就业促进效果。齐心(2007)发现,就业援助对于低保未就业人员的求职意愿以及求职行为均没有显著性影响。林辰乐、吕翔涛(2012)认为,职业介绍与公益岗位参与并不能显著正向预测城市低保对象就业,并且登记失业反而不利于就业参与,他们将其解释为登记失业不仅可以领取失业保险金,而且失业保险金耗尽以后还可以转向低保金领取。慈勤英、兰剑(2015;2016)的研究表明,求职要求以及职业介绍尽管与城市贫困失业人员的再就业意愿呈现正向关系,但是并没有通过显著性检验。此外,他们还发现公益性劳动参与措施反而抑制了再就业意愿,强化了救助依赖心理,因此反福利依赖政策具有"双重效用"(兰剑、慈勤英,2016)。他们将其解释为"以福利换工作"的偏差理解反而滋生了依赖福利的"心安理得"(慈勤英、兰剑,2015)。侯斌(2019)的研究进一步发现,如果从"自己是否参加"的维度来考量,的确存在弱化就业意愿的效应,但是如果从"政府受访要求参加"

的维度来考虑,反而能够正向预测就业意愿,因此他认为公益性劳动本质上只是一种"强制"的就业意愿。

目前在大多数研究中,学者们对于低保对象就业促进的实际效果大体持怀疑态度。公益性劳动参与只是一种象征性安排,很多地区几乎没有类似这样的义务劳动,并且缺乏强制性,只是流于表面形式,没有起到实际有效作用(肖萌,2005;安华、葛越,2017),求职行为的要求也很难起到预期的就业激励效果(黄晨熹,2007)。整体来看,就业培训和就业推荐活动较少且服务内容窄(洪小良、王雪梅,2004;陈翠玉,2016;安华、葛越,2017);部分地区再就业培训等片面追求政策的"广"覆盖,不顾低保对象的实际需求与自身情况,代价不菲但成效甚微,低保与再就业促进政策联动不足(李丹、徐辉,2008;姜丽美,2010);就业促进缺乏稳定的制度性安排,多表现为零散的行政行为,实际效果微弱(李乐为、王丽华,2011);工作支持计划与低保家庭所面临的现实之间存在脱节(Gao,2017:94)。例如,所提供的技能和职业培训计划通常缺乏针对性,并且没有针对低保对象的需求量身定制,从而导致效果不佳。推荐的工作大多是临时性的、不稳定的,没有提供社会保险。

3. 城市贫困人员就业救助的制度思考

2014年《暂行办法》公布以后,就业救助的概念开始逐步出现于政策文本以及学术研究当中,部分学者开始围绕就业救助进行了制度思考。

韩克庆(2016)在《就业救助的国际经验与制度思考》一文中强调就业救助是在家计调查的基础上,国家为有劳动能力而没有工作的贫困失业者提供货币支持和就业服务,帮助其摆脱贫困所采取的社会救助措施。他指出,作为一个新兴政策领域,就业救助在制度定位、制度设计、制度衔接等方面还有待进一步地研究和讨论。其实在韩克庆的研究中,就业救助并不只是专指《暂行办法》中与低保相挂钩的就业救助制度,而是被视为一种新兴的社会政策设计,是从广义的角度强调政府帮助就业困难的贫困人员找到工作的救助方式。张浩淼(2018)则从国际经验借鉴的角度,认为现行就业救助制度存在对就业障碍的有效回应不足,政策规定笼统、不够细化、就业救助同质性较强、无法满足个人实际需求等问题,建议补充就业救助的政策内容、细化救助措施以增加可操作性并提高就业救助供给的针对性与精准性。此外,在对成都市低保对象的访谈中,她还发现,就业救助制度的引入导致中国社会救助开始呈现出一种激活(activation)范式,强调劳动力市场依附(Labor Market Attachment,LMA),但是无论是就业培训、就业推荐等正向激活,还是惩罚性约束的负向激活,对于低保对象的效果都不大,因此建议重新设计(Zhang,2018;2019)。此外,在最新的研究当中,她认为工作福利在我国社会救助改革中具有一定适用性,可以借鉴工作福利理念优化就业救助制度,采取"工作能力"等级的对象划分法,强化就业服务支持,拓展服务递送主体,构建以政府为主导、以受助者为核心、市场和社会高度参与的递送机制(张浩淼、仲超,2019)。詹国旗(2020)认为,我国就业救助制度的完善应从为避免福利依赖而实施的"工作福利机制"和为促进社会融合而推行的"激活机制"两方面展开。除了上述研究以外,蒋悟真、尹迪(2014),谢增毅(2014)、王延中(2015;2016)、左停(2016a;2016b),赵大华(2016),张开云、叶浣儿(2016)等在讨论就业救助与失业保险、发展型社会救助与反贫困、完善社会救助制度等议题时也对就业救助的制度发展提出了系列建议。

1.2.4 文献评述

基于文献阅读与梳理,可以明显地看到当前国内外针对贫困人员失业无业及其就业促进的研究成果十分丰富,既有理论思考,也有实证分析,还有政策评估,为后续研究开展奠定了厚实基础:首先,失业与贫困的关系研究进一步夯实了加强贫困人员就业救助工作对于反贫困的重要意义,尤其是贫困者陷入失业陷阱的个体特征论与劳动力市场排斥论两种解释机制,为理解城市贫困人员就业参与提供了基本的框架性思考。其次,福利领取与就业参与的关系研究不仅展现了同一假设在发达国家与发展中国家具有明显的差异性,同时也凸显了对于贫困人员的救助,仅仅依靠传统的现金津贴似乎并不能有效回应贫困人员的未就业问题,反而还有可能会强化未就业问题,因此如何通过就业救助,来推动领取现金津贴的有劳动能力贫困人员实现就业已经成为当下迫切需要回应的关键议题;此外,福利领取对于就业的影响也体现了对于贫困人员失业陷阱的解释,不能仅仅依靠个体特征决定论和劳动力市场排斥论的供需分析逻辑,对于贫困人员的就业分析还应当关注福利领取(尤其是现金津贴)对就业参与的机制效应。最后,关于我国城市贫困人员的就业促进研究既体现了与现有研究进行对话的事实基础,而就业救助的理论与制度思考研究的不足也彰显了本书的重要价值所在。基于已有研究成果,就城市贫困人员就业救助研究而言,可以从以下几方面进行完善和补充:

第一,对相关的基本概念正本溯源。现有研究普遍存在概念混用、概念误用、概念错用等现象。总体而言,至少存在五组重要的概念有待厘清:失业人口与未就业人口,低保人员与贫困人员,就业困难人员与贫困人员，就业救助与就业援助、就业促进，就业救助与失业救助。这些概念之间存在极大的相似性，并且在中英文的翻译中又存在多种版本，如果不对这些基本概念进行厘清，很容易产生逻辑上的混乱以及研究对象的不清晰。

第二，对贫困人员的就业现状以及就业障碍进行细致刻画。事实上关于城市贫困人员就业现状的具体刻画的研究并不多，尤其是贫困人员就业过程中面临的就业障碍。一方面可能是因为数据来源以及相关资料的限制，另一方面也可能由于目前大家越来越对"为什么"、"怎么样"、"怎么办"的问题感兴趣，尤其是"为什么"问题，因此可能在潜移默化中忽视了"是什么"问题的基础性作用。在本书看来，对于城市贫困人员的就业救助研究首先应该立足于该群体就业参与的多维具体刻画，找到贫困人员的实际就业诉求，才能进一步回答"为什么"、"怎么样"、"怎么办"等问题。

第三，对城市贫困人员福利领取与就业行为的新思考。贫困人员就业研究与非贫困人员最大的不同点就在于福利领取的作用，因此也就引起了福利领取抑制就业论以及福利依赖的讨论。近年来我国学者对于低保福利依赖话题的关注度十足，无论是在数据来源上，还是从模型方法上，抑或是指标选取上，始终在不断的尝试和创新，以期能够得出一个更为公允的结论。但是在本书看来，如果过于强调从福利依赖是否存在的视角来讨论城市贫困人员的未就业问题可能存在喧宾夺主的问题。福利领取对于就业的抑制效应是一个事实问题，但是一旦涉及福利依赖，就是一个掺杂价值判断的问题了。在本书看来，低保领取对于就业的抑制效应并不一定意味着我国低保或者社会救助产生了福利依赖。一方面，福利依赖在西方福利国家主要是新右派用来打击当代福利国家体制的重要概念,天生就具有一种"懒惰"色彩的负面标签,比如经常引用的"福利女皇(welfare queen)"(Gilliam,1999)。然而,这种带有负面色彩的概念极易扩大价值判断在福利制度评价中的作用,容易强化反对国家主义的价值观,反而会对福利制度的发展带来一定的负面影响。在本书看来,对于不在法定劳动年龄范围内或者完全不具有劳动能力的福利领取者而言,形成福利依赖是正常的,因为他们是"值得帮助的人"。因此在注重民生保障的中国,福利依赖应该被视为一个中性词,至少不完全是一个贬义词。另一方面,在我国的社会救助体系中,低保制度始终是作为一种"托底线、救急难、保基本"的底线救助定位(谢勇才,2020)。尽管近年来低保标准的绝对值在不断上升,但低保相对标准,即低保标准与人均可支配收入的比值一直处于较低水平(肖萌、陈虹霖 李飞跃,2019),"应保尽保"是我国政府一直以来对低保对象的主要承诺(景天魁,2004),也是低保制度发展以来始终坚持的基本原则(贺雪峰,2021)。因此当前如果过于关注底线救助的低保是否已经产生了福利依赖问题似乎显得为时过早。正如唐钧(2015)所言,我们应该慎言"福利依赖",应该承认中国的社会救助对象中存在"救助依赖"的现象,但绝对是少数。一项制度的执行,总应该有个容错率,现在社会救助制度的差错率,实际上距离临界点还很远。此外,福利依赖是否存在的"非 A 即 B"式零和关系类型划分似乎也将福利依赖的问题变得简单化、粗放化。在本书看来,福利依赖应该被视为一条连贯的谱系,每一位福利领取者都能在谱系中找到属于自己的位置。福利依赖的高和低也应被视为一组相对概念,在任何一个国家,总会存在高福利依赖的群体,也总会有低福利依赖的群体。因此,在讨论城市贫困人员的就业救助议题时,福利领取应该只是众多维度的一个方面,不能为了验证真伪性而忽视了福利依赖讨论的根本性目的是帮助领取福利金的未就业贫困人员找到工作,重返劳动力市场。

第四,对于城市贫困人员就业救助的系统性研究。之所以强调系统性研究,是因为在本书看来,对于"就业救助"的理解必须"先破后立":"破"主要指的是不能将"就业救助"仅局限于《暂行办法》,"就业救助"并不只是一个"政策术语"。制度是会变化的,现行制度是否合理,其实有待进一步商榷,如果只局限于制度层面理解,很容易陷入"唯制度论"以及"新瓶装老酒"的处境。作为兼顾"救助"与"就业"的复合型概念,就业救助强调的是改善并投资个体人力资本,还是反劳动力市场排斥,抑或是实现福利权利与就业义务的相统一?只有从理论上厘清就业救助"是什么"的问题,才能按照一定的逻辑架构开展"为什么""怎么样"以及"怎么办"等系列问题,即实现就业救助的"立"。尽管针对城市低保对象的就业参与开展了一系列政策建议以及评估研究,但是整体来看存在着碎片化、松散式、逻辑分离等特点,存在概念混用、对策建议与现行政策衔接不足,对就业救助的评估还是集中于培训或职业推荐等服务,对于其他措施(比如社会保险补贴、就业激励措施)的评估明显不足。

1.3 概念界定

在本书中,概念界定主要按照比较逻辑的方式进行,包括失业人口与未就业人口,低保人员、贫困人员与社会救助对象,就业困难人员与贫困人员,就业救助、失业救助、就业援助以及就业促进,失业救助、失业保险与就业救助五组概念。

1.3.1　失业人口与未就业人口

第一组需要比较界定的概念是失业人口与未就业人口。

失业人口是劳动统计中的一个重要概念。根据国际劳工组织 2013 年召开的第 19 届国际劳工统计学家会议(International Conference of Labour Statisticians，ICLS)确定的国际标准，失业人口 (persons in unemployment)指的是所有未就业，在最近的特定时期内寻找过就业，并且在有工作机会的情况下目前可用于就业的劳动年龄人口。未就业(not in employment)、寻找就业(seek employment)、目前可用于就业(currently available employment)是三个关键指标。"未就业"是针对短期就业衡量基准期进行评估的。"寻找就业"是指在最近四个星期或一个月内的指定最近期间内进行过有关活动。这些活动是为了找到工作(find a job)或创业(set up a business)或农业经营(agricultural undertaking)，包括在本国境内或境外的非全日制(part-time)、非正式(informal)、临时(temporary)、季节性(seasonal)就业或散工(casual employment)。这些活动主要包括:第一,安排财政资源,申请许可证、执照;第二,寻找土地、房屋、机械、物资、农业投入;第三,寻求朋友,亲戚或其他类型中介的帮助;第四,在公共或私人就业服务机构登记或联系;第五,直接向用人单位提出就业申请,到工地、农场、工厂大门、市场或其他集会场所进行核查;第六,刊登或回应报纸或网上的招聘广告;第七,在专业或社交网站上发布或更新简历(ICLS，2013:10)。在第 19 届的会议中,"目前可用于就业"没有明确的操作化定义,只是强调该项指标是对目前开始工作准备程度的一种测试,主要根据衡量就业的短参考期进行评估,参照期可根据各国情况予以延长以确保不同人口群体的失业情况得到充分覆盖。不过,在早期的会议报告中,该指标被界定为只要有工作机会,一个人就应该能够(able)并准备工作,排除正在寻求以后开始工作的人员(如即将毕业的大学生)以及由于某些障碍(例如家庭责任、疾病或对社区服务的承诺)而无法从事工作的其他人(Hussmanns,2007:15)。在"失业人口"的界定基础上,第 19 届会议还对"潜在劳动力(potential labour force/entrants)"进行了界定,指在短期参考期内既没有就业(employment)也没有失业(unemployment)的所有工作年龄的人口,并且符合以下两种情况之一:第一,为寻找就业开展过活动,但是目前不可用于就业(not currently available),不过根据国家确定的短期内将可用于就业,即"目前不可用于就业的求职者(unavailable jobseekers)";第二,没有开展过寻找就业活动,但是想要就业并且目前可用于就业,即"可用于就业的潜在求职者(available potential jobseekers)"(ICLS,2013:11)。在我国目前关于失业人口的统计口径中,调查失业人口主要采用的就是国际劳工组织的标准,而登记失业人口则是指 16 岁至退休年龄内,有劳动能力,有就业要求,处于无业状态,并在政府就业服务机构进行了失业登记的人员,登记失业人口只是调查失业人口的一种主要类型(国家统计局,2020)。

不过,无论是国际劳动组织关于"失业人口"和"潜在劳动力"的划分,还是我国调查失业人口与登记失业人口的划分,讨论的都是具有就业意愿的人口,忽略了法定劳动年龄范围内且具有劳动能力,只是没有就业意愿的人口。失业人口的现有讨论大都强调经济活动参与,因此没有就业意愿人口往往与没有劳动能力或法定劳动年龄范围外人口一起被视为非经济活动人口(马忠东、吕智浩、叶孔嘉,2010;熊鸿军、戴昌钧,2009;黄润龙,2012),有时单独也被视为非劳动力人口(葛玉好、曾湘泉,2010)。但是,从贫困人员就业救助的角度来看,国家不仅需要给予就业意愿的失业人口与潜在劳动力就业救助,也应该帮助没有就业意愿或就业意愿不足,但是处于法定劳动年龄范围内且有劳动能力的贫困者回归劳动力市场。因此,从社会政策角度来看,本书认为在我国现阶段,相较于"失业人口","未就业人口"概念更具包容性,且与"就业人口"更易比较对应。不过,需要说明的是,根据现行规定,"未就业人口"不包括法定劳动年龄范围以外或不具有劳动能力的对象,也不包括在校学生、军人等特殊对象。在已有的研究中,程菲、李树茁、悦中山(2018)也将城市劳动者定义为15—59周岁的劳动适龄人口(包括就业人口以及除军人和学生外的未就业人口)。唐永、张衔(2020)也将未就业人员分为失业人员以及待就业新增劳动力两类。表1-1主要呈现了失业人口与未就业人口的概念比较,因此城镇登记失业人口只是未就业人口的一种类型。

表1-1　失业人口与未就业人口的概念比较

法定劳动年龄范围内且有劳动能力					
就业人口	有就业意愿				无就业意愿
		失业人口		潜在劳动力	
	求职活动	满足	满足	不满足	不满足
	目前可用于就业	满足	满足	满足	满足
	是否登记	是	不满足		
	未就业人口				

1.3.2　低保人员、贫困人员、社会救助对象

本书需要比较界定的第二组概念是低保人员、贫困人员及社会救助对象。

顾名思义,低保人员指的是领取最低生活保障金的人员。需要说明的是,长期以来我国低保都是以家庭为申请单位,但是由于本书分析的是贫困人员的个体就业行为,因此为最大可能从低保家庭中识别出低保人员,只对受访者是家庭户主的样本进行了分析。在我国,户主是家庭行为的主要决策者,家庭的决策与行为往往受到户主的决定性影响(石智雷、谭雨、吴海涛,2010)。在实际操作当中,低保对象确定的第一道程序也是户主提出申请(也可委托居委会代其申请)(岳经纶、胡项连,2018)。

相较于低保人员,就概念本身而言,贫困人员外延更广,界定也更为复杂。贫困是一个随着社会发展而不断发展的概念,在不同的历史时期,人们对于贫困的认识都是不同的,比如从西博姆·朗特里(Seebohm Rowntree)的"基本贫困(primary poverty)"(Seebohm Rowntree,1998)发展到彼得·汤森(Peter Townsend)的"相对贫困(relative poverty)"(Peter Townsend,1979),再到阿马蒂亚·森(Amartya Sen)对于贫困"基本可行能力的被剥夺"理解(阿马蒂亚·森,2002)以及多维贫困概念的提出(阿马蒂亚·森,2001)。因此如何界定贫困并识别出贫困人员一直以来都是学术界和政策界共同关注的重点议题。在本书中,贫困不是一种绝对贫困,而是一种相对贫困;对于贫困的理解主要还是侧重于"收入不足"维度,并不强调多维视角下的可行能力贫困。无论贫困概念如何理解与测量,从理论上来说,家计调

查一直以来都被认为是贫困人口甄别以及贫困程度区别的重要手段(尚晓媛,2001;徐月宾、张秀兰,2009;韩华为、高琴,2017)。事实上,家计调查本质上遵循的就是收入不足(包括资产)的贫困界定逻辑。

在城市中,无论是低保人员,还是贫困人员,经常会用"社会救助对象"的概念来替代。一般而言,三者具有很强的关联与交叉。传统意义上,城市贫困人口就是指计划经济体制下社会救助对象,即"三无"人员,无依无靠、无劳动能力、无生活来源的孤老幼残等自然性弱势群体(冯虹、叶迎,2005)。但从理论上而言,低保人员、贫困人员与社会救助对象存在明显的区别。低保人员的概念外延最小,只是最低生活保障金领取人员;贫困人员概念外延居中,指的是通过家计调查有资格领取现金(cash)津贴的人员。尽管在我国现行的制度设计下,这一概念界定等同于低保人员,但是从国际经验来看,低保金(社会救助现金津贴)并不是给付贫困人员现金津贴的唯一制度设计,还存在着失业救助金(unemployment benefit)的设计模式。社会救助对象的概念外延最广,不仅包括了基于家计调查进行现金津贴的救助对象,也包括了医疗、住房、教育等其他非现金津贴的救助对象,还包括了特困人员、流浪乞讨人员、受灾人员、临时受困人员等特殊救助对象。因此,社会救助对象具有很强的异质性,家计调查也并不是社会救助对象的唯一筛选依据。比如,高夫(Gough)等人对 OECD 国家的社会救助项目进行比较发现,社会救助首先大体可以分为贫困调查类(poverty-tested)和一般家计调查类(general means-tested);其次两大类又可以进一步分为现金(cash)救助和叠加(tied)救助;最后根据社会救助对象是整体群体(all groups)还是特殊群体(specific groups)还可以进一步划分成 8 类社会救助(Gough et al.，1997)。尽管《暂行办法》并没有详细规定社会救助对象的内涵外延,但是根据《社会救助法(草案征求意见稿)》第二章第十四条,社会救助对象包括下列家庭或人员:最低生活保障家庭、特困人员、低收入家庭、支出型贫困家庭、受灾人员、生活无着的流浪乞讨人员、临时遇困家庭或者人员、需要急救但身份不明或者无力支付费用的人员以及省、自治区、直辖市人民政府确定的其他特殊困难家庭或者人员。

综上比较,本书认为"城市贫困人员"的概念,相较于"城市低保人员"更具张力,前者是一个事实概念,而后者则是一个制度概念。同时相较于"城市社会救助对象","城市贫困人员"更加聚焦,只是强调社会救助对象中享受现金津贴的贫困人员。不过需要说明的是,出于当前制度设计的考虑,本书分析过程中,贫困人员主要以低保人员来代替,这一认定方法与左停、贺莉(2019)的研究一致。此外,也有学者强调对于 2020 年后贫困标准调整而言,用低保标准作为贫困标准具有较强的可行性(宁亚芳,2020)。

1.3.3 就业困难人员与贫困人员

本书需要比较界定的第三组概念是就业困难人员与贫困人员。

"就业困难人员"概念的正式提出始于 2007 年《中华人民共和国就业促进法》(以下简称《就业促进法》)的颁布。就业困难人员指的是因身体状况、技能水平、家庭因素、失去土地等原因难以实现就业,以及连续失业一定时间仍未能实现就业的人员(全国人大常委会,2007)。就业困难人员的具体范围,由省、自治区、直辖市人民政府根据本行政区域的实际情况规定。比如,北京市规定,就业困难人员指的是法定劳动年龄内,有劳动能力和就业愿望,处于无业状态并难以实现就业的本市城乡劳动者,包括零就业家庭成员、城乡低保家庭成员、残疾人员、4050人员(女满40周岁,男满50周岁)、连续失业一年人员以及其他人员(北京市人大常委会,2012)。上海市规定,就业困难人员指的是法定劳动年龄段内有一定劳动能力且就业愿望迫切,但因自身就业条件差而难以实现市场化就业,连续处于实际失业状态6个月以上的本市户籍人员,包括大龄失业人员、协保人员、离土农民;零就业家庭成员;低收入困难家庭成员或享受最低生活保障家庭成员;中度及以上残疾、部分丧失劳动能力的人员或一户多残家庭成员;大龄或领取生活费补贴期满的被征地人员;缺乏工作经验,处于实际失业状态一年以上,且经公共就业服务机构服务半年以上,多次推荐就业岗位仍未实现就业的35岁以下青年;刑满释放、戒毒康复等有特殊困难的其他人员;经认定的其他就业困难人员(上海市人力资源和社会保障局、上海市财政局、上海市民政局、上海市残疾人联合会,2016)。

尽管各地对就业困难人员的认定存在一定差异,但是一般而言,就业困难人员需要满足法定劳动年龄、具有健全劳动能力或部分丧失劳动能力、有就业意愿且处于未失业状态(包括失业、无业)四方面的要求。尽管贫困人员(低保人员)在各地均被列为就业困难人员,但是由于就业困难人员的四项指标条件,贫困人员并不能完全被视为就业困难人员。如图1-1所示,失业人口包含于未就业人口;就业困难人员既有失业人口也有非失业人口的未就业人口;贫困人员可以分为未就业贫困人员和就业贫困人员,其中未

就业贫困人员与就业困难人员和失业人员有一定交集,并包含于
未就业人口。

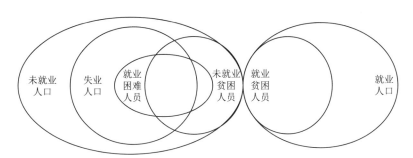

图 1-1 失业人口、未就业人口、就业困难人员与贫困人员相关概念比较

1.3.4 就业救助与就业援助、就业帮扶、就业促进

本书需要比较界定的第四组概念是就业救助与就业援助、就
业帮扶、就业促进。

正如文献综述所提及的一样,现有研究将就业救助与其他三
个概念混淆使用的现象较为普遍。其实在 2014 年《暂行办法》出
台以前,就有学者使用就业救助的概念。比如韩玲、赵司嘉
(2008)指出,就业救助除了要优先发放就业救助金以外,还要积极
开展就业培训工作,向下岗人员传授技能,为他们再次走上就业岗
位创造条件。林瑜胜(2010)认为,就业救助是针对部分农民工由
于非本人意愿原因而导致的就业障碍实行救助,主要包括提供职
业技能培训机会、提供职业技能培训基金和提供公益性就业岗位
等形式。杨德敏(2012)认为,就业救助是指对生活贫困、有劳动能
力但就业困难的失业人员给予就业扶持和帮助的制度。即使是
《暂行办法》出台以后,关于就业救助的使用依旧存在概念内涵被

扩大的问题。耿俊茂、张瑞(2015)强调,应该建立大学生失业群体的就业救助机制。关信平(2020)指出,在重大突发事件中,需要开展针对就业困难人员的就业救助,帮助他们尽快恢复就业。鲁全(2020)认为,应该通过强化就业救助的方式来帮助由于新冠疫情而暂时失去工作的城乡居民提高就业能力,重新实现自食其力。这些研究中的"就业救助"实质上体现的是"就业援助"或"就业促进"。尽管简单来看,四者之间存在很大的重合性,都是强调政府对于劳动力进入劳动力市场的扶持。但是本书认为,就理论研究和严格界定来看,四者之间存在着明显区别。

首先,从对象外延来看,"就业促进"的外延最广,包括了所有劳动对象,不仅仅局限于就业援助对象、就业救助对象或者就业帮扶对象,因此就业促进往往与公共就业服务广泛地联系一起;其次就是"就业帮扶","就业促进"和"就业帮扶"二者之间很难有一个完全清晰的概念边界,在本书看来,"就业帮扶"相较于"就业促进"而言更加侧重于弱势群体,在这种意义上又有点等同于"就业援助"的概念,但是弱势群体也不一定完全等同于就业困难人员,所以二者也并不能完全等同;接下来是"就业援助",强调的是政府针对经过认定的就业困难人员开展的一系列就业帮扶措施,相较于一般意义的就业促进措施,公益性岗位开发与安置是就业援助中最具独特性的一项举措;"就业救助"的对象外延最小,只针对经过家计调查的未就业贫困人员。

其次,从前提条件来看,就业促进没有"门槛限制";就业帮扶从政策文本上来看也没有严格的认定规定,只是在日常的使用中倾向于弱势群体;就业援助具有严格的认定方式,需要经各地认定为就业困难人员;就业救助具有严格的认定方式,需要通过家计调查成为贫困家庭或人员。

再次,在主要内容上,如果从狭义的角度来看,就业帮扶与就业促进主要强调各种就业服务;就业援助除了就业服务,还包括非现金津贴类的货币支持(各种税费减免或补贴支持)以及公益性岗位安置;对于就业救助,需要特别强调的是,如果根据《暂行办法》以及目前各地实践来看,就业救助的内容整体上与就业援助基本一致,只是增强关于低保金领取条件与相关义务以及收入豁免等就业支持措施。但是正如前文所示,如果只是局限于现有的制度设计来理解就业救助,很难实现就业救助的理论研究和制度优化突破,因此在参考现有制度基础以及国际经验的基础上,本书主要从广义的角度出发,将"就业救助"理解为政府针对贫困未就业人员开展的一系列帮助其实行就业的救助措施。这种救助措施不仅包含现有就业援助的主要内容,还应该包含现金津贴等货币支持,因此将就业救助界定为政府帮助未就业的贫困人员找到工作并摆脱贫困中实施的包含现金津贴的货币支持、就业服务以及公益性岗位安置等措施。之所以强调就业救助包含现金津贴类的货币支持,一方面"救助"不仅具有"援助"的含义,还应该包含"救济"的政策蕴意。其实在我国城市低保制度建立以前,我国就有专门的现金津贴式失业救济金,只不过后来失业救济金的功能被整合进了以家庭为单位的低保金当中。但这么多年的实践已经证明,以低保金来充当贫困者生活津贴的方式能否有效实现就业的目标是有待反思和商榷的。另一方面,从国际经验来看,典型的发达国家也有专门针对贫困失业人员的失业救助金。韩克庆(2016)也是从广义的角度来理解"就业救助"概念的。他认为就业救助是在家计调查的基础上,国家为有劳动能力的贫困者提供货币支持和就业服务,帮助其摆脱贫困所采取的社会救助措施,并认为失业救助金就很容易与低保金进行类比(韩克庆,2016)。

最后,在制度设计上,就业救助与就业援助在我国的制度设计中都有专项的制度设计,就业救助制度属于我国的社会救助制度,而就业援助制度属于我国就业促进范畴。就业帮扶和就业促进并没有专门的制度规定,属于各种相关政策集合下的统称概念。

表 1-2 就业救助与就业援助、就业帮扶及就业促进的概念比较

	就业救助	就业援助	就业帮扶	就业促进
对象外延	贫困人员	就业困难人员	弱势群体	所有劳动者
前提条件	有,家计调查	有,就业困难认定	没有严格认定	无
主要内容	货币支持(含现金津贴)＋就业服务＋公益性岗位安置	货币支持(不含现金津贴)＋就业服务＋公益性岗位安置	狭义上只强调就业服务;广义包含所有就业救助与就业援助的各项措施	
制度设计	有,就业救助制度	有,就业援助制度	无	无

1.3.5 失业救助、失业保险与就业救助

本书需要比较界定的最后一组概念就是失业救助、失业保险与就业救助。

在英文中,"失业救助"概念对应的是"unemployment assistance (UA)"。在主要的发达国家中,失业救助是有别于失业保险(unemployment insurance, UI)计划,国家针对失业者(the unemployed)的一种现金补偿方案。尽管 UA 与 UI 均支付部分失业和全部失业现金补偿,但是二者存在较大的差异性:一方面, UI 旨在通过福利给付弥补一部分合格工人因失业而损失的工资来平滑收入,UA 则

是通过福利给付消除或减少发生失业引起的贫困。尽管两者都因失业而支付,但是 UI 是作为权利(right)支付给单个工人,而 UA 则是作为一种政府福利(benefit)支付给收入和资产低于指定阈值的失业家庭或个人;另一方面,UI 要求申领人具有大量的先前工作,而 UA 可以补偿很少或没有以前工作经验的人(Wayne Vroman,2001)。不过,在设立 UA 专项制度的国家中,UA 更多地强调现金补偿,偶尔会涉及就业促进或支持项目,相较于 UA,这些就业促进项目往往被整合进积极的劳动力市场政策(active labour market policies,ALMPs)。

在英文中,其实很难找到一个对应于"就业救助"的概念(韩克庆,2016)。我国有学者将《社会救助暂行办法》中的"就业救助"直译为"employment assistance"(Zhang,2016;张浩淼、仲超,2019;侯斌,2020)。事实上在西方,"employment assistance"这一概念较少被提及,在为数不多的研究中,"employment assistance"这一概念似乎更多的是在强调就业(employed)期间的就业帮扶以及广义上的就业促进,而不是针对贫困失业者的家计调查型社会救助项目(Peterson,1986;Eby et al.,1997;Longacre et al.,2019)。此外,由于在我国的制度设计中,除了"就业救助",还有"就业援助",在一些外文研究中,"就业援助"也被直译为"employment assistance"(Ho & Lang,2013;Liang & Cao,2015)。韩克庆(2016)认为就业救助在英文中应该对应于"unemployment assistance",也就是失业救助的意思。但事实上,如果只从就业救助的定位来看,直接将其与失业救助进行等式替换的做法值得进一步商榷。因为,在西方国家的政策情境下,失业救助金侧重于现金津贴。但是,正如上一小节对于就业救助的理解,从广义的角度来说,就业救助的内涵和外延其实是可以将失业救助金包含进去的,因为失业救助金只是一项针对贫困失业者的现金津贴式货币支持。

综上所述,本书认为,就业救助是一项新型的社会救助政策,指的是国家为满足一定条件的贫困人员提供现金津贴支持、非现金津贴的货币支持以及就业服务支持,以帮助其找到工作,重返劳动力市场,以就业的方式摆脱贫困。

第 2 章　理论视角与研究设计

本章主要介绍全文的理论视角以及研究设计。一方面,本书选取了工作福利作为研究城市贫困人员就业救助的理论视角,另一方面本书采用了定量研究与定性研究相结合的混合研究方法进行实证分析。

2.1　理论视角:工作福利

作为一个通用术语,工作福利(workfare),有时也被翻译为"就业福利"(梁祖彬、肖萌,2009)、"工利"(哈特利·迪安、岳经纶、叶前,2009;李晓康,2009),指的是针对福利受益人(welfare beneficiaries)或失业者(unemployed)要求或促进工作的一系列政策,包括要求福利受益人为其享受的福利进行"工作偿还(work off)"以及为寻求劳动力市场机会的失业人员提供教育、培训、工作支持等(Brodkin & Larsen,2013)。顾昕(2016)认为,工作福利理论强调以促进就业为中心的社会福利政策,推动福利的受益者参与劳动力市场,与社会投资理论、福利混合经济(福利多元主义)理论以及能促型国家理论一起构建了近三十来广泛流传的发展型社会政策的理论框架。

2.1.1　工作福利的术语起源

工作福利术语的确切来源尚不确定,一般认为缘起于美国(Brodkin & Larsen,2013)。工作福利的思想自富兰克林·D.罗斯福(Franklin D. Roosevelt)总统时期就已经萌生。他在 1935 年的预算演说中就宣称:"对救济的持续依赖会导致精神和道德的瓦解,从根本上破坏国家的凝聚力,以这种方式发放救济品就像使用麻醉药,是对人类精神的一种微妙的毁灭(Davies,1996:1)"。因此,他被公共工程计划所吸引,而不是"最低收入保证战略"。在整个大萧条时期,工作的中心地位以及对福利的怀疑主导着美国的社会政策(Davies 1996:15)。

在 20 世纪 50 年代民权运动和 60 年代贫民窟暴乱的背景下,肯尼迪(John F. Kennedy)与约翰逊(Lyndon B. Johnson)总统发起了一场扩大福利体系的运动,将福利政策的重点转向劳动对象的能力提高以及公民权利落实等方面,旨在以服务、预防、激励和培训四种措施不断提高自立自强的能力,从而逐步实现摆脱政府救助依赖现象(严敏、朱春奎,2014)。1962 年《公共福利修正案》(Public Welfare Amendments)正式颁布,强调支持与恢复之外的服务、工作培训、预防或减少福利依赖以及通过维护和改善家庭生活来鼓励自立自强(严敏、朱春奎,2014)。1964 年,约翰逊总统在密歇根大学的演讲中正式提出建立"伟大社会(Great Society)"的议程,并强调"反贫困战争(War on Poverty)"的政治宣言,旨在帮助穷人发展工作技能,实施继续教育并帮助找到工作,以实现穷人自立,摆脱贫困循环,并结束靠救济生活的日子(Lemann,1997:278)。同年,国会通过《经济机会法案》(Economic Opportunity

Act),旨在为每一个人提供教育与培训机会、工作机会,以及体面和尊严的生活机会(严敏、朱春奎,2014)。1967 年,约翰逊政府修订了抚养未成年儿童家庭援助(Aid to Families with Dependent Children,AFDC)联邦补助项目,建立了工作激励(Work Incentive Now,WIN)方案,采用所谓的"胡萝卜加大棒"政策,让人们认识到通过工作获得收入比依赖福利生存更具吸引力(夏建中,2007)。WIN 强调福利领取者应该为自己的利益而努力的原则,要求有劳动能力福利领取者应该积极参加求职咨询、基础教育以及职业培训等(Diana Pearce,2000)。

不过,"工作福利"在美国政治和政策制定中的普遍使用通常最早被视为尼克松(Richard Nixon)总统时期,在 1969 年 8 月的电视讲话中,他辩称"现在美国人所需要的不是更多的福利,而是更多的'工作福利(workfare)'"(Jamie Peck,2001:9—11)。1973 年,美国国会通过了《1973 年全面就业与促进法》(Comprehensive Employment and Training Act of 1973),明确指出"本法案的目的旨在向经济贫困者、失业者和就业不足者提供培训与就业机会,保证培训和其他服务有力地促进最大限度的就业,通过建立灵活的、分散的联邦、州和地方计划,增强劳工的自给自足能力"(U.S. Congress,1973)。至此,"工作福利"原则转化为有章可循的法律依据,同时标志着当代美国工作福利政策开始全面实施(梁茂信,2007)。

1975 年,福特(Gerald Ford)总统开始推行 EITC 政策。EITC 设计理念来源于负所得税,针对的是有孩子的低收入工作家庭(从 1994 年开始,低收入无孩子的家庭也可以成为受助者),需要经过经济调查,根据收入的不同主要包括基础补助、最高限额以及退出额度三部分,属于家庭津贴的一部分。这种利用联邦资金对低收入者进行补贴的做法提高了失业者寻找工作所获得的经济利益,激励了低收入者重返就业岗位(杨伟国、格哈德·伊林、陈立坤,2007)。1981 年,里根(Ronald Reagan)总统借鉴了约翰逊总统以来的自愿性工作福利的经验,以 1971 年引进的加利福尼亚立法为模板实行强制性工作福利,并于 1988 年颁布实施《家庭支持法案》(Family Support Act of 1988)。在该方案中,修订了 AFDC 计划,要求各州制定工作机会和基本技能培训(JOBS)计划,为有需要的抚养儿童家庭提供教育、培训和就业,以帮助他们避免长期福利依赖(U.S. Congress,1988)。从 1980 年代后期开始,许多州都获得了联邦的批准,可以进行福利改革示范或试点项目,工作要求在其计划中占有重要地位(Handler,2009)。在这一时期,工作福利主要强调"以工作换福利(work for welfare)",工作是福利领取的条件,二者可以相互兼容(张浩淼、仲超,2019)。1987 年出版的《社会工作百科全书》(第 18 版),工作福利被定义为"那些有就业能力的福利接受者在享受援助时应当提供服务劳动,并以这一要求为领取条件的项目统称"(Gueron & Auspos,1987:896)。

2.1.2　工作福利的政策实践

20 世纪 70 年代以后,随着石油危机的爆发,西方资本主义国家出现了低增长、高失业、高通胀的"滞胀"现象,布雷顿森林体系开始解体,种种"危机"引发了人们对凯恩斯主义福利国家的广泛批评,逐渐拉开了新自由主义的改革大幕。在新自由主义改革的浪潮中,福利改革是除经济议程以外的第二个关键议题(Soss et al.,2008:115)。围绕个人责任和福利依赖(welfare dependency)的讨论,新自由主义福利改革的重点既在于重建福利制度,也在于改革穷人的愿望(Herd et al.,2009)。基于对穷人反工作态度的古典主义假设(Bullock & Reppond,2018),新自由主义者声称工作福利计划能够教会福利领取者及其子女重视工作和纪律,从而解决福利依赖问题(Bullock et al.,2019)。因此,在 20 世纪 80 年代末和 90 年代,在财政赤字和结构性失业率上升的背景下,传统的福利计划进行了根本性的重组,使其不再是基于需求的被动福利计划,而是成为了积极的劳动力市场计划,明确了以福利换工作的社会政策导向(Lodemel & Trickey,2001)。美、英、德、法、北欧等西方主要的资本主义国家纷纷开始从"福特主义(Fordism)"转向"后福特主义(post-Fordism)",从"凯恩斯主义福利国家(Keynesian welfare state)"转向"熊彼特主义工作福利国家(Schumpeterian workfare state)"(Jessop,1995;Torfing,1999)。

20 世纪 90 年代以后,美国对于工作福利的改革重心从各州回到了联邦政府。1992 年,总统候选人比尔·克林顿(Bill Clinton)向美国选民承诺,他将采取"end welfare as we know it"运动,即实施双重福利制度(工作福利制度与福利制度),对于有劳动能力干活的穷人实施工作福利,只有没有劳动能力的老弱病残、单身母亲等才可以领取福利(闵冬潮,2016)。1996 年,克林顿签署了《个人责任和工作机会协调法案》(Personal Responsibility and Work Opportunity Act,PRWORA),成为约翰逊 30 年前的反贫困计划后的美国社会政策中最重要的改革(Goldberg,2001)。在 PRWORA 中,改革最彻底、影响最深远、效果最显著的是对 AFDC 项目的改革。困难家庭临时救助(Temporary Assistance for Needy Families,TANF)取代了 AFDC 项目。TANF 终结了"福利权",限制了公民接受福利救助金的时间长度,并且通过联邦政府年度一次性给付或分类财政补贴的方式等措施,减少了福利收益的家庭数,规定各州不允许将 TANF 给付给没有与成年人共同生活或没有就学的18 岁以下的母亲,而且规定孩子年龄超过 5 岁的家长如果拒绝由社会工作者提供的工作,将会失去福利收益(艾伦·迪肯,2011:98)。TANF 一直贯彻着"工作优先(work first)"的理念,并于1998 年专门设立了"福利到工作(from welfare to work)"项目,一方面对就业者提供优厚待遇,另一方面对不能实现就业的人员进行严厉的惩罚,激励受助者参加工作(刘宝臣,2018)。工作福利下的 TANF 改革显著性成效。1994 年到 2000 年的六年间,福利申请的案件下降了 60% 左右,大致相当 1971 年的水平(Haskins,2016)。同时,1996—2001 年期间,有工作收入的成年人的比例,增加了一倍多,从 11.3% 上升到 25.8%(Wu et al.,2014)。其中,单亲妈妈工作参与率增加了 16%,未婚妈妈们的工作参与率更是增加了 35%(Haskins,2016)。

美国 TANF 的成功实践吸引了欧洲大陆国家们的广泛关注和兴趣,英国、德国、法国以及强调普惠式福利的北欧国家也开始进行一系列工作福利的改革。不过,由于政治制度分化和路径依赖(Alcock & Craig,2001;Gough,2000),各国并没有完全按照美国的工作福利模式来进行改革,因此没有出现"工作福利"的单一模式,形成了各具特色的工作福利模式。尼尔·吉尔伯特(Neil Gilbert)认为,工作福利政策可以划分为新国家主义政策和新自由主义政策。新国家主义政策主要以斯坦的纳维亚国家为典型代表,强调调动工作积极性而不是削减工资和福利,强调寻求赋予权力而不是控制和惩罚福利领取者,它更加倾向于培训而非"强制劳动";在美国等自由主义国家,新自由主义政策主张采取经济上的惩罚,提供很有限的培训,并且狭隘地对失业者采取使用高压手段(尼尔·吉尔伯特,2004:2)。艾伦·迪肯(Alan Deacon)强调,基于政策目标的差异性,可以将工作福利政策分为三类:第一类是增加工作机会类,包括发放就业补贴、创造新的工作岗位,或者提供培训并强化工作经验等措施;第二类是改变就业态度和动机类,包括咨询服务以及各种培训发展机会等措施;第三类是工作机会利用激励类,包括各种税收改革与优化调整福利待遇体系结构等措施(Alan Deacon,1998)。哈特利·迪安(Hartley Dean)根据工作福利的目的(促进劳动力的包容性还是提升劳动竞争力)以及工作福利的道德伦理(平等主义的还是权威主义的)两个维度,将工作福利分为积极的就业创造(包容与平等主义)、人力资本发展(竞争与平等主义)、强制的/工作优先(竞争与权威主义)以及整合/工作权利(包容与权威主义)四种类型(哈特利·迪安,岳经纶,叶前,2009)。梁祖彬、肖萌(2009)认为工作福利政策主要分为强制性快速就业(work first)、培训(training)以及财政激励(financial incentive)三种形式。

2.1.3 工作福利的理论内涵

经过近二三十年的发展,工作福利除了继续强调福利领取者"以工作换福利(work for welfare)"以外,还被赋予了新的时代内涵——"从福利到工作(from welfare to work)",开始强调以有偿工作为中心并且福利应该具有临时性(张浩淼、仲超,2019)。随着工作福利被推广到各个国家,该术语也以不同的标签、不同的方式运转,包括为了福利而工作(work over welfare)(Haskins,

2007)、从福利到工作(welfare-to-work)(Peck，2001)、工作要求
(work requirements)(Besley & Coate，1992)、工作优先(work-
first)(Peck & Theodore，2000)、激活(activation)(Lodemel &
Moreira，2004)、整合(insertion)(Schulte et al.，2018)、增能(en-
ablement)(Dingeldey，2007)等。研究也开始注重这些不同概念
下的工作福利政策改革路径的比较研究(Barbier & Ludwig，
2004；Dingeldey，2007；Johannes，2012；Daigneault，2015)，研究
者们似乎越来越强调只用"工作福利"的单一概念很难凸显出各国
政策实践及其理念的差异性。比如，有研究强调，工作福利的特点
是劳动力市场参与方面的强制性或胁迫性元素，这些元素主要通
过削减福利(水平和期限)、收紧资格标准或增加转移支付的条件
以及引入工作测试、强制性劳动力市场方案或工作要求产生的；而
增能政策(Enabling policies)主要包括培训方案、就业安置服务等
劳动力市场改善服务以及儿童保育设施供应等促进两性平等和提
高母亲就业能力的各项配套措施。工作福利与增能政策应被视为
福利改革的两种替代途径(Dingeldey，2007)。

　　但是在本书看来，这些不同的政策术语或者福利改革路径的
基础都是来源于工作福利实践，只不过不同国家的具体路径产生
了差异，比如干预供方还是干预需方，强制性还是鼓励性，有偿的
还是无偿的，注重快速就业还是人力资本提升，针对社会救助金领
取者还是失业救助金领取者等方面。因此从广义上来说，这些不
同的术语或者说政策路径都可以被视为"工作福利"，只不过在工
作福利转变为政策实际过程中，产生了各种版本。比如美国
TANF的工作福利设计其实更加强调通过工作来解决福利依赖问
题，政策对象主要是黑人、未婚妈妈等群体；但是英国的"新政

(New Deals)"项目旨在强调有偿就业是摆脱贫困的最佳途径,强有力的职业道德很重要(Grover & Piggott,2007),政策对象主要是那些长期失业者,尤其是18—24周岁的年轻失业者(Walker & Wiseman,2003)。因此,在本书中,对于工作福利的理解更多地侧重福利理念或者说社会政策设计的价值导向等维度,而不是比较各国在福利国家改革过程中出台的各种具象化的工作福利政策。正如有研究基于北欧国家从福利走向工作福利的改革实践,发现"工作福利"除了将福利领取津和工作获得联系起来的传统理解以外,还应该被理解为进入北欧社会政策的一项新原则,已经成为战后集体主义(collectivist)社会秩序重新谈判的重要部分(Kananen,2012)。基于工作福利的历史缘起以及政策实践,本书认为广义上来看,工作福利的理论内涵主要包括以下几个方面:

1. 前提假设:穷人的分类与"不应得"穷人的识别

首先,工作福利的前提假设是对于穷人进行分类并对"不应得(undeserving)"穷人的识别。一直以来,三个主要问题始终主导着保守派和自由派关于贫困的讨论:第一,穷人的分类,即"应得(deserving)"与"不应得"的穷人;第二,贫困救济对工作动机、劳动力供应和家庭生活的影响;第三,贫困对社会义务的限制(Katz,1989:4)。"应得的穷人"由于他们无法控制的原因而生活在物质贫困中,他们的个人品质和属性使得他们不可能或不恰当地参与劳动力市场(比如,年老或身体丧失劳动能力),因此他们有权要求福利;与之形成明显对比的是"不应得的穷人",他们应该依附于劳动力市场,就业是他们能够实现自我决定和自给自足的理想最终状态的唯一途径(Dixon et al.,2005)。在新自由主义的福利改革中,关于"应得"与"不应得"的话题在不同低收入群体(如退伍军人、儿童、健全成人、单身母亲和有色人种)的辩论中更为凸显,比如应该如何进行领取福利的资格确定(如收入阈值、资产和工作能力)、强大的安全网是否会阻碍人们参与带薪劳动力市场、个人或国家应在多大程度上承担着帮助需要帮助的人的责任的判定标准(Bullock et al.,2019),应该如何以制度化的方式来区分福利应得和不应得之间的区别(Humpage,2015:147)。

2. 价值导向:工作伦理

工作福利的价值导向是工作伦理(work ethic),即能工作的人决不能永远依靠福利生活,而有工作的人不能生活在贫困中(李丹、徐辉,2008)。工作伦理的价值导向主要包含以下四方面:

第一,工作对于处于工作年龄段的人们来说是摆脱贫困的主要途径,尽管并不是保证途径(Newman,2011),因此理想的福利供给模式应该是就业导向型,而不是基于公民权利理论(citizenship theory)的普遍型或补缺型福利供给模式。

第二,社会援助和福利的获得可能是人们失业的主要原因(Miller,2004),工作福利的重要挑战是如何将社会福利定为目标,使其能够发挥有效的激励作用,使处境最不利的人摆脱贫困,进入劳动力市场(Nilssen & Nanna,2009)。工作应该是满足福利领取的重要行为条件,求职者没有工作不是一个缺乏机会或结构性约束的问题,而是求职者的能力问题以及没有国家的强制力量(Mead,1997)。

第三,制裁是使人们工作的必要条件,许多人选择不工作,即一些不接受职位空缺的人被认为是不想工作的福利"敲诈者(scroungers)",因此需要通过制裁制度鼓励他们接受就业服务并接受一份"合理"的工作,强调为福利而工作(Newman,2011)。

第四,高失业率会阻止人们寻找工作,而积极的劳动力市场政策能够有效减少失业(Newman,2011),应该注重各种积极的劳动力市场计划,改善失业者的态度动机、就业机会以及总体就业能力(Lodemel & Trickey,2001),并将福利领取与就业政策相结合,人们就没有理由不再寻找工作(Newman,2011)。

3. 政策路径:从"福利"到"工作"

工作福利的政策路径是从"福利"到"工作",即强调通过工作福利来实现社会政策与劳动力市场政策之间的连接。工作福利强调将福利嵌入积极的劳动力市场当中,并逐渐成为一项以就业促进为核心的社会政策设计原则。工作福利对于就业参与的强调,逐渐打破了传统社会保护政策与劳动力市场之间的边界(Esping-Andersen et al.,2001)。工作福利虽以福利政策为名,但实际上是发挥着劳动力市场政策的功能(梁祖彬、肖萌,2009)。强调去商品化(decommodification)的传统福利政策正在被强调再商品化(recommodification)的工作福利、赋能、激活等社会政策所取代(Dingeldey,2007)。不过,对于从"福利"到"工作"的理解,在不同时代以及不同国家的政策语境中,概念内涵以及侧重点是存在一定差异的,具体包括以下三方面:

第一,对于"福利"的理解。在 20 世纪 90 年代的美国,"福利"一般强调的就是 TANF 福利领取者,随后各国一般也将"福利"理解为国家提供给经过家计调查的贫困人员的现金津贴福利,不过目前这种现金津贴主要有两种形式,第一种是只强调家计调查的"社会救助金",比如中国的低保金;第二种则是在家计调查的基础上专门区分出有劳动能力的失业人员,并给付"失业救助金",比如英国的求职者津贴以及德国的失业救济金 II(Arbeitslosengeld

II)。除了这种通常意义对于"福利"的理解,"福利"还可以用来指代非家计调查型的"失业保险金"以及其他各种政府给付的其他普遍式福利。比如,在特朗普政府时期,工作福利被拓展至非现金津贴的福利。2018 年 7 月 12 日,总统经济顾问委员会(CEA)发布了一份报告,建议在非现金福利计划中扩大当前的工作要求,包括食品券(补充营养援助计划),医疗补助计划和联邦住房援助计划(The Council of Economic Advisers,2018)。还有研究强调,工作福利应该成为那些失去生产和维持秩序能力的集体主义者(比如"失业者(unemployed)"、"领取养老金者(pensioner)"、"残疾人(disabled)")充当寻找社会秩序的新来源(Kananen,2012)。

第二,对于"工作"的理解。在 20 世纪 90 年代的美国,"工作"只是强调"工作的获得",但是随着工作福利的发展,人们对于"工作"的理解呈现出"多维要求",已经不只是停留在"工作岗位的获得",越来越强调"工作的质量以及稳定性",这也就是为何大卫·T·埃尔伍德(Ellwood David T.)(1996)、哈特利·迪安(2009)、盖伊·斯坦丁(Guy Standing)(2011)等学者批评工作福利只是将贫困者推向了"肮脏的工作(dirty jobs)",并且导致了严重的"工作中的穷人(working poor)"问题,这是当前学术界对于工作福利争议性最大的地方。但是,在本书看来,对于这一问题需要辩证地看待:一方面,工作本质上只是一种摆脱贫困的方式,而能否摆脱贫困本质上很大程度上取决于工作的质量以及稳定性等方面,如果只是为了控制福利支出而将穷人迅速推向劳动力市场却不管其是否摆脱贫困,无论是就理念本身而言,还是从政策初衷来说,都是本末倒置的;然而,另一方面,这种现象也并不能完全归因于工作福利本身的不合理,其中当然有政策设计的问题,但是从劳动力市场自身的价值生产规律来看,人力资本水平较低的贫困人员的确很难匹配到较高层次的工作岗位,因此工作福利应该是阶段性工作,对于工作的阶段性定位应该综合考量本国的劳动力市场结构以及经济发展水平。

第三,从"福利"到"工作"的实现路径是多元的。正如前文所述,工作福利按照不同的标准,实现路径可以划分成不同种类型。其中,最传统的模式还是强调"以工作换福利",即围绕着工作优先(work-first)确立了一项公约,该公约优先考虑通过强制参与迅速进入劳动力市场。工作优先战略淡化了结构性变量,如劳动力需求和就业机会的性质(Peck & Theodore, 2000)。相反,他们倾向于对贫困和失业的个别解释,强调教育不足、工作经验不足、道德败坏(如不良的工作习惯),或三者兼而有之。他们强调任何工作都是好工作,一旦福利领取者开始工作,他们将有更好的机会获得未来的工作和工资增长。因此,这些项目侧重于最短的带薪就业路线,并依赖于低成本和短期项目。不过,一个结果是短期、低成本的就业和培训计划泛滥,这些计划已成为挑战和改革福利接受者的态度和行为的重要场域(Little, 1999)。不过目前而言,除了美国还是侧重这种模式以外,大多数国家还是越来越侧重以积极的劳动力市场政策来强调就业促进。

4. 治理逻辑:责任的分担与权利的下放

作为一种新型的贫困治理方式,工作福利的治理逻辑强调责任的分担以及权利下放(decentralization)。

首先,工作福利强调个体对于自己的贫困状况负责任,强调福利领取者通过工作参与来建构国家与公民的"新契约主义(New Contractualism)",即公民获得社会福利取决于必须履行的各种责任(Nilssen & Nanna, 2009),这些责任基本上与工作有关(White, 2003)。工作福利对于个人责任的强调主要源于新自由主义下对于个人自由与国家权力关系的重构。新自由主义强调穷人有义务在有工作的情况下反思不工作对他们自己和其他人造成的后果,穷人应该对不工作负责,倡导建立和维持一个以市场为导向、再分配最小化的福利国家。政府必须查明贫困人员的具体情况,以便在适当的情况下,能够采取必要的步骤,确保他们尽可能参与劳动力市场(Dixon, 2012)。在本书看来,工作福利对于个体责任的强调本质上是政府将福利供给的责任与公民进行共同分担,正如吉登斯(Giddens)的第三条道路战略提出的座右铭"没有责任就没有权利"(Giddens, 1998:68)一样,工作福利强调追回公民责任(reclaiming responsibility)(Eriksen, 2018)。安德烈亚斯·埃里克森(Andreas Eriksen)建议,工作福利实践中,工作能力评估以及制裁应该被视为促进公民责任的两种有效的政策工具。其中,工作能力评估(work capability assessments)旨在确定索赔人的残疾和工作适应性(fitness for work);制裁的主要目的应是与索赔人重新接触并重新确定对承诺的共同理解(Eriksen, 2018)。

其次,工作福利强调贫困治理的权利下放。一方面,工作福利强调贫困治理的权力从中央下放到地方,因此一般实行属地化管理方式。陈泽群和岳经纶认为在中国,工作福利是一项去中心化且零散的社会政策,每个地区都有独特的政策设计(Chan & Ngok, 2016)。此外,工作福利强调贫困治理的权利从国家下放到非政府机构,强调非营利机构、企业、社区等多元主体的协同参与。工作福利试图构建一种"福利多元主义"的社会保障体系,扩大福利供给的资源与渠道(何子英,2009)。比如,1990 年代后期,英国工党政府实施了"新政"计划,旨在为求职者在一定时期的失业后提供就业支持(Finn,2011)。与以前的国家激活计划不同,政府与非公共部门组织建立了合同关系,并将服务的提供从公共就业服务转向市场化系统,包括按结果付款、服务提供者的市场化竞争以及对给予相应的服务自主权(Heins & Bennett,2016)。不过,支持工作福利的新自由主义者强调,权利的下放寻求的不是限制国家,福利国家并没有"收缩(rolled back)",福利国家也没有减少;相反,国家被设想为应用市场原则的场所,福利国家被"扩展(rolled out)"到不同的地区和非国家行为者(Peck & Tickell,2002)。工作福利只是采取了一种更具建构主义的立场重组国家,强调以市场的名义调动国家力量,并用一种准市场运作方式来重新确认国家行为,使国家按照市场逻辑运作,更加依赖市场参与者来实现其目的(Schram et al.,2010)。

2.1.4 工作福利的适用分析

本书认为基于工作福利理论来研究城市贫困人员的就业救助具有较强的适用性,主要包括以下两方面理由:第一,工作福利在我国具有一定的实践基础;第二,工作福利为就业救助研究提供了理论脉络线索。

1. 工作福利在我国具有一定的实践基础

尽管我国真正具有制度意义的社会救助始于 20 世纪 90 年代初期(郭玉辉,2015),但带有以"工作"换"福利"思想的救助项目自古以来就已经存在,比如以工代赈。以工代赈的思想在春秋战国时期就已经产生。齐景公时期,正值闹饥荒,晏子请求给百姓发放粮食,景公不同意。于是,晏子以"路寝之台"之法以济饥民,他主管修筑路寝之台,命令官吏提高雇工的工钱,增加道路的长度,延缓工期,而不加以催促,"三年台成而民振……民足乎食"(陆曾禹,2003:348)。在古代,以工代赈常常通过整治堤防、修筑道路等方式,组织灾民施工并以结算工钱的方式发放赈款,救济灾民,从而达到赈济灾民、又让灾民自主自救,还能完成社会公共工程建设的目的(刘燕生,2001:27;周琼,2011)。对于灾民而言,"以工代赈"不但可以获得短期的劳动收入,而且通过积极参加劳动,在消除受助灾民惰性依赖思维的同时,还可以培养灾民的劳动自救意识和廉耻道德意识,最大限度地挖掘穷其生产自救潜力,体现了积极社会政策的价值;同时,灾民只有履行投身工役的义务,才能拥有获得救济权利,也体现了国家不养懒汉的救助理念(康镇、林闽钢,2017)。新中国初期,我国政府依旧在救灾中大兴"以工代赈",强调"以工代赈"是"群众极愿以自己的劳动换饭吃"的救助方式,比如修堤治河不但可解决灾民目前吃粮,而且是解决水患的基本办法(中华人民共和国内务部农村福利司,1958)。在当时,"以工代赈"也被用来作为救济失业工人的主要策略。1950年6月颁布的《政务院关于救济失业工人的指示》中提出了六项处理失业工人问题指导方针,其中第三项明确指出救济办法应以以工代赈为主,而以生产自救、转业训练、还乡生产、发给救济金等为补助方法,以求达到救济金的使用既能减轻失业工人的生活困难,又有益于市政建设的事业。不过,随着我国现代意义的社会救助制度建立与发展,20世纪80年代以后,"以工代赈"发生了主要变化,开始作为我国农村扶贫开发的一项重要反贫困措施(康镇、林闽钢,2017)。进入新世纪以来,以工代赈的规模不断扩大,尤其与农村开放式扶贫越来越紧密,成为我国贫困地区脱贫开发的一项重要政策。2005年,国家发改委发布《国家以工代赈管理办法》,明确指出以工代赈是一项农村扶贫政策,贫困农民参加以工代赈工程建设,获得劳务报酬,直接增加收入,以此取代直接救济。

另一方面,自城市低保制度以来,我国针对低保人员就业促进的相关规定本身就带有明显的工作福利色彩,尤其是低保制度建立之初,工作参与的强制性色彩凸显。其中,最具典型的措施之一就是社区公益性劳动参与的规定。在葛道顺(2005)看来,这种社区公益劳动的参与要求本质上就是一种类似于工作福利的制度设计。徐月宾、张秀兰、王小波(2011)也认为,从2004年开始,许多省市设计并实施了一些措施来鼓励或强制那些有劳动能力的低保救助对象参加有薪劳动,这当中的许多措施已经包含了一些工作福利的做法。从政策文本层面来看,各地已普遍形成具有工作福利色彩的就业救助政策框架(肖萌、陈虹霖、李飞跃,2019)。此外,在目前针对城市低保制度未来发展的研究,大多数研究者都强调应该借鉴工作福利理念,来优化我国的制度设计,促进贫困人员实现就业(潘胜文、杨丽艳,2005;张敏杰,2006;夏建中,2007;田奇恒、孟传慧,2007;李丹、徐辉,2008;郁建兴、瞿志远,2009;彭宅文,2009;李志、杨笛,2013;林亦府,2013;Gao,2017;杨得前、彭文栋、肖莹,2017;韩克庆、赵晰,2017;左停、赵梦媛、金菁,2018;张浩淼、仲超,2019)。但多数研究只是强调工作福利的政策借鉴意义,忽视了工作福利本源性的理论内涵,对于如何运用工作福利来研究并优化就业救助的讨论并不深入。此外,对于工作福利的理解也还只是局限于"以工作换福利"维度,对于"从福利到工作"维度的考量较少。

2. 工作福利为就业救助研究提供了理论脉络线索

本书之所以采用工作福利的一个最主要原因就在于该理论能够为城市贫困人员就业救助的研究提供翔实而又严密的脉络线索,工作福利的四方面主要内涵能够逐步推进就业救助的事实基础、需求分析、制度回应以及优化路径各个研究问题以及章节安排,具体的研究理论脉络线索如图 2-1 所示。

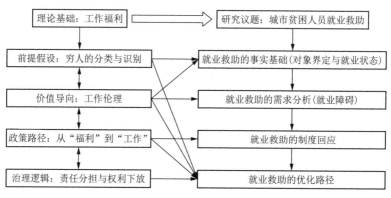

图 2-1　城市贫困人员就业救助研究的理论脉络线索图

在"穷人的分类与识别"前提假设下,城市贫困人员就业救助的研究首先需要厘清现行制度下就业救助对象的界定与识别,即如何从社会救助对象中识别出"不应得"的贫困人员。只有在识别就业救助对象的前提下,才能有效回答这部分群体的规模占比,也就是回答就业救助的现实基础问题。同理,对于就业救助的优化路径探讨也应该始终围绕这一前提假设,就业救助对象的精准识别是就业救助开展的基础性环节。

在"工作伦理"的价值导向下,针对城市贫困人员开展就业救助不仅有了核心的理论支持,而且也为研究的各环节提供了分析要点。首先,在厘清就业救助事实基础过程中,应在识别就业救助对象的前提下,找到影响城市贫困人员就业参与的主要因素,尤其是对于福利领取的测量及其影响机制。其次,对就业救助开展需求分析,需要紧密围绕"工作"这个核心关键词,通过有效的分析框架来全面多维呈现城市贫困人员的就业救助需求。最后,就业救助的优化路径也应该按照"工作伦理"价值导向的四方面主要观点进行路径构建。

在"从'工作'到'福利'"的政策路径下,一方面需要回答我国现行的就业救助是如何实现从"福利"到"工作"的,制度回应的效果如何? 又有哪些问题与不足? 另一方面,这种政策路径也为就业救助的优化路径提供了基本的方向引导,尤其是各国探索出来的多元化的政策路径。

在"责任分担与权力下放"的治理逻辑下,主要需要回答在城市贫困人员就业救助的路径优化过程中,如何实现有效的贫困治理,即多元化的治理主体应该如何实现协同。

2.2　研究设计

2.2.1　研究方法

本书主要采取定量研究与定性研究相结合的混合研究方法。近年来,在社会科学研究领域,混合研究方法正在逐渐成为一种新趋势(刘丰,2015)。混合研究方法有利于提高研究的可靠性和深入性(朱迪,2012),能够降低研究方法偏差带来的负面影响(杨菊华、张莹、陈志光,2013),并且还能够提升构建合适的分析框架、探求因果关系、合理测量变量的能力(臧雷振,2016)。风笑天(2017)认为,定量研究与定性研究真正意义上的结合方式是对研究总问题的不同方面,或对研究的中心议题的不同子问题分别使用定性研究和定量研究来进行,换句话说,混合研究就是用定性研究和定量研究两种不同的方式分别回答不同性质的问题。本书的核心议题是城市贫困人员的就业救助,既需要回答城市贫困人员的就业参与事实以及就业参与过程中遇到的主要障碍,又要从制度的角度来审视现行就业救助是如何回应这些就业障碍并且回应效果如何,对于这些不同的问题的回答,混合研究的方法不仅适用而且也有助于研究开展。

1. 定量研究方法

定量研究主要关注和回答有关整体的、相对宏观的、相关普遍的、侧重客观事实的,特别是有关变量之间关系的问题,更多的是以描述总体的分布、结构、趋势及其相关特征,揭示变量之间的关系,验证已有理论假设等为目标(风笑天,2017)。在本书中,定量研究主要被用来分析城市贫困人员的就业现状,包括各类型就业状态的占比情况、就业参与的质量分析,就业状态的异质性分析、影响贫困人员就业状态的主要因素以及评估部分就业救助措施对贫困人员就业促进的效果。

(1) 数据来源

本书所使用的数据主要来源于两种渠道:

第一,利用《中国民政统计年鉴》以及国家统计局官方网站分布获取我国城市贫困人员(低保对象)整体规模与就业状态分布、城镇调查失业人数与失业率等官方统计数据。

第二,在参与民政部政策研究中心课题组委托的《2015 年中国城乡困难家庭社会政策支持系统建设项目》的研究过程中获得了城市困难家庭数据。该项目是由民政部"中国城乡困难家庭社会政策支持系统建设"项目组立项,由北京大学中国社会科学调查中心执行的大型抽样调查项目。该项目采用计算机辅助面访系统(CAPI)入户访问的调查方式,于 2015 年 7 月至 2015 年 12 月对全国 29 个省内(不包括西藏自治区、新疆维吾尔自治区、台湾地区、香港特别行政区和澳门特别行政区)共 17000 多位受访者发放了问卷。调查运用多阶段整体抽样,按照"全国—省—区(县)—乡镇—户"的顺序逐步抽样。在区(县)层面,运用当地民政部门登记的"低保户和困难户社会救助对象名录"、"救助申请家庭(低保退出家庭)、其他生活困难户名录"、"农村进城务工人员流动人口户"随机抽取被访家庭。被访家庭选择一名成员填答问卷。调查对象包括领取低保的家庭、未领取低保的低保边缘家庭和进城务工的流动人口低收入家庭。在城市困难家庭数据中,共有 7340 户接受了问卷调查,在删除缺失值的情况下,共有 4060 户低保家庭以及 3270 户低保边缘家庭。鉴于本书研究的是城市贫困人员,因此只保留了 4060 户城市低保家庭数据。此外,本书主要讨论有劳动能力且处于法定劳动年龄范围内的城市贫困人员,因此主要关注受访者的主要信息,并将学龄前儿童、在校学生、丧失劳动能力、离退休者(年老无业)、其他以及法定劳动年龄以外的样本剔除,最终获得 1510 个有效样本。除了 2015 年的城镇家庭数据,相关研究也使用了该项目于 2012、2013、2014 年以及 2016 年开展的调查数据。不过需要说明的,2016 年的调查数据是在 2015 年调查数据基础上开展的追踪数据,其他三年的调查数据只是普通的截面数据。此外。2012 年、2013 年和 2014 年调查组各抽取了 10 个省份,包括安徽省(仅 2012 年和 2013 年数据)、甘肃省、广西壮族自治区、贵州省、湖北省(仅 2014 年数据)、湖南省、辽宁省、山东省、陕西省、山西省以及重庆市。2016 年与 2015 年一样,覆盖了除西藏自治区、新疆维吾尔自治区、台湾地区、香港特别行政区和澳门特别行政区外的所有省份,合计 29 个省(直辖市、自治区)。在各年度数据的样本数量上,2012 年数据共有 8212 户城镇家庭,2013 年数据共有 6062 户城镇家庭,2014 年数据共有 8848 户城镇家庭,2016 年共有 4242 户城镇家庭。按照 2015 年数据清理以及筛选方案处理以后,2012 年共保留 3385 个有效样本,2013 年共保留 2439 个有效样本,2014 年共保留 3012 个有效样本,2016 年共保留 956 个有效样本。

(2)分析方法

在定量研究方法上,本书主要使用描述性统计分析、组间比较单因素统计分析、主成分因子分析、逻辑回归(logistic Regression)、倾向得分匹配方法(Propensity Score Matching,PSM)和双重差分法(Difference In Difference,DID)相结合的双重差分倾向得分匹配估计方法(PSM-DID)等多种方法。

第一,描述性统计分析。该方法主要适用于一些基本数据的频数、频率、总数等主要指标的统计,比如各年度城市贫困人员的就业参与人数与比例。在描述性统计分析的基础上本书还制作了各种图表以可视化的方式呈现主要研究发现。

第二,组间比较单因素统计分析。该方法主要为了进行城市贫困人员就业参与中性别、年龄、婚姻、地区等特征的异质性检验。对于分类变量,可以采取列联表的卡方检验(Chi-Squared Test)。对于数值型的变量,如果数据满足正态分布可以采用的独立样本 t 检验或者单因素方差分析(ANOVA);如果数据不满足正态分布,则可以使用基于秩次的 Kruskal-Wallis H 非参数检验方法(K-W

检验)。当 p<0.05 时,表明组间之间具有统计学意义上的显著性差异。

第三,主成分因子分析。该方法主要用于城市贫困人员低保金享有指标的构建。低保金享有是一个多维概念,既可以体现在领取时间层面,也可以表现为领取程度上,还可以包括主观感知和评价,因此很难用一个单维指标进行测量。为此,本书主要采用主成分因子分析的方法构建一个多维的综合指标。因子分析法是分析影响实测变量、支配实测变量的共同因子、探索因子本质的一种统计方法,也是一种数据简化或降维技术,因子分析主要包括探索性因子分析与验证性分析两种主要类型(杨菊华,2012:91,100)。本书主要采用的是探索性因子分析,即主要依据实证研究经验和生活经验,选取能反映低保领取特征的变量,通过因子分析提取共同因子,对其进行加权,整合为综合的低保领取指标 F。假设有 p 个变量(X_i, i=1, 2, …, p),从中提取 m 个公共因子(F_i),因子分析模型如下: $X_i = \mu_i + a_{i1}F_1 + \cdots + a_{im}F_m + \varepsilon_i (m \leqslant p)$。因子分析方法需要进行 KMO 测度和 Bartlett 球形检验,根据 Kaiser 给出的检验标准,当检验系数 KMO>0.5,且 P<0.05 时适合进行因子分析(蔡秀云,2012)。此外,公因子的累计方差率如果高于 0.7,才能较好地证实一个特定因素代表了预先假设的自变量(杨菊华:2012:96)。

第四,logistic 回归。logistic 回归是根据实际研究需要,不断对多元线性回归进行改造和发展而来的一种分析方法,用于因变量为分类(定性)变量的模型,旨在预测主要自变量对因变量的影响大小,排序各自变量对因变量影响的重要性,评估互动效果并用来理解控制变量的作用等,分为二元(二分类)logistic 回归(binary logistic)、多分类 logistics 回归(multinomial logistic)以及序次 logistics 回归(ordered logistic)。

第五,PSM-DID。在已有的政策评估研究中,二元 Logistic 模型(慈勤英、王卓祺,2007;慈勤英、兰剑,2015;兰剑、慈勤英,2016;肖萌、李飞跃,2017;冯帆,2019;侯斌,2019)或者是二元 probit 模型(林辰乐、吕翔涛,2012)是最为常见的统计模型。但只是基于回归分析是不足的,因为就业救助的接受在很大程度上并非是随机进行的,可能会受到城市贫困人员本身的就业意愿、就业能力、就业机会以及家庭社会经济背景等因素的影响。如果直接对非随机的样本直接进行估计可能会造成样本的选择项偏差问题。接受就业救助的城市贫困人员与没有接受的城市贫困人员就业可能性之间的部分差异,可能是由其他不可观测的、不随时间变化的因素产生的,所以如果直接进行比较还会产生异质性偏差等问题。对于这一问题,已有研究表明,倾向得分匹配方法(Propensity Score Matching, PSM)能够解决样本选择偏差问题,但不能避免因变量遗漏而产生的内生性问题,而双重差分法(Difference In Difference, DID)能通过双重差分很好地解决内生性问题并得出"政策处理效应",但不能很好地解决样本偏差问题。因此,两种方法的结合(PSM-DID)能够更好地准确估计政策的净效益。PSM-DID 方法最早就是由 Heckman 等人(1997)提出并应用于工作培训计划的效果评估,因此这一方法也适用于就业救助的效果评估。PSM-DID 方法的基本思想体现为:通过倾向值匹配方法,在对照组样本中,为每一个干预组样本匹配出与其特征相似的样本,将所有匹配样本作为控制组代替原来的对照组来进行 DID 估计,能够较好满足干预组和控制组的共同趋势假设(韩华为,2019)。PSM

方法的使用必须满足共同支持假设和平衡性假设。前者确保对照组个体的综合特征与实验组相似，后者确保对照组个体在每个指标上的特征与实验组相似。

（3）分析工具

对于整体客观事实的描述性分析，本书主要使用 Microsoft Excel 软件进行。对于变量之间关系探讨以及相关的统计分析，本书主要运用 Stata 14.0 作为数据分析工具，完成对数据的清理、编码以及模型分析。

2. 定性研究方法

风笑天（2017）认为，定性研究关注和回答的往往是有关个体的、相对微观的、相对特殊的、侧重主观意义的，特别是有关具体情境之中的互动问题，强调揭示现象变化过程、现象内在联系、研究对象的主观认知、诠释行为意义、发展和建构新的理论假设等主要目标。在本书中，定性研究首先被用来呈现并解释城市贫困人员就业参与过程中遇到的主要障碍以及造成这些就业障碍的内外在原因，其次被用来评估现行就业救助政策对贫困人员就业参与的效果以及主要原因，最后还被用来比较世界主要发达国家就业救助的具体做法以及先进经验。本书使用的定性研究方法主要包括个案访谈法、深度访谈法以及比较研究法。

（1）个案研究法

个案研究法是本书使用的主要定性研究方法。使用个案研究具有三方面必要性的考虑：第一，个案研究主要是为了解研究对象的个体特征以及研究的整体过程，利用观察或者访谈的方式以掌握一手研究资料。本书主要研究城市贫困人员的就业救助问题,这就需要将研究问题放置于特地场域,即城市贫困人员的就业参与以及就业救助政策开展的双重微观过程,呈现详细的主体行为以及主体关系等。因此,个案研究有助于在研究过程中获得更加丰富、具体的信息。第二,个案研究强调对具体的个案进行深度研究与剖析,从而了解个案产生的背景、内在逻辑、存在问题以及背后的原因等。通过利用深度访谈的方法,本书获取了大量关于城市贫困人员就业参与的相关信息、政策开展的具体流程以及反馈效果,为研究的深入推进提供了充足的分析素材。第三,城市贫困人员就业参与是极其复杂的环节,面临的就业障碍也是多种多样、无法详尽,这就决定了通过选取典型个案的方式来呈现最具代表性就业障碍的必要性;同时,如前文所言,我国的就业救助实行的是属地化管理,不同城市就业救助具体政策以及实施方式存在较大差异,因此选取代表性的城市来研究无论是从方法的科学性上,还是研究的可行性上,都具有较强的必要性。

个案研究需要遵循代表性的原则。本书主要选取了北京市作为个案研究的主要场域。之所以选择北京,主要出于以下几方面考虑:首先,作为首都,北京是国内最早实施城市低保制度的省市之一,对于城市贫困人员的资格认定相对而言较为规范,城市贫困人员的构成来源多元化,就业劳动力市场也较为规范,低保金水平相对于全国而言较高,因此能够较好地反映领取福利金的城市贫困人员在就业过程中复杂行为。相较于全国其他城市,北京也是最能够与世界典型的发达国家城市进行对话的城市之一。其次,北京市也是全国最早关注城市贫困对象就业救助的省市之一。早在2004年,北京市专门针对有就业劳动能力的低保对象的就业参与出台了一系列的政策规定,各种典型的就业救助措施在北京市也都能一一找到,因此政策基础也较好,能够较为全面地评估现行政策效果。最后,2016年笔者作为核心课题组成员,全程参与了导师主持的北京市民政局委托课题《北京市低保制度实施效果研究》,能够有机会深入一线收集城市贫困人员就业救助所涉及的各种一手资料,为研究的开展奠定了良好基础。

(2)深度访谈法

笔者在参与课题期间,通过采用半结构化的访谈提纲,以集中和入户两种方式深度访谈了北京市东城区、石景山区、丰台区、顺义区、延庆区共6名城市贫困人员,2名民政部门工作人员,3名街道或社区工作人员。此外,课题组共召开2次小组座谈,共访谈城市低保对象52名、各级工作人员33名。因此,除了笔者自己访谈的对象以外,也将通过课题组获得的其他访谈记录和访谈日记作为分析的主要素材。

对于个案访谈资料的分析,主要利用NVivo质性分析软件。一般而言,使用NVivo进行资料分析主要包括项目创建、资料导入、节点建立、节点编码、资料分析、模型建立等步骤,从而能够从海量的资料中提取有效信息、帮助思考。使用NVivo软件的过程中,需要根据个人主观诠释,根据自身的经验、理论认知、参考文献以及自身的学术敏锐度等情况,将相关资料加以概念化、整合、连接、结构等,从而发现资料当中的关联与现象。在将访谈资料导入软件以后,依次将访谈资料逐字稿进行节点编码,将文本内容归入不同的节点编码关系之中。比如一级节点"贫困人员"主要包括"个人信息""家庭信息""就业历史与现状""面临的就业困难""就业救助政策评价"等五个节点,二级节点"面临的就业困难"又包括

"就业能力""就业机会""就业动机"等三个三级节点,依次类推,不断地将访谈文本内容归纳至相应的节点编码。在完成编码以后,对于城市贫困人员的访谈资料,通过对个人信息以及整体的编码情况进行有效访谈资料的筛选。具体而言,首先基于个人信息判断是否属于贫困人员以及是否属于中度及以上残疾人进行初步筛选,其次主要根据访谈的整体内容与就业救助的关联程度来进行二次筛选。通过两次筛选,共获得有效的城市贫困人员访谈资料11份。对于非城市贫困人员的访谈资料,主要基于访谈资料是否有涉及城市贫困人员就业救助的议题进行筛选,共获得有效访谈资料8份。需要说明的是,在梳理这些访谈资料的过程中,研究发现有些访谈资料对于就业救助相关政策措施的访谈资料不够深入,且对于诸如社会保险补贴、低保渐退、收入豁免等重要的就业救助政策基本没有涉及。因此,2020年11月期间,笔者进一步对西城区的两个街道进行了实地访谈,共计访谈城市贫困人员7名(其中符合要求的高质量访谈共计1份),街道居民社区服务中心(原社保所)专干2名,街道公益性岗位专干1名,社区民政专干8名(符合要求的高质量访谈共计5份)。在合并符合要求的访谈资料以后,对访谈材料进行了统一命名编码,为了区别贫困人员以及非贫困人员,笔者将城市贫困人员统一按照"城市拼音首字母缩写+区拼音首字母缩写+姓氏首字母+XS(先生)/NS(女士)+年龄"的格式进行编码,非城市贫困人员则按照"年龄+城市拼音首字母缩写+区拼音首字母缩写+姓氏首字母+XS(先生)/NS(女士)"的格式进行编码,对于有重复的则在后面以括号标准的形式进行区分。深度访谈个案信息一览表见附录1。

（3）比较研究法

比较研究法可以简称为"比较法"，主要强调通过对相关事物的异同比较，进而认识事物乃至探索其规律的方法，该方法的使用需要基于三个标准：第一，需要存在两种以上可比较的对象；第二，这些比较对象应该具有共通的基础；第三，比较对象需要具有一定的差异性，具有自身的特性（吴定初，1999）。在社会福利以及社会政策领域，自埃斯平·安德森的《福利资本主义的三个世界》问世以来，研究福利国家的分类以及探索不同福利体系的差异已成为比较福利和比较社会政策的研究主流（张蕾、袁晓慧，2019）。彭华民、顾金土（2009）认为，比较研究方法有利于加强福利制度研究的针对性，拓展社会福利制度研究的范围以及有利于社会福利制度研究的基础建设。在本书中，该方法主要适用于世界主要发达国家针对城市贫困人员开展就业救助的经验比较研究。为了从制度层面上进行国际比较研究，笔者收集了 34 个OECD 以及 5 个非 OECD 的欧盟国家基于经合组织税收福利模型（Tax-Benefit model，TaxBEN）下制定的各国针对家庭（含个人）的税收负债和福利待遇的详细政策规则，对各国针对贫困人员（家庭）提供的失业救助金以及个性化的就业支持政策进行了比较研究。

2.2.2　技术路线与章节安排

图 2-2 展示的是研究技术路线图。本书共有 8 个章节，具体安排内容如下：

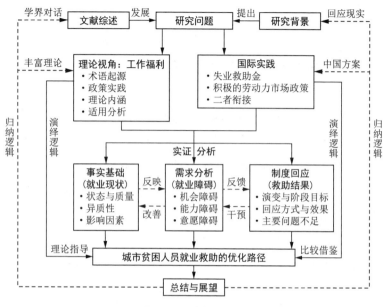

图 2-2　研究技术路线

第一章是导言部分,主要包括问题的提出、文献综述以及基本概念界定三个小节。

第二章是理论视角与研究设计部分,理论视角选取的是工作福利理论,研究方法主要采取定量与定性的混合研究。

第三章是城市贫困人员就业救助的国际经验,从失业救助金、积极的劳动力市场政策以及二者的衔接进行了经验梳理。

第四、第五章以及第六章是实证分析的三大章节。具体而言,第四章是城市贫困人员就业救助的事实基础,即在识别并界定城市就业救助对象的基础上,通过分析城市贫困人员的就业状态与质量来判断就业救助对象整体的规模以及异质性特点,并通过2015年城乡困难家庭的调查数据识别了影响城市贫困人员就业状态的主要影响因素。第五章是城市贫困人员就业救助的需求分析,利用深度访谈获得的典型性个案资料,剖析了城市贫困人员面临的主要就业障碍,从而分析城市贫困人员就业救助的需求。第五章是城市贫困人员就业救助的制度回应,首先简单梳理制度演变并界定了阶段性目标,其次基于需求分析的三大就业障碍,相对应的整理了我国就业救助的主要回应措施以及就业效果,最后在效果评估的基础上反思了目前就业救助存在的主要问题不足。

第七章是城市贫困人员就业救助的优化路径。在实证分析的基础上,通过工作福利的理论视角以及国际实践的经验借鉴提出了具体优化建议。

第八章是总结与展望部分。

本书主要首先按照演绎逻辑,在理论基础、国际经验以及实证分析的基础上,探讨我国城市贫困人员就业救助的优化路径。同时,本书也希望以归纳逻辑的方式,一方面丰富工作福利理论并与现有文献研究展开对话,另一方面也希望以"先破后立"的研究成果来回应我国的现实问题,并期望能够为中国是如何回应救助福利与就业参与的悖论,帮助贫困人员重返劳动力市场的一系列做法积累素材。

第 3 章　城市贫困人员
就业救助的国际经验

需要说明的是,在典型的发达国家当中,并没有类似于我国就业救助的专项社会救助项目,因此本章就业救助指的是各国政府针对城市贫困失业人员开展的有利于其找到工作、重返劳动力市场的主要措施与实践经验,主要包括三个部分:第一,区别于社会救助津贴(SA),为贫困失业者提供专项的失业救助(UA)现金津贴;第二,依托于积极的劳动力市场政策开展就业支持与服务;第三,强调现金津贴与积极的劳动力市场政策相互衔接。

3.1　贫困失业者的现金津贴:失业救助金

在 34 个 OECD 以及 5 个非 OECD 的欧盟国家当中,只以社会救助金的方式为贫困人员提供现金津贴的国家包括美国、加拿大、韩国、日本等 20 个,英国、澳大利亚等 16 个国家不仅存在社会救助金,还有失业救助金的制度设计。

从制度的定位和导向来看,失业救助金往往被视为一项与失业保险金(UI)相配套的重要制度设计。作为一项失业现金津贴(UB),失业救助金(UA)包含了两项最基本的设计元素:权利条件(entitlement conditions)以及津贴慷慨度(benefit generosity)(Langen-

表 3-1　OECD 以及非 OECD 的欧盟国家失业现金津贴类型一览表

津贴类型	国　　家
失业保险金 （37 个）	奥地利、比利时、保加利亚、加拿大、智利、克罗地亚、塞浦路斯、捷克、丹麦、爱沙尼亚、芬兰、法国、德国、希腊、匈牙利、冰岛、爱尔兰、以色列、意大利、日本、韩国、拉脱维亚、立陶宛、卢森堡、马耳他、荷兰、新西兰、挪威、波兰、葡萄牙、罗马尼亚、斯洛伐克共和国、斯洛文尼亚、西班牙、瑞典、瑞士、土耳其①、英国、美国
失业救助金 （16 个）	澳大利亚、奥地利、智利、爱沙尼亚、芬兰、法国、德国、希腊、爱尔兰、马耳他、新西兰、葡萄牙、西班牙、瑞典、瑞士、英国
社会救助金 （36 个）	澳大利亚、奥地利、比利时、保加利亚、加拿大、智利、克罗地亚、塞浦路斯、捷克、丹麦、爱沙尼亚、芬兰、法国、德国、希腊、匈牙利、冰岛、爱尔兰、以色列、意大利、日本、韩国、拉脱维亚、立陶宛、卢森堡、马耳他、荷兰、新西兰、挪威、波兰、葡萄牙、罗马尼亚、斯洛伐克共和国、斯洛文尼亚、西班牙、瑞典、瑞士、英国、美国

资料来源：作者自制，OECD 官方网站。

bucher，2015）。权利条件在失业现金津贴中发挥着重要作用，因为它们可能会将某些群体完全排除在领取失业现金津贴之外。津贴慷慨度代表了失业救助金给付的水平与方式。

3.1.1　失业救助金的权利条件

整体而言，各国失业救助金的权利条件主要包括收入资产维度、就业维度以及年龄维度三方面。

1. 收入资产维度

失业救助金相较于失业保险金最大的不同点在于失业救助金索赔人（家庭）必须经过家计调查，从而将津贴权利限制在收入或资产很少的低收入个人或家庭中。家计调查主要以索赔人个体（及其配偶或伴侣）为主要对象，包括澳大利亚、奥地利、法国、智

---

①　2018 年土耳其没有向法定退休年龄以下人口提供直接现金津贴的社会救助计划和住房福利计划，只为退休年龄以上的人和残疾人提供了一些具体的实物和现金救助。

利、爱沙尼亚、德国、新西兰、瑞士、英国、芬兰等。也有国家强调家计调查以家庭为主要对象,分为家庭人均收入(西班牙、葡萄牙)以及总收入(爱尔兰、希腊与马耳他)两种类型。

目前实施失业救助金的国家大都要求失业救助金给付需要通过家计调查。家计调查主要包括收入审查以及资产审查,在各国的政策操作中严苛程度不一:比如德国的失业救济金Ⅱ规定,收入审查覆盖获得的所有金钱,包括就业和自雇收入、补偿金(例如失业福利金、父母补助金或疾病补助金)、租金和租赁收入、赡养费、子女福利、退休金、一次性收入(例如退税、遣散费、遗产)以及职业培训津贴;资产审查覆盖所有可以用金钱来衡量的资产,包括储蓄、现金、物品(例如车辆以及珠宝)、人寿保险、房屋等。爱尔兰的求职者津贴也规定,家计调查将会查看索赔人(以及配偶、同居者或民事伴侣)的所有收入来源,包括现金收入、个人使用的财产、非个人使用的资本和财产以及与父母一起生活时的福利和特权(OECD,2020)。多数国家规定了收入以及资产可以得到豁免的特殊情况。澳大利亚的新起点津贴(NSA)与青年津贴(YA)强调家计调查中的收入审查只针对一般收入(ordinary income),即就业收入、金融投资收入和其他各种不应纳税的收入来源,但不包括子女抚养费和其他社会保险费用;资产审查不考虑主要住房(principal home)的价值(OECD,2020)。不过,爱沙尼亚、芬兰、法国、马耳他等国强调收入审查中不考虑各类法定福利与津贴,比如失业保险金、家庭福利、住房津贴、儿童津贴、寄养津贴、残疾人津贴、儿童津贴、赡养费、抚养费等。

值得注意的是,在目前实施失业救助金的OECD以及5个非OECD的欧盟国家当中,只有瑞典的失业救助金(Arbetslöshetsförsäkring grundnivå)明确规定,津贴的支付无需家计调查。

2. 就业维度

与失业保险金一致,爱沙尼亚、法国、希腊以及瑞典对失业救助金索赔人需要符合的就业记录与缴费历史进行了明确规定。爱沙尼亚的失业救助金规定索赔人需要在过去12个月当中有180天的就业记录或缴费历史(OECD,2020)。法国特别团结津贴(ASS)规定索赔人需要在当前失业期开始前的10年内有5年的就业记录(全职或者兼职)(OECD,2020)。希腊的失业登记三个月后的特别补助规定索赔人需要失业持续三个月并且在失业开始前的1年内至少有60天的就业记录或缴费历史(OECD,2020)。瑞典的失业救助规定索赔人需要满足过去12个月中至少6个月(每月至少80个小时)或连续6个月至少480小时(每月至少50个小时)的就业记录或缴费历史(OECD,2020)。

奥地利、希腊、西班牙以及瑞士还将索赔人是否享有失业保险福利以及是否耗尽失业保险福利作为享有失业救助福利的前提与基础。奥地利的失业救助与希腊的失业福利发放后的特别救助规定,失业救助福利仅在用尽失业保险福利(即索赔人必须已经获得失业保险福利)之后且有需要时才支付。西班牙的失业补贴、活动重返计划(RAI)、职业再培训计划(PREPARA)以及激活就业计划(PAE)均要求索赔人需要满足失业保险耗尽或者由于没有足够的缴费没有资格享受失业保险等条件(OECD,2020)。瑞士的祖格州(Zug)规定,那些已经用尽了享受失业保险福利权利的人能够享受到失业救助福利(OECD,2020)。

智利、希腊以及葡萄牙不仅将失业救助与失业保险相衔接,还对福利索赔人的就业记录与缴费历史进行了限定。智利失业保险团结基金要求索赔人必须满足个人失业保险储蓄账户资源不足、过去 24 个月中有 12 个月缴费历史以及后 3 个月的缴费是连续的且由同一雇主进行(OECD,2020)。希腊长期失业的失业救济金要求领取者需要失业保险已经到期或耗尽以及失业持续 12 个月等条件(OECD,2020)。葡萄牙社会失业津贴要求领取者需满足在失业或者失业保险津贴耗尽前 1 年中的 180 天有就业记录与缴费历史或者在 180 天内没有领取任何失业救济金等条件(OECD,2020)。

不过,澳大利亚的新起点津贴(NSA)与青年津贴(YA)、芬兰的劳动力市场补贴、爱尔兰的求职者津贴以及求职者的过渡性报酬、德国的失业救济金 II、新西兰的求职者支持以及英国基于收入的求职者津贴既没有对福利领取者的就业记录以及缴费历史进行限定,也没有将其与失业保险进行制度捆绑。

3. 年龄维度

年龄与失业救助福利的潜在受益持续时间(potential benefit duration,PBD)密切相关,尤其对于是否延长福利而言,年龄是唯一的标准(Heyma & van Ours,2005)。

大多数国家都将失业救助金覆盖对象的年龄进行了限制,法定劳动年龄以及法定退休年龄往往分别被作为起点与终点。在爱沙尼亚,索赔人必须处于 16 岁至正常退休年龄之间(OECD,2020);在芬兰,索赔人的年龄必须在 17 岁至 64 岁之间(OECD,2020);在德国,索赔人的年龄必须在 15 岁至 64 岁之间(并且随着法定退休年龄的增长而延迟(OECD,2020));在爱尔兰,求职者津贴索赔人的年龄必须在 18 岁至 66 岁之间,但是求职者的过渡性报酬只针对最小的孩子在 7 岁到 13 岁(含)之间的单亲父母(lone parents)

（OECD，2020）；在希腊，长期失业者的失业津贴索赔人的年龄必须在 20 岁至 66 岁之间（OECD，2020）；在西班牙，失业救助津贴、职业再培训计划以及激活就业项目规定索赔人必须处于 16 岁至正常退休年龄之间，但是活动重返计划只针对 45 岁至 65 岁的索赔人（OECD，2020）；在新西兰，求职者支持索赔人必须年满 18 岁，如果索赔人有一个或多个受抚养的孩子则适用单亲支持，索赔人必须年满 20 岁（OECD，2020）；在瑞典，失业救助索赔人必须处于 20 岁到 64 岁（OECD，2020）；在英国，基于收入的求职者津贴在大多数情况下只针对从 18 岁到正常退休年龄的索赔人，但是在某些情况下 16 岁或 17 岁的人也有资格获取（OECD，2020）。澳大利亚将年龄作为福利支付类型的区分标准，对于 16 岁至 21 岁的失业人员，支付青年津贴（YA）；对于 22 岁或以上且未满退休金年龄的失业人员，支付新起点津贴（NSA）（OECD，2020）。

此外，希腊的失业津贴发放结束后的特别援助、失业登记三个月后的特别补助以及葡萄牙的失业社会津贴明确规定福利索赔人没有年龄限制。奥地利、智利、马耳他以及瑞士的政策文本中也没有规定索赔人的年龄限制。

3.1.2 失业救助金的津贴慷慨度

有学者提出了津贴慷慨度的主要指标是净替代率（Net Replacement Rate，NRR）——失业期间家庭净收入占工作期间家庭净收入的比例，用来解释为失业时维持的在职收入部分的衡量标准（Browne et al.，2018）。莱尔·斯克鲁格斯（Lyle Scruggs）和詹姆斯·P.艾伦（James P. Allan）采用艾斯平-安德森提出的去商品化指数创造了失业保险金的总体慷慨度（aggregate generosity），即通过四个主要特征得分乘以制度的覆盖率之和：替代率、资格期（qualifying period）、等候期（waiting days）以及津贴周期（duration of benefit）（Lyle & James，2006）。此外，盖尔·J.阿拉德（Gayle J. Allard）强调税收处理（taxes treatment）也是影响津贴慷慨程度的主要关键特征，并且影响着津贴领取者是否工作的决定（Gayle，2005）。基于这些研究，本书主要通过替代率、等候期、津贴周期以及税收处理四个指标来刻画失业救助金的慷慨程度。

1. 替代率

替代率主要指 40 岁的单身、完全参保的平均生产工人（average production worker，APW）税后福利除以正式雇佣的 APW 的税后工资（Scruggs et.al.，2018）。给付的失业救助金水平是影响替代率重要指标。

失业救助金的给付计算方式可以被归为两种类型：均一制（flat rate）给付与比例制给予。均一制给予是指国家对符合条件的失业者，一律按相同的金额给付失业救助金。多数国家采取的是均一制的给付方式，包括澳大利亚、爱沙尼亚、法国、希腊、爱尔兰、马耳他、新西兰、瑞典以及英国。比例制则是指失业救助金按失业前工资、失业保险金、社会救助金、最低工资等标准水平的一定比例确定。奥地利的失业救助金总额等于先前领取的基本失业保险的 92%。芬兰的劳动力市场补贴最高限额等于基本失业津贴，即最高可达每日工资的 90%，但不少于基本津贴（basic allowance）与子女补贴的合计（OECD，2020）。葡萄牙的失业社会津贴基于社会支持指数（Social Support Index，IAS），单人家庭的津贴水平为 IAS 的 80%，两个或两个以上家庭的津贴水平为 IAS 的 100%。西班牙的四项失业救助项目的福利总额都是根据多重效应的公共收入百分比(Indicador Público de Renta de Efectos Múltiples, IPREM)而定,失业救助、活动重返计划以及激活就业项目津贴水平均为 IPREM 的 80%,职业再培训计划的津贴水平为 IPREM 的 70%(OECD,2020)。

多数国家失业救助金的下限(Benefit floor)与上限(Benefit ceiling)水平主要依据在私营部门工作的全职员工的平均工资(Average Wage of a full-time private sector employee,AW)而定。除了智利的失业保险团结基金规定福利水平下限为 AW 的 11%,澳大利亚、法国、德国、英国等其他国家的失业救助津贴水平均没有下限的相关规定。除了部分一次性付款的失业救助项目外,各国均对失业救助福利水平的上限进行了规定,固定费率(flat rate)从 AW 的 10% 至 38% 不等。其中,德国失业救助金的上限为 AW 的 10%,智利的失业团结基金的上限为 AW 的 38%(OECD,2020)。

在失业救助金给付频率上,主要可以分为按月发放以及按周发放两类。采取按月发放的国家主要包括奥地利、智利、爱沙尼亚(救助金标准按日计算)、法国、德国、希腊、马耳他、葡萄牙、西班牙、瑞士祖格洲(标准按日计算、每周发放 5 天);采取按周发放的国家主要包括澳大利亚(每两周)、芬兰(按日计算、每周发放 5 天)、爱尔兰(每周)、新西兰(每四周)、瑞典(按日计算、每周发放 5 天),以及英国(每周)。

2. 等候期

失业救助金的等待期是指符合领取条件的失业者不是立即给付失业救助金,而是必须有一个等待期。强制等待期可能会将福利发放的开始时间推迟几天,甚至从福利申请提交之日起推迟更长时间。因此,这些规定可能会减少福利管理或就业服务的行政工作量(Immervoll & Knotz,2018)。目前,奥地利、智利、希腊、法国、德国、新西兰、葡萄牙以及马耳他的失业救助金领取没有等待期,而爱沙尼亚、瑞典以及英国则有 7 天的等待时间规定,芬兰与爱尔兰的等待时间分别为 5 天与 3 天,西班牙的失业救助金等待时间高达 1 个月。澳大利亚的失业救助金等待期根据具体情况而定,包括 1 周、13 周、26 周以及 104 周等。

3. 福利周期

福利周期主要包括单次领取福利的天数或者月数以及领取福利的轮次(spells)。在失业救助金领取时间与轮次上,多数国家进行了限制。智利的失业团结基金规定,对于先前在长期(固定期限)合同中任职的人员,最多可以领取 5 个月福利;对于先前在短期(一定期限)合同中任职的人员,最多可以领取 3 个月福利。失业补贴则规定,索赔人有权获得为期 90 天的津贴,如果继续确定为处于失业状态,则可以续期,最长为 360 天,但是该金额会随时间递减。爱沙尼亚的失业救助金规定福利领取的时间最长为 270 天,其中也包含了领取失业保险的天数(OECD,2020)。在希腊的三项失业救助制度当中,长期失业的失业救济金最长领取时间为 12 个月;失业津贴发放结束后的特别援助采取一次性支付方式;失业登记三个月后的特别补助可以进行 3 次付款,每次付款需要间隔 3 个月(OECD,2020)。葡萄牙的社会失业津贴规定如果是初次失业,则可以持续领取津贴 24 个月,但是如果是用尽失业保险后才申请失业救助的,最长领取时间则为 12 个月(OECD,2020)。在西班牙的四项失业救助中,失业救助福利的最长领取时间为 6 个月(某些特殊情况下最多可以延长至 30 个月),活动重返收入计划的最长领取时间为 11 个月,职业再培训计划的最长领取时间为 6 个月,激活就业计划的最长领取时间为 6 个月(OECD, 2020)。瑞典的失业保险基本计划规定最长领取福利时间为 60 周,但是福利申请者在此之后还可以领取最长 90 周的工作发展和保障计划。瑞士祖格州的失业救助福利最长领取时间为 90 天(OECD,2020)。

原则上而言,澳大利亚、奥地利、法国、德国、芬兰、爱尔兰、马耳他、新西兰以及英国的失业救助制度规定,只要索赔人满足资格条件,就可以无限期领取。不过,奥地利、法国、德国以及新西兰分别对单次福利领取时间设定了 52 周、6 个月、6 个月以及 12 个月的规定。

4. 税收处理

在设立专项失业救助制度的国家中,奥地利、智利、爱沙尼亚、法国、德国、爱尔兰、马耳他以及葡萄牙的失业救助金无需纳税,但是澳大利亚、芬兰、希腊、新西兰、西班牙、瑞典以及英国失业救助金需要纳税。不过,澳大利亚、芬兰、希腊、新西兰以及西班牙还制定一些关于税收处理的特殊规定。在澳大利亚,受益人税收抵免(Beneficiary Tax Offset)通常适用于应纳税的收入支持付款的领取者,这些收入被归类为"社会保障福利",包括新起点津贴、青年津贴、育儿津贴、寡妇津贴、伴侣津贴,疾病津贴,特殊津贴以及助学金。2018 年,如果福利领取者的年收入福利金额为每年 6000 澳元以上但不超过 37000 澳元,受益税抵扣为受益金额与 6000 澳元之间差额的 15%;如果福利领取者的年收入福利金额超过 37000 澳元,受益税抵扣＝为受益金额与 6000 澳元之间差额的 15% 以及受益金额与 AUD 37000 之间的差额的 15% 之和;受益金额少于 6000 澳元的人无法享受"受益人税收抵免"（OECD，2020）。在芬兰，劳动力市场补贴的税收是为了缴纳用于医疗的健康保险。希腊的三项失业救助制度均规定，如果失业救助金纳税的条件是纳税人的其他应税收入总额每年不超过 1 万欧元（OECD，2020）。新西兰规定，求职者津贴需要纳税，因为每一位配偶获得了一半的出于税收目的福利（OECD，2020）。西班牙的失业救助津贴规定，以失业救济为唯一收入来源的受助人无需纳税（OECD，2020）。

3.2　积极的劳动力市场政策

在 OECD 以及欧盟等主要发达国家中，对于城市贫困失业或未就业人员的就业救助，除了提供失业救助金、社会救助金等现金津贴支持，还包括了培训教育（training and education）、辅导与求职帮助（counselling and job-search assistance）、就业创业激励（employment and start-up incentives）、直接就业/就业机会创造（direct employment/job-creation）、公共就业服务及其管理（Public employment services and administration）等非现金津贴就业支持（OECD，2015）。需要说明的是，这些项目往往并不是以单一、碎片化的方式递送至贫困未就业人员，而是作为积极的劳动力市场（active labour market policies，AlMPs）或激活（activation）策略中的重要组成部分统一开展的。AlMPs 被定义为一系列通过人力资本投资和求职援助来刺激劳动力市场参与的社会政策措施（Benda et al.，2020）。激活则被定义为消除就业障碍并通常加强社会保护与工作生活之间联系的政策（Bonoli，2013）。OECD 将激活策略定义为"使更多的人进入有效的劳动力队伍,通过加强其对积极寻找工作的条件、参与改善就业能力的措施以及管理就业服务和其他劳动力市场条件,来抵消失业和相关福利对工作激励的潜在负面影响措施,以有效促进和协助他们重返工作岗位"。不过目前对于二者并没有一个很明显的概念区分,一般而言,激活的概念外延更广,AlMPs 也可以被视为一种激活策略(Benda et al.,2020)。

3.2.1　培训

作为最具人力资本投资色彩的项目,培训在解决贫困未就业人员,尤其在长期失业者(the long-term unemployed)再就业问题中通常被认为具有最强烈的积极的长期效果。培训一般分为在职培训(on-the-job training)、一般项目(general programmes)以及职业培训(vocational training),其中一般项目有助于更好地匹配技能,特别是在第一次进入劳动力市场之后,而(经认证的)职业培训方案(以工作地点为基础或结合以学校为基础的培训)在促进从教育到工作的过渡方面非常有效(European Commission,2017)。德国"再培训(retraining)"长期培训计划,旨在为低素质的失业人员提供广泛的两到三年强化的职业培训。未完成任何职业培训或多年未从事所学职业的失业人员有资格参加该培训计划,完成培训将会获得职业学位(vocational degree),等同学徒制中(apprentice-ship system)获得的学位。自 2005 年以来,领取失业救助金(Ar-beitslosengeld II)的贫困失业者也有资格参加。一旦获得培训资格,失业人员将获得培训券,其中注明了目标职业以及培训的持续时间。有了该凭证,失业人员可以在规定的时间段内(最多三个月,经常一个月)自行选择合适的课程。此外,一旦兑换了代金券,就必须参加该计划,并且未能参加该计划可能会导致福利制裁(Grunau & Lang,2020)。一系列研究表明,德国的"再培训(re-training)"计划会增加重新就业和增加收入的可能性(Kruppe & Lang,2018),提高参与者的收入能力(Lechner & Melly,2010),增加找到高质量工作的可能性(Dengler,2019)。

3.2.2 辅导与求职帮助

辅导与求职帮助往往对短期失业者有用,并且如果这些措施成为支持失业者的个人化或"量身定做"方法的一部分,它们仍可能发挥重要作用。个性化的支持包括根据求职者的评估需求,结合各种潜在支持类型的建议,比如职业培训、求职援助、"激励"课程以及社会支持等(European Commission,2017)。

3.2.3 就业创业激励

在针对贫困未就业人员就业创业激励中,私营部门的就业补贴以及自雇就业与创业者补贴是最为经常使用的就业支持方案。尤其是私营部门的就业补贴通常针对处境最不利的群体,其他措施对他们已证明无效(European Commission,2017)。就业补贴可以积极影响雇主对长期失业者的态度,使这两个群体相互接触,并为雇主提供机会,以低于全额工资的成本"测试"未来雇员,并且降低雇主雇用长期失业人员时的财务风险(Brown & Koettl,2015)。在 OECD 和欧盟等国家中,私营部门的就业补贴常常作为一项重要的残疾求职者就业支持计划,比如瑞典专门针对残疾求职者出台了从工作中的援助到有补贴的就业等系列计划,以增强他们在劳动力市场中的地位(Angelov & Eliason,2018)。

除了残疾人,这种就业补贴也广泛应用于社会救助金或失业救助金领取者等贫困未就业人员中。比如,美国 1978 年实施的有针对性的就业税收抵免(Targeted Jobs Tax Credit,TJTC)项目,成为 1979—1994 年期间美国主要的经济弱势群体工资补贴计划。该计划由劳工部和财政部共同管理,旨在通过政府为雇主补贴用工成本以及税收抵免等方式,鼓励雇主主动招聘、雇佣以及留住这些员工(United States General Accounting Office,1991)。目前,TJTC 已经被工作税收抵免(Work Opportunity Tax Credit,WOTC)所取代。WOTC 是一项联邦税收,雇主可以从 SNAP 领取人、SSI 领取者、TANF 家庭成员、合格的长期失业者、刑满释放人员、职业康复计划人员(比如精神疾病康复患者)等共计 10 种类型的特殊群体中招募员工,并享受税收抵免优惠(IRS,2020)。研究表明,TJTC 对经济弱势的年轻人的就业产生了适度的积极影响,将工资补贴与就业发展、培训和求职援助努力结合起来的政策在改善特定弱势群体的就业和收入方面取得了一些成功(Katz,1996)。不过,也有研究强调,当该类项目过于狭窄地针对高风险人群时,也会加重群体的污名(Benda et al.,2020)。因为如果只是长期失业者才能参加这些计划,雇主可能会将其解释为生产率低下的信号,反而不愿意雇佣该类人群,尤其当补贴期结束以后,导致参与者的劳动力市场机会进一步减少(Burtless,1985)。

在许多发达国家,将失业转变为自营职业是替代传统的积极劳动力市场政策的一个合适选择。创业补贴可以帮助失业人员创办自己的企业。对于那些在有薪工作中工作价值被低估的人,或者在由于特定群体的劳动力市场限制或结构变化而提供的工作机会受到限制的情况下,这种选择十分有意义。在英国,创业津贴的期限为六个月,财政支持较少,但是企业创始人也可以申请贷款。合格的申请人必须获得某种形式的求职者支持,并由当地的指导组织评估其经营理念。如果初步评估是肯定的,则为申请人分配一名指导者以帮助制定业务计划,必须在获得支持之前批准该计划。在芬兰,最多三到六个月的时间,延长的时间取决于接受者是否仍然需要补贴来维持生计。合格的申请人必须具有管理业务的能力。在美国,自营职业救助包括最多六个月的失业救济金,并且因州而异。此外,收件人还将参加有关开设公司的培训(Caliendo, 2016)。

3.2.4 直接就业/就业机会创造

直接就业或就业机会创造方案通常针对的是中长期失业人士或在其他方面难以找到工作的人,以避免对短期失业人士造成不利的就业影响。例如,参与计划的人本来可能找到"真正"工作,但却被挡在了劳动力市场之外(European Commission, 2017)。这些方案创造的就业机会通常是对社区有利或对社会有益的,而且通常是在公共或非营利性部门,大部分的劳动力费用由公共基金支付(OECD, 2015)。2005 年,德国进行 Hartz IV 改革,针对失业救助金(Arbeitslosengeld II)领取者专门出台了"一欧元工作(One-Euro-Job)"计划,直接创造了一批非营利部门中的临时的、以兼职形式为主的工作岗位,主要目标是提高就业能力,而不是直接融入劳动力市场,进而改善那些很难找到工作的福利接受者的就业前景(Hohmeyer & Wolff, 2012)。一欧元工作的工作量通常每周 20—30 小时,为期 3—12 个月,参与者不领取(补贴)工资,而只领取与工作相关的额外费用补偿,每小时 1—2.5 欧元。此外,一般而言,这些参与者的劳动力市场历史较差,依赖福利的时间较长、频繁,就业经验较短,也较不稳定(Hohmeyer & Wolff,2012)。自该计划引入以来,每年大概有 60 万或更多的新参与者(DSFEA,2006—2010),"一欧元"职位的人数相当可观。研究表明,"一欧元"计划略有改善女性的中期就业前景,但没有改善男性的中期就业前景;降低了 25 岁以下参与者的就业率,但提高了某些年龄较大的参与者群体的就业率;对已经失业数年的参与者有效,但对最近受雇的参与者无效(Katrin & Joachim,2011)。

3.2.5　公共就业服务

工业化国家的公共就业服务机构(PES)传统上提供职业中介服务——安排求职者获得工作并为雇主填补空缺。此外,他们也越来越多地管理失业救济金和提供劳动力市场计划。公共就业服务的提供,能够传递信息,提高劳动力市场的效率和透明度;公共就业服务还可以促进进入劳动力市场的公平,帮助处境不利的工人找到工作;此外,在有失业现金津贴制度的国家,公共就业服务如果设计得当,可以在核实领取福利的资格方面发挥重要作用,并通过确保快速匹配来减少与失业有关的费用(Amit Dar,2003)。在丹麦,公共就业服务主要通过就业中心提供,人们在寻找工作时会得到就业服务帮助。失业者需要在就业中心登记失业,就业中心的工作人员为每个求职者安排并实施个性化的、灵活的课程。这些课程主要考虑求职者的需求以及劳动力市场的需求,目的是让求职者尽快正常就业。如果普通就业不是一个直接的可能性,课程安排更多的是为了让求职者更接近劳动力市场做准备。领取社会救助金的失业者在失业的前 3 个月与中心工作人员举办三次会议,之后每12个月举办四次会议,在这些会议中,救助金领取者需要在工作人员的指导下确定个人就业努力的前景(Eurostat,2017)。在芬兰,PES没有国家一级的管理机构。它由地方劳工委员会在地方一级进行有效管理,该委员会将社会伙伴和福利机构召集在一起。这些委员会不仅确定福利资格,而且还决定在地方一级对不遵守求职义务和其他福利资格标准的福利制裁的程度。负责社会救助金的市政当局还为其失业的客户提供一些再就业服务。2004年,建立了单独的劳动力服务中心,利用当地PES办事处和市政部门的工作人员为最危险的求职者提供更多专业帮助。澳大利亚在经合组织中是一个相当独特的国家,因为它在90年代中期废除了公共就业服务,而现在只有私营的就业服务提供者根据国家部委的合同进行竞争。澳大利亚的私营服务提供者既是营利性服务,又是非营利性的就业服务提供者。90年代末期推出第一轮合同时,有300家提供者。目前,约有90家签约的就业服务提供者。在过去的二十年中,就业服务市场经历了重大整合。提供商在澳大利亚的1600多个站点之间相互竞争。一些领先的提供者是非营利组织。此外,还有一些非常庞大的私人提供者,例如MAX Employment,它们在市场上也非常活跃(Martin,2015)。

3.3　现金津贴与积极的劳动力市场政策的衔接

设立失业救助金的16个国家十分强调失业救助金的津贴领取与积极的劳动力市场政策的有效衔接,具体方式包括以下四个方面:

3.3.1　兼顾"现金津贴＋服务支持"的救助内容

现金给付(cash payment)是各国就业救助最为重要的救助内容,失业救助金主要是为贫困人员失业期间提供现金给付以满足基本生活需求。此外,为了凸显失业救助金相较于社会救助金的就业导向,各国还实行了差异化的特色做法。比如,在德国,有劳动能力的贫困人员就不能申请社会救助金(Arbeitslosengeld I),只能申请失业救助金(Arbeitslosengeld II)。又比如,在英国、爱尔兰、新西兰等国家,失业救助金的命名方式都是以"求职者津贴""求职者支持"等带有强烈的就业引导性词语。

除了现金给付,各国也强调积极的劳动力市场建设,强调激活策略,通过培训等各种就业支持服务增强贫困人员的就业积极性以及可能性。在专门建立失业救助金的国家,政府还专门针对救助金领取开展定向的多元化专业就业服务。比如,在澳大利亚,新起点津贴(NSA)与青年津贴(YA)为福利领取者提供了金融信息、社会工作者帮助、社区参与人员、工作活跃(job active)、教育和就业技能服务、残疾人就业、多元文化、澳大利亚原住民支持等服务。在芬兰,就业和经济发展办公室(TE)为失业救助金领取者提供多元化的就业促进服务,包括自主学习、劳动力市场培训、求职培训或职业咨询、工作经验安排、康复工作活动(Kela, 2020)。在德国,失业救济金 II (Arbeitslosengeld II)为福利领取者额外提供健康和护理保险,就业咨询与调解,培训、继续教育与再培训,创业支持等服务(OECD, 2020)。

3.3.2 坚持"个性灵活＋动态调整"的救助原则

大多数国家失业救助金的资格条件以及慷慨水平还会根据索赔人的年龄、家庭类型(配偶、子女、人数)以及其他情况(比如是否兼职、是否租房、是否参加就业培训等积极的劳动力市场措施等)有所调整。澳大利亚的新起点津贴与青年津贴的福利总额取决于索赔人的年龄、是否有伴侣、受抚养子女的数量、是否在私人租赁市场租房,是否与父母同住或依赖父母(针对青年津贴)。在奥地利,50 岁以下的津贴领取者享有更高的就业收入豁免,夫妻也享有更高的就业收入豁免,如果津贴领取者抚养儿童,每个儿童也会有额外的津贴补助(European Commission,2020)。同时,如果福利领取者参加跟进培训或再培训措施、或者受劳动力市场服务局委托进行的重返社会措施,则可以延长单次福利领取期限。智利的失业团结基金规定,如果国家统计局公布的失业率超过过去 4 年平均失业率一个百分点,长期(固定期限)合同中任职的人员与先前在短期(一定期限)合同中任职的人员可将福利分别从 5 个月和 3 个月延长至 7 个月与 5 个月(OECD,2020)。

此外,各国也会根据索赔人是否参与积极的劳动力市场政策(ALMPs)以及工作是否合适两方面的实际情况对福利索赔人的就业可及性要求进行一定程度或全部豁免。

一方面,强调 ALMPs 活动参与情况。有国家规定,当索赔人参加诸如 ALMPs 活动时,可以免除索赔人就业可用性要求,例如西班牙与马耳他。也有国家对特定的群体参与 ALMPs 活动时免除了就业可用性要求,例如在澳大利亚,青年津贴(YA)还规定,未满 22 岁、提早退学(未获得 12 年级证书或 II 级证书)的年轻人,通常可以通过参加全日制培训或教育、兼职教育或培训与每周 25 小时兼职工作的组合,以及每周 25 个小时的其他合适的活动与适当的工作搜寻来满足其就业可用性要求(OECD,2020)。

另一方面,强调工作是否合适。合适的工作(suitable work)是讨论失业救助福利索赔人就业可用性的重要限定条件。求职者通常会偏爱特定的职业、地区和工资水平。由于这些偏好可能会影响找到工作的可能性,因此大多数国家的失业救助立法对"合适的工作"定义了标准,主要包括所需的职业流动性、所需的地理流动性以及他拒绝工作的正当理由。职业流动性强调的是,许多国家允许索赔人拒绝自己职业以外的工作或拒绝较低工资的工作,这通常是在保护求职者免于向下流动以及保护以前进行的技能投资的努力;地理流动性强调的是,许多国家规定了每天工作的最长时间以及索赔人接受工作离家最远的距离。其他拒绝工作的正当理由主要包括根据福利索赔人及伴侣年龄、性别、身体健康、受教育程度、技能与经验、照料负担,以及家庭情况等(Im-mervoll et al.,2018)。澳大利亚、爱尔兰、英国等国都具体规定了合适的工作的具体情况。比如在澳大利亚,不合适的工作包括以下情形:上班时间没有适当的托儿服务;从家到公司的时间不合理,例如单程超过 60 分钟;最经济有效的交通将超过总工资的10%;在扣除费用后,该工作无法保障每两周至少获得 50 美元的收益。此外,某些情况下,例如直系亲属死亡、家庭暴力或无家可归的危机;家庭灾难,例如火灾或洪水;成人或儿童的短期护理职责,福利索赔人可以免于满足任何或全部活动测试要求(OECD,2020)。

3.3.3 强调"制度衔接十执行协同"的救助实施

一方面,在就业救助的运行中,各国注重失业救助与失业保险、社会救助、积极的劳动力市场(ALMPs)等制度衔接。世界范围内针对失业者的社会政策主要有两种:失业福利(UB)和积极的劳动力市场政策(ALMPs)(Gordon,2015)。其中,如前文所述,失业福利(UB)又包括失业保险(UI)、失业救助(UA)以及社会救助(SÁ)三种类型。因此,如何厘清失业救助(UB)、失业保险(UI)、社会救助(SA)以及积极的劳动力市场政策(ALMPs)之间的制度边界与衔接关系是完善失业者保护体系、提高制度运行效率的重要议题。失业救助(UA)制度的实际运行中,对于失业保险(UI)制度,部分国家主要将索赔人是否享有失业保险(UI)福利以及是否耗尽失业保险(UI)福利作为失业救助(UA)福利的权利前提与福利基础,二者之间属于补充与被补充关系,比如奥地利、希腊、西班牙、马耳他、瑞士、智利、希腊、葡萄牙以及西班牙。对于社会救助(SA)制度,澳大利亚、新西兰的主要做法是将两项制度而定,没有专门的社会救助(SA)制度;德国的主要做法则是将索赔人是否有劳动能力作为区分失业救助(UA)福利与社会救助(SA)福利领取资格的主要依据,对于有劳动能力的短期或长期失业(无业)的低收入群体,主要发放失业救助金(Arbeitslosengeld II),对于丧失劳动能力的长期失业(无业)的低收入群体,主要发放社会救助福利(Sozialhilfe)。对于积极的劳动力市场政策(ALMPs),如前文所述,大多数国家通过豁免失业救助金发放的就业可及性要求等措施鼓励失业救助金领取者积极参加积极的劳动力市场政策(ALMPs)的相关活动。

另一方面,在就业救助的运行中,强调央地政府、政府各部门、政府部门社会组织之间的协同,凸显权责分工、形成合力。在央地政府之间,瑞士的失业救助制度(Arbeitslosenhilfe)强调归户籍所在地具体管辖,强调各州政府的自主性。爱尔兰强调福利索赔人必须根据国家就业事务和社会保护部(DEASP)案件官员或本地就业服务局(LES)的建议进行求职活动。爱沙尼亚、德国芬兰等国均采用专业的个案社会工作方法来确保各项失业救助措施落实精准的,雇佣专业的社会工作者建立个案工作计划,专门福利索赔人的不同特征,对症下药采取不同的干预措施。

3.3.4　注重"领取条件＋收入支持"的救助激励

在各国开展就业救助过程中,十分注重贫困人员的就业激励,因此制定了一系列失业救助金给付与就业支持相衔接的举措。整体而言,主要包括两种形式:第一种主要通过在失业救助金申请和领取过程中施加各种条件,即失业救助金的资格要求(eligibility requirements)(Langenbucher,2015);第二种主要通过以收入支持的方式鼓励现金津贴领取者积极就业,通常包括收入豁免以及救助渐退两种做法。

1. 津贴领取条件

申领人即使满足社会救助金或失业救助金的权利条件,救助金也不是无条件发放的。相反,一系列条款将有劳动能力的福利领取者与福利索赔人过去或当前的行为联系起来。这些条款是"权利和责任"方法和激活策略的核心设计特征,将福利支持与个人重建自给自足的努力联系起来(Immervoll et al.,2018)。总体而言,与行为有关的资格要求通常包括三方面要求:第一,具有工作能力(Capable of work/work capacity/Ability to Work)以及就业可用性(available for work/work availability);第二,求职和报告要求;第三,对不符合要求的惩罚。

(1)具有工作能力以及就业可用性

是否具有工作能力在各国的法律定义中不一。不过,一般而言,是否具有医学上确定的劳动能力(able-bodied)丧失以及是否从事了实质性有酬活动(substantial gainful activity)是衡量工作能力的两项主要指标。而当一个人真正地依附于劳动力市场时,也就是说,当他准备好(ready)、愿意(willing)且能够(able)工作,并且没有充分理由拒绝的合适的工作时,即满足就业可用性(be available for work);同时,需要指出的是,讨论就业可用性具有一个前提——在他/她所提供服务的地理区域内,存在服务类型相对应的劳动力市场;不过,劳动力市场的存在并不意味着必须存在职位空缺,失业现金津贴正是为了弥补合适职位空缺的不足。这意味着个人所提供的服务类型通常在其提供地理区域内执行。但是,如果在一定的地理区域内,没有合适的工作提供给劳动力,并不意味着该失业者不符合就业可用性(Louise,1949)。

实施失业救助金的大多数国家,都要求福利索赔人必须具有工作能力以及满足就业可用性。比如奥地利的失业救助(Notstandshilfe)要求福利索赔人必须可用于(available)、有能力(able)并且愿意(willing)就业(合适的工作);英国基于收入的求职者津贴(Jobseeker's Allowance)也规定,索赔人必须满足就业可用要求(be available for work),即索赔人必须将(will)并且能够(able)立即上班;澳大利亚、瑞典、葡萄牙、德国、法国等国的失业救助制度也都明确指出。爱尔兰以及新西兰等过还针对福利索赔人的工作能力与就业可用性的具体标准、群体精分以及操作流程等内容进行了详细规定。

失业者在公共就业办公室登记工作是一种行为,通过这种行为将自己暴露在就业办公室列出的所有适合的工作机会中,这往往是具有就业可用性的证据(Louise,1949)。大多数国家都要求失业救助金索赔人必须完成登记失业才可享受救助金以及就业服务。比如在葡萄牙,符合失业社会津贴的失业者必须在就业办公室注册为求职者才可以完成福利申请。又比如在瑞典,福利索赔人必须在公共就业服务局注册为求职者才可享受失业救助金福利。在马耳他,有工作能力的索赔人必须根据《失业登记条例》第1部分进行注册,并进行积极的求职。但是,由于以下原因而无法工作的人:第一,健康原因;第二,照料和监护儿童的寡妇或合法分居的配偶;第三,照顾重病的配偶,可以申请失业救助,无需进行失业注册或积极求职。

(2)求职和报告要求

虽然自我激励的求职者通常会采取有效的求职策略,但管理部门经常对福利领取者独立的求职努力进行监控,以确保其在失业期间积极地寻找工作(Immervoll et al.,2018)。

一方面,多数国家的失业救助金制度对福利领取者的求职行为进行了详细规定,比如求职活动的频率,一般从每周一次到六个月一次不等,并需及时记录并反馈。在马耳他,福利领取者必须在大约每两周在每次会议期间提供求职证据,可以通过面对面会议中或通过电子邮件提供证明(OECD,2020)。在瑞典,领取失业救济金的失业者必须每月为其找工作提供证据(OECD,2020)。在法国,从失业的第四个月开始,失业者必须在每月一次与就业顾问面谈时提供找工作的证据(OECD，2020)。又如求职活动是否积极，在爱尔兰，福利领取者必须证明其确实积极地找工作。再比如求职活动的类型与范围，包括面试、培训、交流会等(OECD，2020)。在澳大利亚，为了保持福利支付，福利领取者必须制定工作计划(Job Plan)、参加就业服务机构安排的面谈或求职活动以及定期报告。工作计划将根据每位福利领取者的情况量身定做，主要记录福利领取者必须并同意履行的规定事项。在爱沙尼亚，福利领取者必须按照约定的时间到失业保险基金参加预约，执行个人行动计划(Individual Action Plan)中约定的求职活动(OECD，2020)。

另一方面，大多数国家都要求失业救助金福利领取者需要向福利管理部门或者就业指导部门进行定期汇报与福利资格以及福利水平密切相关的个人及家庭情况。在澳大利亚，定期报告指的是福利领取者每两周需要报告过去 14 天自己与配偶的收入、工作计划规定事项履行情况、是否有搬家计划、是否有出国打算以及相关其他情况(OECD，2020)。在奥地利，在领取失业救助金的同时，福利领取者必须在约定的时间向劳动力市场服务处报告，与社工专家讨论寻找工作的机会。此外，福利领取者还必须在不被询问的情况下，立即将可能影响享受福利的个人情况或家庭成员情况的任何变化主动告知劳动力市场服务处，包括从事工作或收入状况发生其他变化(OECD，2020)。在智利，福利领取者每月必须向全国就业互换中心(National Employment Inter-change)报到，及时保持更新的简历并证明失业状态。在德国，福利领取者需要定期向就业中心报告个人以下情况，包括收入与工资发生变化，想开始一份学徒、学习或者工作，银行等金融变化，结婚，想搬家或家庭中有人搬进或搬出,住宿费用发生变化,由于参加职业康复或生病住院不具有就业可用性(OECD,2020)。

（3）惩罚要求

基本上所有国家的失业救助立法中都包括当福利领取者不符合资格标准时可能受到惩罚。惩罚范围从暂时减少福利金到完全取消福利方案的资格,有时甚至是永久取消。整体而言,受到惩罚的主要原因包括自愿离职、拒绝或多次拒绝合适的工作、拒绝或多次拒绝参加 ALMPs 活动、不报告或不及时报告影响福利资格与福利水平的个人及家庭有关变化以及规定的其他特殊情况。

一般而言,非自愿终止就业是失业后领取失业津贴资格的一个基本条件,而被认为是自愿离职的失业者将自动取消领取津贴的资格;自愿离职被认为是一种违法行为,类似于拒绝提供适当的就业机会,可能被批准延长等待期或暂时取消资格(Immervoll et al.,2018)。在澳大利亚,如果福利领取者因自愿行为失业或因不当行为失业,则适用失业不付款期,即自该人失业之日起 8 周内不向该人支付任何款项(OECD,2020)。在希腊,失业者必须是在非自愿的情况下失去工作的,而且法律不承认任何特殊情况。不过,也有国家为自愿辞职规定了一些不会导致制裁的理由,例如与健康有关的理由或工作场所的骚扰和歧视。在葡萄牙,福利索赔人必须处于非自愿失业,即工作合同的终止是由于以下原因造成:雇主单方面决定;工作合同到期(退休年龄除外);有正当理由的辞职(前提是雇主没有成功辩护);在公司处于结构调整或恢复过程或任何其他允许集体解雇雇员的情况下,雇主和雇员之间的相互协议;对于自营职业者来说,失去重要的公司合同(合同收入至少占其收入的 80%）；因重新评估丧失工作能力而被认为能够工作的伤残抚恤金领取者也被视为非自愿失业者（OECD，2020）。

由于索赔人必须能够可用于（available）合适的就业机会，因此拒绝此类工作通常会受到一定的惩罚。对初次拒绝一份合适工作的处罚措辞包括增加福利领取的等待期、完全取消福利资格、暂时福利资格、持续几周的部分取消资格。一些国家不会对第一次违规行为实施制裁，而是只对随后的违规行为发出警告。随后的拒绝将导致惩罚的实施，并且惩罚往往是更严厉的（Immervoll et al.，2018）。在奥地利，如果福利领取者拒绝或阻碍工作机会或职业培训机会，将会以停发失业救济至少六周的形式实施惩罚，意味着享有失业救济金的期限将减少。如果再就业的福利领取者无故辞职，福利也将暂停四个星期（OECD，2020）。在智利，如果福利领取者因找到新工作而失去失业身份、无正当理由拒绝一份报酬相等于或超过上一份薪金 50%的工作、无故拒绝市就业信息办公室提供的培训津贴以及中途离校，那么失业团结基金与失业补贴都会自动停发（OECD，2020）。在芬兰，如果福利领取者无正当理由拒绝工作或拒绝接受培训，或者拒绝参加寻找工作的计划，或者无正当理由辞职或以及由于个人责任终止劳动合同，失业救助金发放将会有一个等待期（OECD，2020）。在爱尔兰，如果福利领取者拒绝提供的合适的工作，每个案例都将根据适用的特定情况进行检查，就业事务和社会保护部（DEASP）案件官员可以取消其一段时间（不超过 9 周）的福利发放（OECD，2020）。

拒绝参加规定的 ALMPs 活动通常被认为是没有与就业服务机构合作以及没有采取步骤重新就业。ALMPs 活动也常常被视为一种工具，用以核实福利领取者是否真正致力于找工作或确保他们能够工作,而不是从事非正式就业或其他活动。与多次拒绝工作机会的情况一样,多次未能参加 ALMPs 活动可能会受到更严厉的惩罚。在爱尔兰,如果福利领取者尽管由于拒绝或不参与激活措施已经遭受不少于 21 个日历日(3 周)减少救助金的措施,但是仍然无正当理由拒绝或不参与参加小组活动、一对一会议、适当的教育培训或发展机会或者特定的就业计划,则有可能取消 9 周的求职者津贴发放(OECD,2020)。在德国,如果失业人员无正当理由拒绝参加融合计划,福利将分别暂停三周(第一次拒绝)、暂停六周(第二次拒绝)或十二周(任何随后的拒绝),享受福利的期限将减少福利中止的天数(OECD,2020)。

如果福利领取者不报告或不及时报告影响福利资格与福利水平的个人及家庭有关变化,也会面临一系列的惩罚措施。在澳大利亚,如果福利领取者错过一次就业服务机构安排的面谈或活动,失业救助金可能会被停发,直到领取者与机构人员取得联络以及在有需要时,出席另一次面谈为止。同时,对于报告要求,如果福利领取者每两周不报告一次,付款将会停止;如果延迟报告,付款将延迟;如果没有执行工作计划中的内容,将会面临减少或停止付款的处理,甚至最终需要偿还债务(OECD,2020)。在新西兰,如果福利领取者及伴侣没有报告可能会影响福利权利以及支付率的生活变化,福利权利可能会面临被审查以及被取消、可能需要偿还收到的任何超额付款的总额、可能会处以罚款(最高为多付金额的 3 倍)以及可能会受到起诉,罚款和/或监禁(OECD,2020)。

部分国家还规定了失业救助实施惩罚措施的其他特殊情况。在爱尔兰,监狱犯人或精神病院患者、社区就业计划(CE)参与者、学生、居住境外、参与贸易纠纷者也将会被取消福利发放资格

(OECD,2020)。在葡萄牙,如果发现受益人在领取失业救济金期间正在工作,将会处以 100—250 欧元的罚款(OECD,2020)。在新西兰,如果福利领取者及伴侣在没有充分理由的情况下,没有在潜在雇主或培训提供者要求下通过药检,将会面临减少 50%—100%福利支付的惩罚(OECD,2020)。

2. 就业收入支持

收入支持主要来源于弗莱德曼(Milton Friedman)提出的负所得税理论,发展于罗塞尔·郎的所得税奖励(Earned Income Tax Credit-EITC)方案以及美国的税收激励政策,其核心思想内核包括两点:第一,工作是被救助者可以享受政府提供的收入支持的前提条件;第二,增强低收入工作的回报性,提高被救助者的工作动机及收入(肖萌,2005)。为了激励有劳动能力的失业救助金领取者积极就业走向自立,大多数国家的失业救助金都采取了收入豁免(Income disregard)与渐进扣除(withdrawal)的做法。收入豁免是指对就业收入设定一定的豁免额,减少救助金对就业收入的抵消,即就业获得的劳动收入若不超过豁免限额,则收入不会影响其领取的救助待遇;渐进扣除是指对于收入超过豁免限额的,在计算待遇时设置一定比例的抵扣率,以降低就业收入对救助收入的挤出效应(周蕾,2013)。奥地利的失业救助金(Notstandshilfe)规定,如果每月就业收入不超过 446.81(2019 年)欧元,救助津贴额不会减少。但是,如果就业收入超过这个标准,失业救助津贴将会被完全取消。如果津贴领取者的工作时间不超过 27 天,则没有工作的天数失业救助津贴将减少(OECD,2020)。德国规定,如果福利领取者每月就业总收入不足 100 欧元,就业收入实行全额豁免,失业救济金 II(Arbeitslosengeld II)福利支付不受影响;如果每月收入超过 100 欧元,但不足 1000 欧元,则减少 80％的救济金收入;如果每月收入超过 1000 欧元,但不足 1200 欧元,则减少 90％的津贴收入;一旦每月收入超过 1200 欧元,则完全取消失业救济金 II。对于有孩子的福利领取者而言,最高收入为 1500 欧元。

此外,也有国家对收入豁免与渐进扣除的工作类型、豁免时间等进行了限制。比如,芬兰规定,领取劳动力市场补贴(LMS)者不可以同时从事全职工作,但是对于从事兼职工作(包括减少工作时间的非正规工作和不超过两周的全职工作)的福利领取者有资格领取调整后的劳动力市场补贴(adjusted LMS)。调整后的劳动力市场补贴金额等于兼职收入减去计算的劳动力市场补贴。兼职工作时间不得超过全日制工作时间的 80％。失业期间的兼职收入会被计入调整后的 LMS 福利金额核算,但不被计入 LMS 的金额核算中(OECD,2020)。爱尔兰的求职者津贴规定,津贴领取者每天最多可以豁免 20 欧元的就业收入,每周最多可以豁免三天;收入超过 60 欧元,求职者津贴将会减少每周平均净收入的 60％;如果在一周内工作超过 3 天,求职者津贴将会完全取消。求职者的过渡性报酬与就业收入是可以同时获取的,但是就业收入将会从福利金额中扣除,不过每周收入的前 130 欧元和超过该金额的收入的 50％将被豁免(OECD,2020)。

不过,智利、爱沙尼亚、希腊以及葡萄牙的失业救助制度不允许有就业收入的福利领取者继续领取津贴。

3.4　本章小结

本章采用比较分析的方法,基于 OECD 以及非 OECD 的欧盟国家,系统梳理了各国针对城市贫困人员开展就业救助的主要措施以及实践经验。

本章发现,首先英国、德国等16个国家在失业保险金和社会救助金之外,为贫困失业者提供了专门的现金津贴——失业救助金,从而实现社会救助金—失业救助金—失业保险金的三支柱现金津贴。失业救助金的两个基本设计要素主要包括权利条件以及津贴慷慨度两个指标。其次,在主要的发达国家,针对贫困失业者就业救助服务被整合进积极的劳动力市场政策以及激活策略当中,包括培训、辅导与求职帮助、就业创业激励、直接就业或就业机会创造以及公共就业服务。最后,本章发现在设置失业救助金的16个国家当中,十分注重现金津贴与积极的劳动力市场政策相互衔接,在内容上兼顾"现金津贴+服务支持",在原则上坚持"个性灵活+动态调整",在实施上强调"制度衔接+执行协同",在激励上注重"领取条件+收入支持。"

通过与世界主要发达国家的比较,为我国就业救助的分析以及制度优化提供了重要经验参考。

第4章　城市贫困人员
就业救助的事实基础

本章是实证分析的第一部分,旨在回答城市贫困人员就业救助的事实基础。要回答事实基础,就要了解城市贫困人员的就业状态,只有对这一基础性问题进行回答,才能进一步测算出城市贫困人员中需要接受就业救助的人员比例。此外,在数据分析之前,还需要明确在城市贫困人员当中,应该如何识别出就业救助对象("不应得"的穷人)。《暂行办法》规定,国家对最低生活保障家庭中有劳动能力并处于失业状态的成员,通过贷款贴息、社会保险补贴、岗位补贴、培训补贴、费用减免、公益性岗位安置等办法,给予就业救助(国务院,2014)。根据这一规定,并结合法定劳动年龄的前提条件,可以通过三个环节筛选识别出就业救助对象,如图 4-1 所示。

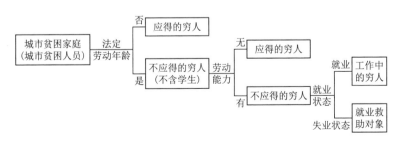

图 4-1　就业救助对象识别路径图

在识别出就业救助对象的基础上,本章首先基于《中国民政统计年鉴》统计数据和 2012—2016 年中国城乡困难家庭调查的城市数据,分析处于法定劳动年龄内且有劳动能力的城市贫困人员的就业状态,勾勒出就业救助对象规模。其次,从性别、年龄两个人口学核心特征变量以及地区特征变量对城市贫困人员的就业状态进行异质性分析。最后,本章利用 2015 年度数据,采用回归模型分析了城市贫困人员就业状态的主要影响因素。

4.1 城市贫困人员就业状态与就业质量

在有关城市贫困人员就业参与的相关研究中,数据分析方式主要有两种:

第一种主要基于《中国民政统计年鉴》关于城市低保人员构成的统计数据进行分析。在民政统计口径中,城市低保对象整体被划分为成年人、未成年人以及老年人,还单列了残疾人、三无人员/特困人员。在城市低保成年人当中,又可以进一步分为在职人员、灵活就业人员、登记失业人员以及未登记失业人员。其中,在职人员指的是从事一定社会劳动并取得劳动报酬或经营收入的人员,一般应与某一单位建立劳动关系,包括企业内退人员和个体经营人员;灵活就业人员指的是为社会、单位、家庭或个人提供临时性、季节性、弹性劳务并取得相应劳动报酬,且无法稳定建立或暂无条件建立稳定劳动关系的人员;登记失业人员指的是劳动年龄(16 周岁至法定退休年龄)内,有劳动能力、无业而要求就业,并在当地就业服务机构进行求职登记的人员。未登记失业人员指的是指在劳动年龄(16 周岁至法定退休年龄)内,因丧失劳动能力或因照料家中残疾人、老年人、未成年人等原因而没有劳动时间或不具备劳动条件的人员(民政部,2020:496)。在职人员、灵活就业人员、登记失业人员统称为"有就业条件人员",未登记失业人员又被称为"无就业条件"人员。

第二种主要基于各省的抽样调查数据或者一些大型的全国调查数据进行分析。表 4-1 显示了目前具有代表性的学者基于不同数据得出的城市低保失业人口占比情况,根据不同的指标、不同的年份以及不同来源的数据,学者们的研究结论差别较大,城市贫困人员处于失业或无业的占比从 20%(Qin Gao et al.,2014)到 78%(慈勤英、兰剑,2015)不等。

表 4-1　城市低保未就业状态占比调研数据一览表

作　者	数据库或数据区域	年份	数量	指　标	占　比
Qin Gao et al.,2014	中国家庭收入调查数据	2007	406	失业(unemployed)	20%
Qin Gao,2013	上海	2009	500	失业(unemployed)	52.5%
Xu & Carraro	济南、长沙、包头	2012	8191	失业(unemployed)	40.6%
韩克庆、郭瑜,2012	北京、重庆、长沙、中山、天水、朝阳	2007	1209	登记失业/未登记失业	37%(27.3%/9.7%)
慈勤英、兰剑,2015	湖北省和辽宁省等地	2014	687	处于失业状态	78%
刘璐婵、林闽钢,2015	中国城乡困难家庭社会政策支持系统建设数据	2013	2392	有劳动能力但无业失业	33.65%
肖萌、陈虹霖、李飞跃,2019	中国城乡困难家庭社会政策支持系统建设数据	2014	3145	无工作	69.93%

基于目前两种通行的主要做法,本节分别呈现了统计数据中城市低保对象的就业状态分布情况以及全国范围抽样调查数据中的城市贫困人员的就业状态分布情况。

4.1.1　就业状态:登记失业与未就业的两种视角

1. 统计数据中的登记失业

表 4-2 显示的是 2007—2018 年我国城镇低保对象的主要构成情况,根据统计数据,可以得到以下结论:

第一,近年来,各类低保人员的人数整体处于明显的下降趋势。在有就业条件的成年人当中,在职人员从 2007 年的 93.9 万人下降到 2018 年的 14.0 万人,登记失业人员从 2007 年的 627.2 万人下降到 2018 年的 109.2 万人,灵活就业人员从 343.8 万人下降到 219.2 万人。

第二,从各类型人员的占比情况来看,如图 4-2 所示,2007—2018 年期间,城镇低保人员当中,无就业条件(未登记失业)的成年人占比从 2007 年的 16.03% 上涨到 2018 年的 31.84%,老年人的占比从 2007 年的 11.13% 上涨到 2018 年的 17.91%,未成年人的占比从 2007 年的 23.97% 下降至 2018 年的 16.25%,而有就业条件(在职人员、灵活就业、登记失业)的成年人占比从 2007 年的 46.87% 下降至 2018 年的 34.00%。

第三,需要引起注意的是,《中国民政统计年鉴》中未登记失业人员并不等于概念界定中的 ILO 使用的"失业人口"中的未登记者,除了因为主客观原因未进行失业登记人员,还包含了残疾人、三无人员等丧失劳动能力人员,而这些人员往往不被视为失业人口的统计范围。因此如果直接根据统计年鉴的数据认为我国城镇

表 4-2　2007—2018 年度我国城镇低保人员构成情况（万人）

年份	总人数	残疾人	三无人员	老年人	成年人				未成年人	城市特困人员
					在职人员	灵活就业	登记失业	未登记失业		
2007 年	2272.1	161.0	125.8	298.4	93.9	343.8	627.2	364.3	544.6	
2008 年	2334.8	169.1	106.9	316.7	82.2	381.7	564.3	402.2	587.7	
2009 年	2345.6	181.0	94.1	333.5	79.2	432.2	510.2	410.9	579.8	
2010 年	2310.5	180.7	89.3	338.6	68.2	432.4	492.8	420.0	558.5	
2011 年	2276.8	184.1	80.3	346.9	61.5	429.7	472.5	426.7	539.5	
2012 年	2143.5	174.5	64.9	339.3	49.6	459.3	400.4	422.1	472.8	
2013 年	2064.2	169.2	58.0	330.3	45.1	462.1	365.5	416.8	444.5	
2014 年	1877.0	161.1	50.0	315.8	37.5	425.8	312.5	398.7	386.7	
2015 年	1701.1	165.7	43.8	293.5	31.1	377.3	264.1	394.0	341.0	
2016 年	1480.2	156.5		258.0	22.7	304.4	252.9	370.9	271.4	9.1
2017 年	1261.0	159.9		219.0	18.6	265.0	153.5	399.6	205.4	25.4
2018 年	1007.0	145.5		180.4	14.0	219.2	109.2	320.6	163.6	27.2

作者自制，数据来源于《中国民政统计年鉴（2019）》第 130 页。

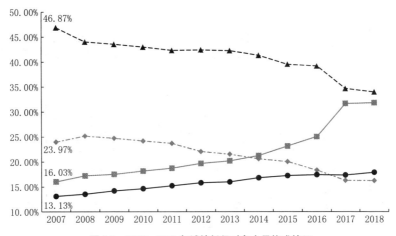

图 4-2　2007—2018 年城镇低保对象人员构成情况

作者自制,数据来源于《中国民政统计年鉴(2019)》,第 130 页。

低保失业人员的比例高达 60％的结果其实是不准确的(Xu & Carraro,2017)。在概念明晰的基础上,如图 4-3 所示,可以看到近年来在我国有就业条件的低保成年人当中,在职人员的比例从 2007

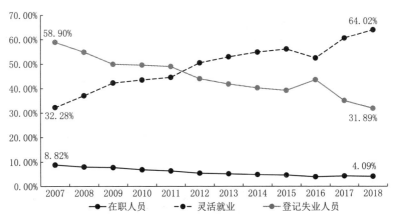

图 4-3　2007—2018 年有就业条件的城镇低保对象人员构成情况

作者自制,数据来源于《中国民政统计年鉴(2019)》,第 130 页。

年的 8.82％ 下降至 2018 年的 4.09％，登记失业人员的比例从 2007 年的 58.90％ 下降至 2018 年的 31.89％，而灵活就业人员的比例从 2007 年的 32.28％ 上升至 2018 年的 64.02％。因此，就《中国民政统计年鉴》的数据来看，在处于法定劳动年龄范围内且具有劳动能力的城市贫困人员中，尽管登记失业的占比自 2007 年以来整体处于下降趋势，但是在 2018 年依旧具有三成比重，即从统计数据的登记失业指标来看，就业救助对象比例超过了三分之一。

第四，基于统计数据可以直观地看到有就业条件的成年人陷入贫困的问题有所改善，尤其是在职人员，一直以来在贫困群体中的占比较低，陷入贫困的城市人员主要还是以失业或从事不稳定的灵活就业为主。不过，需要强调的是，有就业条件人员并不完全覆盖有劳动能力的成年人，一些由于家庭照顾需要而退出劳动力市场的成年人在统计口径中往往被视为无就业条件。统计数据中的失业也只是登记失业，往往会低估真实失业情况，很多没有去登记的失业无业人员以及享受下岗待遇人员是没有被包含进去的（胡鞍钢，1998；张车伟，2003；蔡昉，2004）。因此，登记失业并不能完整地呈现城市就业救助对象的占比。为此，本节继续使用全国范围内的调查数据从未就业的维度做进一步分析。

2. 抽样调查数据中的未就业

2012 年的调查问卷中，就业状态的类型主要包括"稳定就业""临时就业""个体私营""失业无业""年老无业""退休（年老）""病伤残无业""丧失劳动力""家务""务农""未成年辍学""在校学生""学龄前儿童""在乡打工为主""离乡打工为主""离乡合同工""乡村干部"以及"其他"。2013 年的调查问卷中，就业状态的类型主要包括"学龄前儿童""在校学生""未成年辍学""单位正式员工""临时工、钟点工""个体私营""失业、无业(劳动力)""劳动年龄但丧失劳动能力""长期料理家务""离退休(年老无业)"以及"其他"。2014—2016 年的调查问卷中,就业状态的类型主要包括"学龄前儿童""在校学生""编制内员工""合同制员工""零工""个体、私营""家务""长期料理家务""失业、无业(有劳动能力)""劳动年龄但丧失劳动能力""离退休(年老无业)"以及"其他"。在排除不符合法定劳动年龄或不丧失劳动能力以及在校学生的样本基础上,本书主要参考王杰秀、唐钧(2017:63)对于就业状态的分类,将"无业失业"以及"长期照料家务"均视为"未就业人员",其他的就业状态则视为"就业人员"。

如表 4-3 所示,在城市贫困人员当中,2012 年就业占比55.22%、未就业占比 44.48%,2013 年就业占比49.73%、未就业占比50.27%,2014 年就业占比 55.20%、未就业占比 44.80%,2015 年就业占比 53.05%、未就业占比46.95%,2016 年就业占比54.48%、未就业占比 45.82%。整体来看,五年以来城市贫困人员

表 4-3　2012—2016 年城市贫困人员就业状态情况

年份	就业状态	频数	频率	合计
2012	就　业	1776	55.52%	3199
	未就业	1423	44.48%	
2013	就　业	1197	49.73 %	2407
	未就业	1210	50.27%	
2014	就　业	1657	55.20%	3002
	未就业	1345	44.80%	
2015	就　业	801	53.05%	1510
	未就业	709	46.95%	
2016	就　业	518	54.18%	956
	未就业	438	45.82%	

中处于就业状态的人员占比要略微高于未就业状态(2013 年除
外)。不过,未就业的城市贫困人员占比始终维持在 44%—50% 的
区间内,且整体变化不大(如图 4-4 所示)。这说明,从抽样调查数
据中的未就业维度来看,处于法定劳动年龄内且有劳动能力的城
市贫困人员当中,就业救助对象占比近一半。

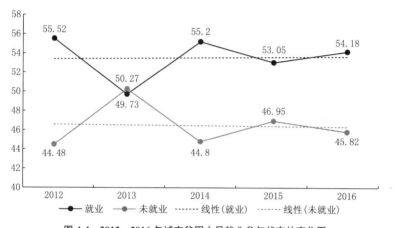

图 4-4　2012—2016 年城市贫困人员就业参与状态的变化图

　　其次,城市困难家庭调查数据库除了涉及受访者的就业状态
以外,还调查了家庭其他成员的就业参与状态。2002 年以来,零就
业家庭的就业与再就业问题成为我国就业工作的重要内容(郁建
兴,2011)。因此,本节进一步测算城市贫困家庭中,有劳动能力且
处于法定劳动年龄范围内的成员就业参与率。如表 4-4 所示,
2012—2016 年期间,城市贫困家庭的就业率均不足 50%,从线性
的角度来看,略微有所上升,但整体处于稳定状态。此外,零就业
家庭的比重较高且整体保持稳定,超过四成的城市贫困家庭属于
零就业家庭。在至少有一人就业的贫困家庭中,大部分家庭就业

率处于 0—1 之间,劳动力就业参与不充分。如果将零就业家庭比例与家庭就业率的均值进行比较(图 4-5),可以看到 2012—2016 年期间,二者大致处于此消彼长的关系,零就业家庭比例的降低往往对应于家庭就业率的提高,不过 2015—2016 年期间,家庭平均就业率与零就业家庭的占比的变化方向趋同。

表 4-4　2012—2016 年城市贫困家庭就业率一览表

	家庭 就业率＝0	0＜家庭 就业率≤0.5	0.5＜家庭 就业率＜1	家庭 就业率＝1	均值	N
2012	1423(44.48%)	372(11.63%)	17(0.53%)	1387(43.36%)	0.469	3199
2013	1210(50.27%)	281(11.67%)	19(0.79%)	897(37.27%)	0.433	2407
2014	1345(44.80%)	375(12.50%)	20(0.66%)	1262(42.04%)	0.484	3002
2015	709(46.95%)	146(9.67%)	14(0.93%)	641(42.45%)	0.475	1510
2016	438(45.82%)	147(15.37%)	12(1.25%)	609(50.30%)	0.454	956

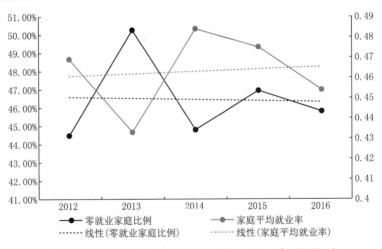

图 4-5　2012—2016 年城市贫困零就业家庭比例与家庭平均就业率

最后,考虑到就业性质差异,本节进一步呈现了处于就业状态的城市贫困人员中,正式就业与非正式就业的占比情况。相较于

稳定就业与灵活就业的划分,正式就业与非正式就业的划分更加
符合问卷中关于就业状态的问题设计。万向东(2008)认为,非正
式就业(informal employment)是相较于正式就业而言的概念,指
的是具有非正式的雇佣关系(自雇、无合同、无规范有效合同、临时
雇用、随意决定工资等)、未进入政府征税和监管体系、就业性质和
效果处于低层次和边缘地位的劳动就业,具体包括未注册的小厂/
小店的自雇和受雇,零散性、流动性个人生产、销售和服务,家庭内
就业,无合同或不规范合同的临时性雇工,无合同兼业以及自由职
业等。根据这一概念定义,本节将 2012 年问卷中的"临时就业"
"个体私营""务农""在乡打工""离乡打工",2013 年问卷中的"临时
工、钟点工""个体、私营"以及 2014—2016 年问卷中的"零工""个
体、私营""务农"均视为非正式就业;将 2012 年问卷中的"稳定就
业""离乡合同工""乡村干部",2013 年问卷中的"单位正式员工"以
及 2014—2016 年问卷中的"编制内员工"和"合同制员工"视为正
式就业。如表 4-5 所示,2012—2016 年期间,城市贫困人员的就业

表 4-5 2012—2016 年城市贫困人员就业参与状态一览表

年份	就业参与状态	频数	频率	合计
2012	正式就业	127	7.15	1776
	非正式就业	1649	92.85	
2013	正式就业	63	5.26	1197
	非正式就业	1134	94.74	
2014	正式就业	141	8.51	1657
	非正式就业	1516	91.49	
2015	正式就业	112	13.98	801
	非正式就业	689	86.02	
2016	正式就业	74	14.29	518
	非正式就业	444	85.71	

参与基本上属于非正式就业,正式就业的比例分别占 7.15%、5.26%、8.51%、13.98% 以及 14.29%。

4.1.2 就业质量:就业收入、行业层次、职业类型以及就业保护

本小节主要基于 2015 年的调查数据,从就业收入、行业层次、职业类型以及就业保护四个维度刻画城市贫困人员的就业质量。

在就业收入上,首先根据贫困对象填写的上一年度家庭劳动收入除以家庭中处于法定劳动年龄范围内且有劳动能力的家庭成员;其次将该计算结果与当地最低工资标准进行比较。如表 4-6 所示,没有劳动收入贫困人员共计 347 人,占比 26.11%;劳动收入低于最低工资标准的共计 813 人,占比 61.17%;劳动收入处于 1 倍最低工资至 2 倍最低工资的共计 146 人,占比 10.99%;劳动收入高于 2 倍最低工资的共计 23 人,占比 1.73%。可以看出,将近 8 成的城市贫困人员劳动收入低于最低工资水平,就业收入不高。

表 4-6 贫困家庭有劳动能力人员人均劳动收入类型(2015 年)

家庭有劳动能力人员人均劳动收入类型	频数	频率
没有劳动收入	347	26.11%
低于最低工资标准 * 12 个月	813	61.17%
1 倍最低工资 * 12 个月至 2 倍最低工资 * 12 个月	146	10.99%
高于 2 倍最低工资 * 12 个月	23	1.73%
合　　计	1329	100%

在行业层次上,城市贫困人员的就业行业层次整体偏低,以次级劳动力市场为主。如表 4-7 所示,占比排名前十位的分别是居民

服务、修理和其他服务业（占比 8.21%），农、林、牧、渔业（占比 7.62%），制造业（占比 7.55%），建筑业（占比 6.69%），批发和零售业（占比 5.96%），住宿和餐饮业（占比 4.70%），交通运输、仓储和邮政业（占比 4.24%），卫生和社会工作（占比 3.11%），租赁和商务服务业（占比 1.85%）以及电力、热力、燃气及水生产和供应业（占比 1.59%）。

表 4-7　贫困家庭主要收入人排名前十的主要行业（2015 年）

行业类型	选择人数频数	选择人数频率
居民服务、修理和其他服务业	124	8.21%
农、林、牧、渔业	115	7.62%
制造业	114	7.55%
建筑业	101	6.69%
批发和零售业	90	5.96
住宿和餐饮业	71	4.70
交通运输、仓储和邮政业	64	4.24
卫生和社会工作	47	3.11
租赁和商务服务业	28	1.85
电力、热力、燃气及水生产和供应业	24	1.59

在职业类型上，如表 4-8 所示，超过 40% 的城市贫困家庭主要劳动力从事的职业类型属于不便分类的其他从业人员。除此之外，主要职业类型包括商业、服务人员（占比 24.18%），农、林、牧、鱼、水利业生产人员（占比 10.87%），生产、运输设备操作人员及有关人员（10.22%）。专业技术人员，办事人员和有关人员，国家机关、党群组织、企事业单位负责人以及军人的比例整体偏低。在这些不便分类的类型中，主要以打零工、钟点工、邮局送报纸、捡废品、帮亲戚看店、保洁员、修补衣服、摆地摊、当保姆等非正式就业为主。

表 4-8　贫困家庭主要劳动力最近从事的职业类型(2015 年)

类　　型	频数	频率
不便分类的其他从业人员	461	43.21%
商业、服务人员	258	24.18%
农、林、牧、渔、水利业生产人员	116	10.87%
生产、运输设备操作人员及有关人员	109	10.22%
专业技术人员	63	5.90%
办事人员和有关人员	39	3.66%
国家机关、党群组织、企事业单位负责人	17	1.59%
军人	4	0.37%
总计	1067	100%

　　在就业保护上,非正式就业占比较高,凸显了城市贫困人员就业参与过程中劳动合同的缺失。此外,社会保险以及福利覆盖率往往被视为就业保护的重要方式。数据显示,城市贫困人员及其家庭成员社会保险参与率较低。如表 4-9 所示,城市贫困人员及其家庭成员享受养老保险的仅占比 33.38%;享有医疗保险的占比73.58%,覆盖水平较高;而工伤保险、失业保险以及生育保险的享

表 4-9　贫困人员及其家庭成员社会保险享受程度(2015 年)

	享受频数	享受频率
养老保险	504	33.38%
医疗保险	1111	73.58%
工伤保险	51	3.38%
失业保险	51	3.38%
生育保险	25	1.65%
老人、残疾人、儿童等福利/津贴	201	13.31%

N=1510

受率均没有达到 5%,分别占比 3.38%、3.38% 以及 1.65%。老人、残疾人、儿童等福利/津贴的占比为 13.31%。

4.2　城市贫困人员就业状态的异质性

诸多研究表明,就业参与具有高度的异质性,比如性别(李实,2001;李军峰,2003;彭希哲,2003;张文宏、刘琳,2013;毛宇飞、曾湘泉,2017)、年龄(郭于华、常爱书,2005;齐心,2007;赵曼、张广科,2009;马芒等,2012;薛福根、石智雷,2013)、地区(何景熙,1999;赖德胜等人,2008;朱火云等人,2014)等。因此,为了多维呈现城市贫困人员的就业参与情况,本节主要从个体特征与地区特征两个维度来考察城市贫困人员就业状态的异质性。

4.2.1　个体异质性

个体的异质性主要从城市贫困人员的性别与年龄两个维度来呈现。

1. 性别的异质性

如表 4-10 所示,在城市贫困人员中,2012 年男性就业率与女性就业率分别为 57.38% 和 52.12%;2013 年男性就业率与女性就业率分别为 52.47% 和 48.37%;2014 年男性就业率与女性就业率分别为 58.66% 和 51.91%;2015 年男性就业率与女性就业率分别为 57.52% 和 47.57%;2016 年男性就业率与女性就业率分别为 59.67% 和 46.65%。横向比较来看,男性城市贫困人员的就业参与率始终高于女性城市贫困人员的就业参与率,并且五年均在 5% 的水平上通过了显著性的卡方检验,二者差异具有统计学上的意义。

此外,从纵向比较来看,五年以来男性城市贫困人员的就业参与率呈现出线性的增长趋势,而女性城市贫困人员的就业参与率呈现出线性的降低趋势(图4-6)。通过横纵向比较分析,可以看到城市贫困人员中,女性就业不仅处于弱势地位,而且男女之间的差距还呈现出扩大趋势。

表4-10　2012—2016年城市贫困人员就业参与的性别比较分析

年份	就业参与状态	男性	女性	Pearson chi2	P值
2012	就　业	1185(57.38%)	591(52.12%)	8.2279	0.004
	未就业	880(42.62%)	543(47.88%)		
	合　计	2065(100%)	1134(100%)		
2013	就　业	667(52.47%)	530(48.37%)	4.0082	0.045
	未就业	625(47.53%)	585(51.63%)		
	合　计	1115(100%)	1292(100%)		
2014	就　业	857(58.66%)	800(51.91%)	13.7933	0.000
	未就业	604(41.34%)	741(48.09%)		
	合　计	1461(100%)	1541(100%)		
2015	就　业	478(57.52%)	323(47.57%)	14.8563	0.000
	未就业	353(42.48%)	356(52.43%)		
	合　计	831(100%)	679(100%)		
2016	就　业	330(59.67%)	188(46.65%)	15.9294	0.000
	未就业	223(40.33%)	215(53.35%)		
	合　计	553(100%)	403(100%)		

2.年龄的异质性

对于年龄的异质性,本节主要比较分析城市贫困人员中的"4050"人员(女40岁以上、男50岁以上)和非"4050"人员的就业参与。"4050"人员已成为再就业最困难、生活最困难的群体,其特点

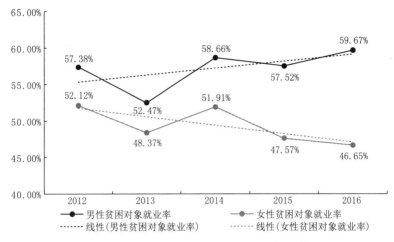

图 4-6　2012—2016 年城市贫困人员就业率的性别比较分析

常常被概括为"上有老、下有小、退休尚早、再就业已老"(郭于华、
常爱书,2005)。如表 4-11 所示,在城市贫困人员中,2012 年
"4050"人员和非"4050"人员的就业参与率分别为 51.23%、
59.53%;2013 年"4050"人员和非"4050"人员的就业参与率分别为
46.98%、53.49%;2014 年"4050"人员和非"4050"人员的就业参
与率分别为 51.19%、61.57%;2015 年"4050"人员和非"4050"人
员的就业参与率分别为 50.81%、56.65%;2016 年"4050"人员和
非"4050"人员的就业参与率分别为 48.60%、63.90%。横向比较
来看,五年期间"4050"人员的就业参与率明显少于非"4050"人员
的就业参与率,并且均在 5% 的水平上通过了显著性的卡方检验,
二者之间的差异具有统计学上的意义。纵向比较来看,五年以来
"4050"人员的就业参与率整体趋于稳定,变化不大;而非"4050"人
员的就业参与率呈现出明显的线性增长趋势(图 4-7)。基于比较,
可以看到在城市贫困人员中,"4050"人员的就业参与率不仅整体

表 4-11　2012—2016 年城市贫困人员就业参与的年龄段比较分析

年份	就业参与状态	4050 人员	非 4050 人员	Pearson chi2	P 值
2012	就　　业	792(51.23%)	984(59.53%)	22.2801	0.000
	未就业	754(48.77%)	669(40.47%)		
	合　　计	1546(100%)	1653(100%)		
2013	就　　业	653(46.98%)	544(53.49%)	9.9631	0.002
	未就业	737(53.02%)	473(46.51%)		
	合　　计	1390(100%)	1017(100%)		
2014	就　　业	944(51.19%)	713(61.57%)	30.9823	0.000
	未就业	900(48.81%)	445(38.43%)		
	合　　计	1844(100%)	1158(100%)		
2015	就　　业	473(50.81%)	328(56.65%)	4.8946	0.027
	未就业	458(49.19%)	251(43.35%)		
	合　　计	931(100%)	579(100%)		
2016	就　　业	295(48.60%)	223(63.90%)	20.8877	0.000
	未就业	312(51.40%)	126(36.10%)		
	合　　计	607(100%)	349(100%)		

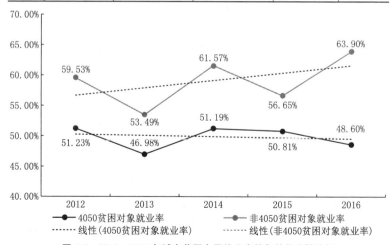

图 4-7　2012—2016 年城市贫困人员就业率的年龄段比较分析

水平不高,而且可能存在固化的趋势。

4.2.2　地区异质性

由于 2012—2014 年的调查数据只是在全国抽取了 10 个省份,因此,地区比较只考虑了 2015 年与 2016 年两期数据。如表 4-12 所示,2015 年东部地区、中部地区、西部地区以及东北地区城市贫困人员的就业参与率分别为 55.43%、59.25%、53.29%、34.74%;2016 年东部地区、中部地区、西部地区以及东北地区城市贫困人员的就业参与率分别为 55.35%、58.94%、59.36%、36.91%。通过卡方检验结果,可以看到地区之间就业参与率具有显著差异性。为了进一步考证不同地区之间的差异,本节对四个地区进行了两两卡方比较。统计结果显示,东部地区与中部地区、东部地区与西部地区、中部与西部城市贫困人员的就业参与率没有显著性差异,但是东北与中部、西部以及东部的差异均在 1% 的水平上通过了显著性检验。相较于东、中、西部地区,东北地区城市贫困人员就业参与率最低。这一结论与蔡昉、王美艳(2004)的研究保持一致,根据第五次人口普查 1‰ 抽样数据计算发现,我国城镇失业率为 12.5%~16.0% 的有 4 个省,其中东北地区(黑龙江、吉林、辽宁)全部包括在内。此外,王超群(2020)的研究也显示除 CHNS 外,其他调查均显示东北地区的就业率明显低于东中西部地区。从纵向角度来看,四个地区当中,东北和西部地区的城市贫困人员就业参与率有所提高,而东部和中部地区基本处于稳定状态(如图 4-9)。

表4-12 2015—2016年城市贫困人员就业参与情况的地区比较

年份	状态	东部地区	中部地区	西部地区	东北地区	Pearson chi2	P值	地区两两卡方比较（Pearson chi2/Pr）					
								东部—中部	东部—西部	东部—东北	中部—西部	中部—东北	西部—东北
2015	就业	352 (55.43%)	221 (59.25%)	154 (53.29%)	74 (34.74%)	35.8744	0.000	1.3950 (0.238)	0.3692 (0.543)	27.3151 (0.000)	2.3570 (0.125)	32.5740 (0.000)	17.0125 (0.000)
	未就业	283 (44.57%)	152 (40.75%)	135 (46.71%)	139 (65.26%)								
	合计	635 (100%)	373 (100%)	289 (100%)	213 (100%)								
2016	就业	207 (55.35%)	145 (58.94%)	111 (59.36%)	55 (36.91%)	22.3689	0.000	0.7817 (0.377)	0.8167 (0.366)	14.4843 (0.000)	0.0076 (0.931)	18.0176 (0.000)	16.7136 (0.000)
	未就业	167 (44.65%)	101 (41.06%)	76 (40.64%)	94 (63.09%)								
	合计	374 (100%)	246 (100%)	187 (100%)	149 (100%)								

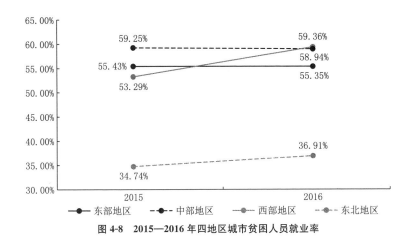

图 4-8 2015—2016 年四地区城市贫困人员就业率

4.3 城市贫困人员就业状态的影响因素分析

基于上两节的描述性分析,本节旨在通过 2015 年的调查数据,采用回归模型来识别出影响城市贫困人员就业状态的主要因素。正如前文所言,为了最大可能从城镇贫困家庭中识别出城镇贫困人员,只对受访者是家庭户主的样本进行了分析。经过筛选,最终进入分析的城市贫困人员样本共 1116 个。

4.3.1 模型工具

在现有研究的基础上,本节旨在从城市贫困对象的个体特征、家庭特征、救助福利特征以及劳动力市场特征四个维度来考量就业状态的主要影响因素。首先,将就业状态作为一个二分变量,取值为 1 表示处于就业状态,取值为 0 表示处于未就业状态。在统计模型上,采用二元 Logistic 回归模型,并构建以下模型的数学表达式:

$$f(p) = \ln\left(\frac{p}{1-p}\right) = \beta_0 + \beta_1 X_1 + \beta_2 X_2 + \beta_3 X_3 + \beta_4 X_4$$

其中 p 表示事件发生的概率，这里也就是城市贫困人员处于就业状态的概率。β_0 指的是截距，β_1、β_2、β_3、β_4 均为待估参数，X_1、X_2、X_3、X_4 代表城市贫困人员的个体特征、家庭特征、福利特征以及劳动力市场特征。

4.3.2　变量测量

在个体特征变量上，选取城市贫困人员的性别、年龄、教育水平、健康水平、政治面貌以及积极态度变量。其中，性别、年龄直接根据受访者的回答信息获得。教育水平处理成二分变量：高中及以上水平和高中以下水平；健康水平主要根据受访者的自评健康得分而定，得分越高，健康水平越高；政治面貌处理成二分变量：共产党员以及非共产党员。对于积极态度，主要根据问卷中的"与人交往时感到自卑"、"感到自己和家庭的未来没有希望"、"感到情绪沮丧、心情焦虑"三个问题的回答，进行反向编码并进行得分统计，得分越高，说明受访者的态度越积极。此外，考虑到年龄对城市低保对象就业状态可能的非线性影响，还加入了受访者年龄的平方项变量。

在家庭特征变量上，主要选取城市贫困人员的家庭类型、儿童照料负担、长期照料人员负担以及社会资本四个变量。考虑到样本的数据分布，将贫困人员的家庭类型处理为二分变量：已婚家庭与未婚、离婚、丧偶家庭。对于儿童照料负担，用0—6岁的学龄前儿童来测量；对于长期照料负担，用长期照料需求人员数量来测量。在社会资本测量上，已有研究主要是通过"春节拜年网"（边燕杰,2004)进行测量,邹宇春、敖丹、李建栋(2012)将社会资本划分为拜年网社会资本、职业网社会资本以及饭局网社会资本,王晶(2013)通过"给多少熟人朋友送礼"与"是否有县城或城镇生活的亲戚朋友"分别测量家庭社会网络规模和家庭外部社会关系,周广肃、樊纲、申广军(2014)通过"礼金来往"与"受访者是否是某些组织的成员"分别测量认知性和结构性社会资本。在这些研究的基础上,结合问卷的设计,采用郭瑜、张一文(2018)使用的方法,通过主成分因子分析提取了三个社会资本公因子。结果显示,KMO值大于0.6(KMO=0.754),且 Bartlett 球形检验的结果在0.1%的水平上表现显著,三个社会资本公因子累计方差贡献率为60.79%,通过三个社会资本公因子的方差贡献率可以计算出社会资本得分。

在救助福利特征变量上,主要选取了专项救助享有和低保金享有程度两类变量。首先,专项救助享有主要从教育救助、医疗救助以及住房救助三种主要的救助项目来考察,均是二分变量。其次,不同于以往研究大都是基于低保金领取水平或者领取时间等单一指标,本节主要通过因子分析的方法来构建低保金享有程度的综合指标。在已有文献、问卷设置的基础上,选取了涉及低保金领取指标的8个变量:家庭月低保金、人均月低保金、月低保金占低保标准的比重、家庭低保收入占年收入的比重、低保金领取累计月数、距离第一次领取低保的年数、低保资格的功能评价以及低保金的效果评价。8个变量的描述性分析如表4-13所示。因子分析方法需要进行 KMO 测度和 Bartlett 球形检验。结果显示,KMO值为0.65(大于0.6),Bartlett 球形检验的结果在0.1%的水平上表现显著,因此数据适合做因子分析。基于数据分析结果,本节从

8项测量因子中共提取3项公因子(提取特征值大于1的因子),累积方差贡献率达74.29%,其中 F₁ 的方差贡献率为35.08%,F₂ 的方差贡献率为24.13%,F₃ 的方差贡献率为15.07%。结合前文所述,将3项公因子分别命令为低保金享有深度(F_1)、低保金享有广度(F_2)以及低保金享有评价(F_3)。低保金享有深度的高载荷指标为家庭月低保金、人均月低保金、人均月低保金占低保标准的比例、家庭年低保金额占年收入的比例;低保金享有广度高载荷指标为目前低保金领取的时间、距离第一次领取低保金的年数;低保金享有评价的高载荷指标为低保作用的主要体现、低保金的功能评价。因子分析结果如表4-14所示。

表4-13　因子分析的变量基本情况

变　　量	赋值方法	观测值	均值	标准差
家庭月低保金	具体金额(元)	1095	665.94	594.04
人均月低保金	具体金额(元)	951	207.51	115.25
人均月低保金占低保标准的比例	具体比例	951	0.46	0.23
家庭年低保金额占年收入的比例	具体比例	919	0.46	0.30
目前低保领取的时间	具体的月数	954	71.15	54.97
距离第一次领取低保的年数	具体的年数	993	6.10	4.61
低保作用的主要体现	1＝专项救助;2＝优惠补贴;3＝低保金	1064	2.56	0.79
低保金的功能评价	1＝作用很小;2＝作用比较小;3＝作用一般;4＝作用比较大;5＝作用很大	1083	4.29	1.02

表 4-14　因子分析结果

变　量	因子载荷矩阵		
	低保享有深度	低保享有广度	低保享有评价
家庭月低保金	0.8186		
人均月低保金	0.9341		
人均月低保金占低保标准的比例	0.9052		
家庭年低保金额占年收入的比例	0.6173		
目前低保领取的时间		0.9751	
距离第一次领取低保的年数		0.9737	
低保作用的主要体现			0.8098
低保金的功能评价			0.6984

在劳动力市场特征变量上,主要选取了当年各省最低工资标准、交通便捷程度、就业主要渠道以及地区变量。当地最低工资标准主要以 2014 年各省份的最低工资标准为数据来源,需要说明的是,部分省份的最低工资标准实行分档核算,为了统计方便,将分档省份的第一档最低工资标准作为全省水平。交通便捷程度主要通过受访者的回答而来,得分越高,交通便捷度越好。就业的主要渠道也是通过受访者家庭主要劳动力的日常就业渠道来测量,选择的就业渠道越多,代表劳动力的就业机会也相对较多。地区变量主要分为东部地区、中部地区、西部地区以及东北地区。

因变量和四组自变量的描述性分析如表 4-15 所示。

表 4-15　因变量和自变量的描述性分析

变　量	赋值方法	观测值	均值	标准差
就业状态	1＝就业;0＝未就业	1116	0.560	0.497
性别	1＝男性;0＝女性	1116	0.660	0.474
年龄	具体数值	1116	47.065	6.561

变　量	赋值方法	观测值	均值	标准差
年龄的平方	具体数值	1116	2258.166	600.933
教育程度	1=高中/中专及以上；0=高中/中专以下	1099	0.217	0.413
健康程度	1=很差；2=较差；3=一般；4=较好；5=很好	1116	2.537	1.022
政治面貌	1=共产党员；0=非党员	1115	0.048	0.215
积极态度	具体数值	1106	12.769	3.154
家庭类型	1=已婚家庭；0=未婚、离婚、丧偶家庭	1116	0.581	0.494
儿童数量	具体数值	1116	0.104	0.344
长期照料需求人员数量	具体数值	1115	0.342	0.595
社会资本	具体数值	970	1.47E-09	0.596
低保金享有度	具体数值	690	−1.15E-10	0.608
教育救助	1=享有；0=未享有	1116	0.264	0.441
医疗救助	1=享有；0=未享有	1113	0.264	0.441
住房救助	1=享有；0=未享有	1115	0.129	0.336
交通评价	1=很不满意；2=不太满意；3=一般；4=较满意；5=非常满意	1114	3.773	1.075
就业渠道	具体数值	1115	0.939	0.873
最低工资标准	具体数值（千元）	1116	1.443	0.170
地区	1=东部地区；2=中部地区；3=西部地区；4=东北地区	1116	2.047	1.094

4.3.3　回归结果

考虑到过多的自变量可能会带来多重共线性的问题，也为了能够更加清楚地反映不同层面影响因素对城市贫困人员就业状态影响的差异，本节主要采取了逐步放入自变量的方法。模型4-1反映的是仅加入个人特征变量后的回归结果,模型4-2反映的是加入个人特征与家庭特征变量后的回归结果,模型4-3反映的是加入个人特征、家庭特征以及救助福利特征变量后的回归结果,模型4-4反映的是加入个人特征、家庭特征、救助福利特征变量以及劳动力市场特征变量后的回归结果。如表4-16所示,可以发现,随着不同层面的特征变量的放入,回归模型的R2逐步提高,这说明逐步放入自变量的方法有效。

在个体因素中,性别变量在四个模型中始终对就业状态具有显著的正向影响,在模型4-4中,男性处于就业状态的风险比要比女性高1.606倍(EXP(β)-1=2.606-1=1.606)。年龄以及年龄的平方在模型4-1和模型4-2中均通过了显著性检验,其中,年龄对就业状态具有显著的正向影响,而年龄的平方对就业状态具有显著的负向影响,这说明年龄对于就业状态风险比影响并不是线性的,而是一种先增后减的"倒U形"关系。教育程度在模型4-1和模型4-2中均通过了显著性检验,教育程度对就业状态具有负向影响。在模型4-2中,高中及以上贫困对象处于就业状态的风险比比高中以下贫困对象降低了28.3%(1-EXP(β)=1-0.717=0.283)。这一发现与我们的日常理解有所差异,一般认为教育水平较高的劳动者就业能力与机会也相对较高,因此就业的概率也应较高。此前刘生龙、李军(2012)利用CHNS数据发现受教育状况对劳动参与有显著的负向影响。在他们看来,对于青壮年而言,人力资本越高意味着专业性更强,因此寻找到相匹配的工作很难;对于老年居民而言,由于早期的财富积累和养老金,导致其选择不再参与劳动。不过,研究认为,城市贫困人员中,高中及以上(主要以高中为主)的低保对象在就业参与的过程中可能会遭遇"高不成低

表 4-16 城市贫困人员就业状态的 Logistic 回归结果

变量		模型 4-1 β	模型 4-1 EXP(β)	模型 4-2 β	模型 4-2 EXP(β)	模型 4-3 β	模型 4-3 EXP(β)	模型 4-4 β	模型 4-4 EXP(β)
个体因素	性别	0.525***	1.691	0.468***	1.597	0.768***	2.155	0.958***	2.606
	年龄	0.350***	1.420	0.307**	1.359	0.094	1.098	0.135	1.145
	年龄的平方	−0.004***	0.996	−0.003***	0.997	−0.001	0.999	−0.002	0.998
	教育程度	−0.377**	0.686	−0.333*	0.717	−0.254	0.776	−0.318	0.727
	健康程度	0.304***	1.355	0.294***	1.342	0.250***	1.284	0.218**	1.243
	政治面貌	0.022	1.028	−0.223	0.800	−0.566	0.568	−0.619	0.539
	积极态度	0.059***	1.061	0.040	1.041	0.071**	1.074	0.086**	1.090
家庭因素	家庭类型			0.220	1.247	−0.329*	0.720	−0.535**	0.586
	儿童数量			−0.211	0.810	−0.628***	0.534	−0.739***	0.478
	长期照料需求人员数量			−0.330***	0.719	−0.494***	0.610	−0.477***	0.621
	社会资本			0.084	1.088	0.094	1.098	0.008	1.008
救助福利因素	低保金享有度					−0.825***	0.438	−0.681***	0.506
	医疗救助					0.150	1.162	0.039	1.040
	教育救助					0.396	1.486	0.289	1.334
	住房救助					−0.207	0.813	−0.004	0.996

续表

变 量		模型 4-1		模型 4-2		模型 4-3		模型 4-4	
		β	EXP(β)	β	EXP(β)	β	EXP(β)	β	EXP(β)
劳动力市场因素	社区交通评价							0.110	1.117
	求职渠道							0.637***	1.891
	最低工资标准							−0.630	0.533
	地区（参照组：东部） 中部							−0.392	0.676
	西部							−0.246	0.782
	东北							−1.673***	0.188
	常数项	−9.064***	0.000	−7.861**	0.001	−2.884	0.056	−3.484	0.031
	N	1088		949		590		590	
	LR chi2	65.46		64.20		73.08		119.74	
	R2	0.044		0.049		0.096		0.158	

注 * p<0.1，** p<0.05，*** p<0.01

不就"的处境。尽管年龄和年龄的平方在模型 4-3 和模型 4-4 中没有通过显著性检验,但二者对就业状态风险比的影响方向与模型 4-1 和模型 4-2 保持一致。健康变量在四个模型中始终对就业状态的风险比具有显著的正向影响。在模型 4-4 中,对于城市贫困人员,健康状态每提高一个档次,处于就业状态的风险比要高 24.3%($EXP(\beta)-1=1.243-1=0.243$)。积极态度除了模型 4-2 以外,在其他三个模型中都通过了显著性的正向检验。在模型 4-4 中,城市贫困人员的积极态度每提高一分,处于就业状态的风险比要高 9%($EXP(\beta)-1=1.090-1=0.090$)。政治面貌变量始终未通过显著性检验。

在家庭因素中,家庭类型在模型 4-2 中没有通过显著性检验,但是在模型 4-3 和模型 4-4 均通过显著性的负向检验,这说明相较于未婚、离婚、丧偶家庭,已婚家庭的城市贫困人员处于就业状态的风险比更低。在模型 4-4 中,已婚家庭的城市贫困人员处于就业状态的风险比要比单亲或者单身贫困对象低 41.4%($1-EXP(\beta)=1-0.586=0.414$)。这一研究与已有研究强调已婚对象失业率比未婚(包括离异、单亲)对象低的结果不一致(徐玮、杨云彦,2016;杨胜利、姚健,2020),这是因为由于现行的低保金的制度设计,已婚的夫妻双方往往会出于对低保金以及家庭照顾的要求,双方就业而退出低保的情况并不多(邱莉莉,2005),夫妻二人户对低保的依赖程度普遍高于其他家庭(文雯,2015)。尽管儿童数量在模型 4-2 中没有通过显著性检验,但是在模型 4-3 和模型 4-4 中均通过了负向的显著性检验。在模型 4-4 中,家庭儿童数量每增加一位,城市贫困人员处于就业状态的风险比要降低 52.2%($1-EXP(\beta)=1-0.478=0.522$)。长期照料需求人员数量在模型 2、模型

3 和模型 4 均通过了显著的负向检验。在模型 4-4 中,长期照料需求人员数量占比每增加一位,城市贫困人员处于就业状态的风险比要降低 37.9%($1-$EXP(β)$=1-0.621=0.379$)。社会资本变量在模型中始终未通过显著检验。

在救助福利因素中,本节构建的低保金享有度在模型 4-3 和模型 4-4 中均通过了显著的负向检验,这说明低保金的领取可能会对贫困人员的就业状态产生抑制作用。在模型 4-4 中,低保金享有度每提高一个单位,城市贫困人员处于就业状态的风险比会降低 49.4%($1-$EXP(β)$=1-0.506=0.494$)。医疗救助、教育救助、住房救助在四个模型中始终没有通过显著性检验。这一研究发现与现有研究强调专项救助的获得会造成贫困人员的福利依赖、不愿就业的结论有所不同。一方面可能是因为选取的是结果导向的就业状态变量,而不是就业意愿变量,专项救助可能会降低就业意愿或者退保意愿,但是就业意愿与就业结果二者之间并不能直接等同;另一方面,也有可能由于近年来各地把专项救助逐渐扩展至低收入家庭,可能会有所抑制这种效果。

在劳动力市场因素中,求职渠道通过了显著的正向检验,求职渠道对就业能够产生正向的促进作用。在模型 4-4 中,求职渠道每增加一种方式,城市贫困人员处于就业状态的风险比要高 89.1%(EXP(β)$-1=1.891-1=0.891$)。在地区变量中,相较于东部地区,东北地区通过了显著的负向检验,东北地区的城市贫困人员处于就业状态的风险比要比东部地区低 80.7%($1-$EXP(β)$=1-0.193=0.807$)。尽管中部和西部地区没有通过显著性检验,但是相较于东部地区,方向也是负向的。社区交通评价和最低工资标准没有通过显著性检验。

4.3.4 稳健性检验

在稳健性检验中,因变量替换是常用的一种方法。考虑到城市贫困人员就业状态中正式就业与非正式就业的差异性,本节进一步将因变量就业状态划分为三分变量:未就业(赋值为 1)、非正式就业(赋值为 2)以及正式就业(赋值为 3)。此外,本节主要利用 mlogit 模型来检验影响城市贫困人员就业的各类因素是否具有稳健性。由于 mlogit 模型的使用需要满足无关方案独立性检验(Independence of Irrelevant Alternatives,IIA),对此本节采用 Hausman 和 McFadden(1984)提出的 Hausman 检验进行了验证,结果如 4-17 所示,检验统计量 P 值均等于 1,并且最后一列结果显示 mlogit 模型不拒绝 IIA 假设,表明 mlogit 模型拟合该数据是合理的。mlogit 模型回归的结果如表 4-18 所示。

表 4-17　Hausman 检验结果

Omitted	chi2	df	P＞chi2	evidence
未就业	−3.583	20	1.000	for Ho
非正式就业	−735.476	20	1.000	for Ho
正式就业	3.892	20	1.000	for Ho

在个体特征中,性别只在模型 4-5 中通过了显著的负向检验,说明在未就业和非正式就业状态当中,男性比女性处于未就业状态的风险比要低 62.9％。年龄和年龄的平方只在模型 4-6 中通过了显著的负向检验,说明年龄对于就业状态风险比的倒 U 形影响主要发生在处于就业状态的贫困人员当中。值得注意的是,教育程度在模型 4-5 和 4-6 中都通过了显著的正向检验,这说明,教育程度对于贫困人员的影响存在着"门槛效应",即在未就业与非正

表 4-18 城市贫困人员就业状态的 mlogit 模型回归结果

变 量		模型 4-5 （未就业/非正式就业）		模型 4-6 （正式就业/非正式就业）	
		Coef.	RRR	Coef.	RRR
个体 因素	性别	−0.992 ***	0.371	0.415	0.732
	年龄	−0.089	0.915	0.542 *	1.719
	年龄的平方	0.001	1.001	−0.006 *	0.994
	教育程度	0.486 *	1.626	1.019 ***	2.770
	健康程度	−0.178	0.837	0.292 *	1.340
	政治面貌	0.708	2.029	0.821	2.274
	积极态度	−0.088 **	0.915	−0.014	0.986
家庭 因素	家庭类型	0.575 **	1.778	0.335	1.398
	儿童数量	0.807 ***	2.240	0.486	1.626
	长期照料需求者数量	0.484 ***	1.623	0.145	1.157
	社会资本	0.028	1.028	0.260	1.296
福利 因素	低保金享有度	0.698 ***	2.010	−0.048	0.953
	医疗救助	−0.050	0.951	−0.233	0.792
	教育救助	−0.290	0.749	0.063	1.065
	住房救助	−0.010	0.990	−0.091	0.913
劳动力 市场 因素	社区交通评价	−0.162 *	0.850	−0.404 ***	0.668
	求职渠道	−0.607 ***	0.545	0.239	1.270
	最低工资标准	1.230	3.421	3.758 **	42.858
	地区（参照组： 东部地区）				
	中部地区	0.392	1.479	−0.408	0.665
	西部地区	0.246	1.279	−0.109	0.897
	东北地区	1.783 ***	5.951	0.821	2.273
常数项		1.865	6.455	−18.314 **	0.000
N＝590					
LR chi2＝166.01					
Prob ＞ chi2＝0.000					
R2＝0.1566					

式就业的贫困人员当中,教育程度反而存在抑制作用,但是一旦贫困人员进入到就业状态以后,教育程度就会发生促进作用,高中及以上教育水平的贫困人员在稳定就业与非正式就业之间处于前者的风险比要比高中以下教育水平的贫困人员高 1.770 倍。政治面貌在两个模型当中同时不显著。积极态度只在模型 4-5 中通过了显著的负向检验,贫困人员的积极态度有利于提高处于非正式就业的风险比。但是积极态度对于稳定就业不具有显著的影响。

在家庭特征中,家庭类型、儿童数量以及长期照料需求者数量均只在模型 4-5 中通过了显著性的正向影响,但是均没有在模型 4-6 中通过显著性检验,这说明上文提到的三者对于就业状态的抑制主要存在于未就业和非正式就业的贫困人员当中。具体而言,夫妇家庭的贫困人员相较于未婚、离异以及丧偶家庭的贫困人员,处于未就业的风险比要高 77.8%;儿童数量每提高一位,贫困人员处于未就业状态的风险比要高 1.240 倍;长期照料需求者数量每提高一位,贫困人员处于未就业状态的风险比要高 62.3%。社会资本依旧不显著。

在救助福利特征中,低保金享有度只在模型 4-5 中通过了显著的正向影响,享有度每提高一个单位,贫困人员处于未就业状态的风险比要高 1.010 倍。但是低保金对于贫困人员就业的抑制作用并不显著存在于非正式就业与正式就业的群体之间。专项救助依旧没有通过显著性检验。

在劳动力市场特征中,社区交通评价不同于上述四个模型,在模型 4-5 和 4-6 都通过了显著性的负向检验,这说明无论是相较于未就业状态,还是相较于正式就业状态,社区交通评价的提高会提高城市贫困人员处于非正式就业的风险比。求职渠道只在模型 4-6 中通过了显著性的负向检验,并没有在模型 4-6 中通过显著性检验,这说明求职渠道的提高只会提高城市贫困人员在未就业和非正式就业之间处于后者的风险比,但是对于正式就业并不存在显著的影响。最低工资标准只在模型 4-6 中通过了显著性的正向检验,并且影响的系数非常大,最低工资标准每提高 1 千元,在非正式就业和正式就业当中,城市贫困人员处于后者的风险比要高 41.858 倍。但是最低工资标准对于未就业和非正式就业的贫困对象之间不具有显著性作用。相较于东部地区,东北地区对就业状态的负向影响只体现在未就业和非正式就业的城市贫困人员当中,东北地区的城市贫困人员处于未就业状态的风险比要比东部地区高 4.951 倍。

4.4　本章小结

本章在识别出就业救助对象的前提下,利用《中国民政统计年鉴》统计数据以及 2012—2016 年城乡困难家庭抽样调查数据,发现在法定劳动年内且有劳动能力的城市贫困人员当中,从统计数据中的登记失业维度来看,就业救助对象的占比超过三成,而从调查数据中的未就业维度来看,就业救助对象的占比超过四成,甚至将近一半,这说明当前我国城市贫困人员未就业现象比较凸显,就业救助具有充分的事实基础。同时,本章还发现《中国民政统计年鉴》中的登记失业和未登记失业容易产生一定的概念歧义,非登记失业只是从登记失业的反面维度进行统计,但是很容易让人将其与失业人员中的未登记者联想在一起,并且也造成了现有研究中对于有劳动能力但处于失业状态成年人的占比产生了一定的误判,因此如果构建更加准确的术语表达会更有利于对这一问题进行理解。此外,考虑到城市贫困人员就业状态的异质性,本章也发现女性,"4050"人员以及东北地区的贫困人员陷入未就业状态的概率相对更高,也说明这些群体成为就业救助对象的概率也相对较高。

本章利用二元 logistic 回归和 mlogit 回归模型针对城市贫困人员就业状态的影响因素进行了分析探讨。本章发现影响城市贫困人员处于未就业状态的因素是多元的。就未就业/就业的二分变量来看,在通过显著性检验的因素中,系数绝对值超过 0.5 的自变量主要包括东北地区、性别、儿童数量、低保金享有度、求职渠道以及长期照料需求者数量,年龄、健康程度、教育水平、积极态度的影响因素相对较小。此外,通过将就业状态进行三分变量的处理,研究还发现这些影响因素存在明显的异质性特点。只影响未就业与非正式就业两种状态风险比的因素主要包括东北地区、儿童数量、低保金享有度、求职渠道、家庭类型、长期照料需求者数量、积极态度,只影响非正式就业与正式就业两种状态风险比的因素则包括年龄(非线性,倒 U 形)、健康程度以及最低工资标准。此外教育和社区交通评价对二者都会产生影响,尤其是教育程度,对于贫困人员就业状态的影响具有明显的"门槛效应"。在这里,尤其需要强调的是,不同于以往研究利用单维的低保金领取指标以及就业状态的简单二分等做法,本章基于复合的低保金享有度指标进行回归分析发现,低保金领取对城市贫困人员的就业状态的确会有一定抑制作用,但是这种抑制作用可能只是会影响就业是否会发生,但是一旦进入到就业状态以后,低保金领取并不会成为预测就业是非正式还是正式状态的显著性指标,这一新的研究发现一方面凸显了针对领取救助金的城市贫困人员开展就业救助的重要意义,同时也说明只要实现就业,影响就业能否实现向上流动的因素更多的还是取决于个体的人力资本以及劳动力市场因素。整体来看,二元 logistic 和 mlogit 的回归结果不仅客观地呈现了就业状态影响的多元化以及异质性,而且也为下一章揭示城市贫困人员就业参与过程中的主要障碍提供了研究线索。

第5章　城市贫困人员
就业救助的需求分析

　　定量数据与分析只能在一定程度解释和预测,须辅以必要的定性分析,才能更清晰地呈现事物的本质(韩克庆、郭瑜,2012)。因此,本章主要基于北京市的城市贫困人员以及民政专干深度访谈资料,具体分析城市贫困人员就业救助的主要需求。就业救助的需求分析是从城市贫困人员面临的就业障碍维度展开的。从需求侧来看,障碍往往引发并增加了需求(穆光宗,2002),只有破除障碍才能满足需求(林万龙、杨丛丛,2012;吕越、田琳、吕云龙,2021)。需要说明的是,无论是就业救助的需求,抑或是面临的就业障碍,都是属于相对抽象化的概念,很难实现量化,每个个体的需求也是很难测量、不可比较的(星加良司、蔡英实,2015)。因此本章旨在借助访谈个案,以社会建构方式来展现就业救助对象最具典型性的就业障碍。不过,在实际当中,很难找到只有某一类型就业障碍的个案,绝大多数就业障碍往往都是交织在一起的,未就业也是在多种障碍共同作用中发生的。因此,本章就业障碍的类型划分主要是为了从整体架构的层面来厘清城市贫困人员就业救助的主要需求以及着力点。整体看来,目前城市贫困人员面临的就业障碍主要可以分为三种类型:就业机会障碍、就业能力障碍以及就业意愿障碍。

5.1　就业机会障碍："不合适""不要我""走不开"

在城市贫困人员当中,部分人员尽管具有就业意愿且具备一定的就业能力,但是由于缺乏就业机会,从而陷入短期失业或者长期无业的未就业状态。这种就业机会障碍主要分为三种典型类型:劳动力市场分割的"不合适"、社会排斥的"不要我"以及家庭照顾的"走不开"。

5.1.1　劳动力市场分割的"不合适"

"不合适"形容的是现有就业机会供给无法与劳动者的就业需求实现有效匹配,导致城市贫困人员陷入未就业的情形。在访谈中,"工作不合适"是受访者经常提到的一个关键词。"别人我不知道,我还是希望趁着年轻的时候多干点,以后老了就干不了了,但是就是遇不到合适的。我其实愿意找个开车的地方,但是一直也没找不到。街道这边给我介绍的都是一些清洁小广告之类的工作,那个我不愿意干,工资太低了,而且还累(访谈资料BJSJSWXS42)。"造成这种"不合适"的原因是多维的,既可能是就业能力的问题,也可能是就业态度的问题,但在本书看来,这种"不合适"的未就业本质上主要反映了劳动力市场分割下城市贫困人员由于人力资本等条件限制,很难获得岗位层次高、工资水平高、稳定性强、就业保障足的"合适工作"。

劳动力市场分割理论(也被称为二元劳动力市场理论)强调劳动力市场被分割成初级劳动力市场和次级劳动力市场。初级劳动力市场具有高工资、工作地位好、工作有保障、工作条件干净安全、有晋升可能等特征;相反,次级劳动力市场工资低、地位低、条件差、保障弱以及晋升机会少(Doeringer & Piore, 1975)。这种劳动力市场分割效应在低收入人群的收入决定中更为明显(罗楚亮,2008),被视为是贫困的重要根源(顾建平,2002),穷人被限制在次级劳动力市场之中(陶源,2020)。中国的劳动力市场分割问题十分严重(陆铭、蒋仕卿,2007),城市贫困劳动力群体因自身素质、劳动技能、年龄和性别等因素受到初级劳动力市场的排斥(张浩淼,2017),往往难以匹配技术含量或知识含量较高的行业领域需求,因而大多只能从事劳动回报率较低的体力工作(陶源,2020)。但是,这些工作很难满足城市贫困人员的就业需求,尤其是在城市低保金进行兜底保障的情况下,贫困人员搜寻"合适工作"的时间也在一定程度上被延长。此外,由于"不合适"而未能及时实现再就业的短期失业贫困人员很容易在各种碰壁当中滋生就业倦怠感,反而容易陷入长期未就业状态,与劳动力市场产生脱节。

研究发现,在这种分割的劳动力市场下,外来流动劳动力的输入还会造成本地劳动力市场的过度拥挤并形成一定的替代效应,存在发达地区弱势劳动力的"逆歧视问题"(顾建平,2002)。在访谈中,受访的贫困人员表示,自己未能找到工作的主要原因就在于外来流动人口在非正式关系下抢占了"合适的"工作机会。"我可以问心无愧地说,像这街道,就这小区,看车棚的,这的、那的全是外地的,你去打听去,全是那头的关系,这就是现实,地下室包出去了,我说那车棚怎么给他? 给我不好吗? 又解决我房子问题,又解决我吃的问题。那是房管所所长他侄子,那谁敢碰呢? 净是抢占了我们的机会(访谈资料 BJFTZXS53)"。受访的民政干部也表示,对于一些岗位,外来年轻劳动力充沛,又能够吃苦耐劳,从企业用工的角度,外来劳动力的确具有很大优势。"你看保洁啊,保安啊,这种活他们也能干,但是一般单位谁要他们啊,现在好多外地年轻小伙子,我们跟你讲,为什么北京人好多人都找不到工作,是什么问题啊,人家外地人的竞争优势大,人家不用上险,人家企业就会想这能省好大一笔钱,你说对不对。所以企业愿意用外地人,不愿意用本地人。本地人又吃不了苦、受不了累(访谈资料33BJDCLNS)"。

5.1.2　社会排斥的"不要我"

"不要我"形容的是刑满释放人员、戒毒康复人员、康复期精神障碍者以及艾滋病乙肝传染病病毒携带者等城市贫困人员中的特殊弱势群体在求职过程中面临着严重的社会排斥,无法获得平等的就业机会,"被动"地陷入未就业的状态。在本书看来,这类群体不仅逐渐成为当前城市贫困人员的主体构成,而且也是最难实现就业的贫困群体。

首先是刑满释放人员。即使主观上具有强烈的就业意愿,但是在社会排斥的现实下就业异常艰难。根据不完全统计,刑满释放人员遭受就业排斥涉及的职业大概有 31 种之多,并且尽管法定情形只限于上述,但在现实中,很多单位都往往将其引申、扩大适用范围,不少公司也明确不招收刑满释放人员,也就是俗称的"经历歧视"(龚世俊,2013)。由于整个社会对刑满释放人员的烙印效应,不仅造成他们在自行寻求雇主以及自主创业的过程中屡屡遭受排斥与歧视,而且公众就业不平等的关注往往忽略了对刑满释放人员真实诉求与群体失语的系统分析,也就导致他们的就业预期难以得到满足,产生了消极悲观情绪,对政府不信任,对就业帮扶政策不回应与不在意,对社会具有"戾气"(许玉镇、孙超群,2018)。在就业排斥下,刑满释放人员一直以来都是城市低保对象中长期依赖风险比较高的人群(黄晨熹,2007)。在访谈材料中,个案 BJDCLXS28 主人公刘先生最具典型。刘先生家住北京市东城区,受访时 28 岁,高中文化,未婚。刘先生由于打架犯故意伤害罪,被判入狱三年半,之后没找过正式工作。基于访谈资料,可以看出刘先生具有很强的就业意愿,自己吃低保也并不主要是为了每个月的低保金,而是看重医疗救助的二次报销,但表示如果能够找到工作愿意主动退保外出就业。"说实话,没人喜欢吃低保,我也不喜欢吃,有条件肯定我就退出,那时候我回来我哥说给我找工作,我还去街道说呢,这工作要成了,低保就撤了。我要上班了,单位肯定给我上保险啊,对吧,而且保险比它上得多,除了医疗,养老全都有,有可能好的话,还有住房公积金,我为什么就围着这低保转呢,我觉得就是有能力的正常人应该不会在乎这 800 块钱(访谈资料 BJDCLXS28)。"但是后来签约的过程中,工作单位要求提供无犯罪证明,由于有过犯罪记录史,派出所工作人员表示无法提供,因此刘先生失去了就业机会。"所以我只能去派出所问能不能开证明,派出所说开不了,说这辈子都开不了……我面试了得有半年,就是没戏,证明开不了(访谈资料 BJDCLXS28)。"刘先生还表示,出狱后一直没找到工作主要是因为单位在签协议时都会有一条硬性规定:要求无犯罪记录,查出后要承担相应法律责任。他询问过律师朋友,由于单位可以查到,因此他也不敢隐瞒。刘先生还透露,身边的狱友都是因为同样的原因没有找到工作。一旦找工作未果,要么就是以各种方式来获得低保,包括他本人也是通过

"闹一闹"的方式获得。要么如果实在无法获得低保,为了生存,这些狱友极大可能会再次犯罪。"身边的朋友其实都一样,找不到。这困难肯定是解决不了,但这确实影响工作,而且以前我听说,像我这样回来的,应该都是隐藏,这样方便找工作,可是据说他们就是一查就能查出来,对我们挺不公平的。(访谈资料 BJD-CLXS28)。"

与刑满释放人员遭遇的就业排斥一样,由于有过吸毒史,戒毒康复人员常常因为社会的各种排斥,时常面临着各种失业风险,并且一旦失业就很难实现再就业。在访谈资料中,个案 BJFTMXS38 中的马先生阐述了他在就业求职过程中遭遇的社会排斥现象。出于吸毒人员存在复吸的可能,戒毒康复人员的个人信息公安信息系统是会有记录的,因此在乘坐火车高铁等公共交通工具时,时常遭受扣押尿检,以排查是否存在复吸。但是这种行为往往给这些群体带来了极大的就业排斥。一旦被用人单位知晓,就会遭遇解聘。甚至还常常遭遇街头临检,不仅给自己的生活带来严重的不便,而且还在无形中将个人的隐私暴露给身边朋友,进一步限制了再就业的可能。"以前找过工作,跑业务的,其实做得蛮好的,但它老是出差,出差又特别容易坐火车,我们这种人坐火车是要查身份证的,身份证一到那个感应器上,就要被查。他不是抓你,他就是要带你去尿检。次数多了,慢慢就被单位发现了,工作就没了。然后就一个朋友介绍到一个玻璃厂,需要到开无犯罪证明,我们也是开不出来的,结果又黄了(访谈资料 BJFTMXS38)。"

在城市贫困人员中,还有一类特殊的弱势群体——康复期精神障碍者。对康复期精神障碍者就业的最大困难是社会没有形成对康复期精神障碍者就业能力的正确认识,普遍认为该群体没有工作能力(高士元等,2005)。事实上,精神病患者终身患病率仅为 17.5%,绝大多数患病者都是轻型精神障碍,只有 1% 是重型精神障碍患者,但即便是重型的精神病患者也可以通过治疗并坚持服药缓解病情,可以参加一些简单的工作,对他人也不会有攻击性(卫学莉、张帆,2016)。但在实际中,人们往往不认为精神疾病具有完全治愈的说法,对于有精神疾病史的贫困人员往往也是谈之色变、避而远之。康复期精神障碍者面临的主要问题并不是疾病本身,而是精神疾病背后形成的污名化问题以及人们对其的歧视、偏见、社会排斥与社会隔离等问题(徐岩、蔡文风,2015)。在访谈中,个案 BJSJSPXS42 中的潘先生最为典型。潘先生访谈时 42 岁,家住北京市石景山区,高中学历,以前是国企的质检人员,由于家庭变故,患上精神疾病。这不仅让其失去工作,同时也没有了生活来源,陷入贫困。尽管潘先生已经出院多年,但是由于有过精神疾病史,已经入档,常常在求职过程中各种碰壁。"这个已经入档案了,人家一调就出来了,所以找不到工作。我之前找那个辅警不就是么,你回去等信吧,等信以后就再也没有后文了。后来我说和我一起去的,人家都上班了,我怎么没上班,人家说了,你有某方面的残疾。你去不了(访谈资料 BJSJSPXS42)。"

最后一类特殊弱势群体就是乙肝、艾滋病等传染性疾病病毒携带者。一方面,尽管《就业促进法》《关于维护乙肝表面抗原携带者就业权利的意见》等文件明确规定,用人单位在招工时不得进行乙肝检测,但在实际当中不规范操作时有发生,比如通过查肝功能等方式来进行初步筛选。尽管国内外已普遍把"艾滋病毒携带者不受歧视"法定化了,但事实上工作场所的排斥依然存在,阻断了艾滋病病人和感染者同社会联系的重要渠道(徐晓军,2008)。访谈中,无论是贫困人员,还是民政专干,均表示该类群体在劳动力市场参与过程中遭受了严重的就业排斥。"比如那些甲肝,乙肝在体检时候就会显示出来,问题企业也不招你。咱就说艾滋病。现在社会上说不让歧视艾滋病,但现在你体检上显示艾滋病企业要你吗? 这是现实不是法律(访谈资料 38BJXCLSX)。"

5.1.3　家庭照顾的"走不开"

"走不开"反映的是沉重的家庭照顾负担导致不具备就业条件的城市未就业贫困人员,尤其体现在女性贫困人员当中。这种"走不开"的无奈之举实际上反映的是我国家庭照顾需求与家庭照顾政策供给存在着极大的张力。西蒙·邓肯(Simon Duncan)和罗莎琳德·爱德华兹(Rosalind Edwards)认为,贫困女性化的主要原因在于家庭照料引发的劳动力市场退出现象(Duncan & Edwards, 1999:3)。由于我国的社会照顾始终处于社会政策的边缘地位(李绵管、岳经纶,2020),家庭成员的照顾负担绑在女性照顾者身上,致使女性就业率持续走低(刘云香,2017)。

个案 BJSJSTNS49 中的田女士是由于照顾失能家庭成员而无法外出就业的典型代表。田女士受访时 49 岁,家住北京市石景山区,为人勤快。但是自从嫁到北京以后,就业的时间并不长。一方面由于北京户口的限制,北京市规定年满 45 岁且结婚满 10 年或者年满 46 周岁、不满 55 周岁,结婚满 5 年才能落户;另一方面自结婚以后,田女士一直照顾半身不遂的婆婆。几年前婆婆去世后,田女士在当地超市找了一份工作,然而 2014 年,田女士的丈夫又突患中风,生活无法自理,不仅让家庭陷入了贫困,而且也导致田女士无法继续工作。如果田女士外出就业,丈夫的日常照顾需求只能通过雇佣方式来满足,但从经济成本来考虑,这种行为选择明显是不理智的,工资收入往往不足以支付雇佣成本。最为重要的是,这种失能人员患者的照顾除非工资很高,否则一般是很难通过市场化的方式实现"请人看护的话一个月得好几千块钱,确实也承担不了,当时也找了半个月护工,不过人家护工嫌麻烦,干了半个月就不爱干了,所以我就辞了职来照顾他(访谈资料 BJSJSTNS49)"。

除了失能家庭成员,未成年子女的照顾也是造成城市贫困女性群体丧失就业机会的主要原因。个案 BJSJSZNS34 中的张女士是这一类型的典型代表。张女士家住北京市石景山区,受访时 34 岁,结过一次婚,高中学历,身体健康,目前跟女儿居住在母亲家,女儿正在上小学,自己和女儿吃低保。母亲是国企的退休工人,每月退休收入不到 3000 元,前几年做过乳腺癌手术。2003 年以前,张女士一直从事酒店客房服务工作,2008 年有了女儿以后,就一直未就业。2011 年张女士与丈夫因感情不和而离婚,为照顾女儿,张女士辞职在家带孩子,结果陷入贫困,并于 2012 年开始领低保。尽管跟母亲一起居住,但张女士表示母亲由于身体原因,无法干重活,接送孩子也不方便,出于安全考虑只能自己接送女儿。在这个过程中,张女士其实也尝试过找一些工作时间比较灵活的工作,但是一直没有找到,近两年也打消了这样的想法,打算等到孩子上了初中以后再考虑就业。"前两年孩子刚上幼儿园的时候,我也尝试找了找看看有没有那些时间比较灵活的工作,但是找不到,都要求坐班,你说我要是去了,孩子怎么办? 实在是走不开,脱不开身。虽然孩子上学的地方不远,但是天天上学的点堵车,门口全是车,还要过一个红绿灯,实在不敢让她一个人回来。所以等我孩子大了我就不申请了,找个工作再怎么也比这个强(访谈资料BJSJSZNS34)。"但是这种长期与劳动力市场的脱节,无形中增加了实现再就业的难度,一方面是年龄不再具有优势,另一方面长期在家也很难实现工作经验的积累以及人力资本、社会资本的提高。

5.2　就业能力障碍:"没技能""没体力""没经验"

就业能力障碍主要表现为教育水平制约的"没技能"、健康状况限制的"没体力"以及长期未就业的"没经验"。其中前两种就业能力障碍主要体现的是城市贫困人员人力资本的缺乏。人力资本的缺乏被视为是劳动力市场上遇到就业困难的主要原因(蔡昉,2004)。"人力资本"的概念由经济学家西奥多·W.舒尔茨(Theodore W. Schultz)提出。他在 1960 年发表的题为《人力资本投资》的演讲中,第一次明确地阐述了人力资本投资理论。他认为,人力资本是相对于物力资本而存在的一种资本形态,表现为人所拥有的知识、技能、经验和健康等,本质上属于投资的产物(舒尔茨,1990:9—10)。另一位人力资本理论的集大成者加里·贝克尔(Gary Becker),将人力资本定义为"通过增加人力资源来影响未来货币和精神收入的活动",他认为与传统的资本概念不一样,在教育、培训、医疗保险上的花费,应该被视为对资本的投资,这些投入所产出的不是实物或金融资本,而是一种人力资本(贝克尔:2007:1)。因此,教育和健康往往被视为人力资本的两个重要方面(蔡昉、都阳,2000)。除了人力资本的缺乏,由于长期处于未就业状态,造成就业经验积累不足,反过来进一步限制了就业能力的提高,从而陷入"未就业——经验无法积累——就业可能性进一步降低"的恶性循环。

5.2.1 教育水平制约的"没技能"

低水平的教育程度以及技能作为未就业主要的影响因素已经得到了广泛证明(Fernandez et al.,2016)。所获得的技能类型以及对这些技能的熟练程度会影响找到工作的可能性和工作薪水水平(OECD,2014)。在工资、就业稳定性和收入的向上流动性方面,高技术工人的表现明显优于低技术工人(OECD,2015)。技能水平不足的人更有可能面临着劳动力市场边缘化以及长期失业风险,他们更有可能依赖社会福利作为主要收入来源(OECD,2012)。受教育水平不足不仅导致城市贫困人员技能缺乏,而且还抑制了贫困人员对新技能的接受能力,二者共同制约了贫困人员就业能力。这类人员尤其体现在"4050"年龄段的未就业人员,普遍受教育水平不高。如表 5-1 所示,在城市贫困人员中,教育程度为文盲的占比 8.42%,教育程度为小学的占比 23.00%,教育程度为初中的占比 44.53%,教育程度为高中/中专的占比 19.75%,教育程度为大专本科及以上的仅占 4.30%,整体来看,超过六层的贫困人员的教育程度为初中及以下,教育水平普遍较低。学历的不足造成了贫困人员在劳动力市场中缺乏竞争力,难以找到满意的工作。"自己感觉应该是学历啊,还有能力方面,可能都达不到人家的要求。其实主要还是卡在这个学历这儿(访谈资料 BJSJSSXS35)"。除了教育水平不高,就业能力不足也体现在就业技能的缺乏上。苏文帅、栾一飞(2019)基于全国总工会自 2006 年启动建立的全国困难职工帮扶工作管理系统平台,利用话语建构的大数据分析技术,发现 2005—2010 年期间"收入低"是媒体关注城市贫困群体的最主要的关键词,但是 2011 年之后,媒体关注城市贫困群体最主要的关键词则是"缺乏就业技能"。在访谈中,没文化以及就业技能缺乏也是贫困人员最常提到的未就业原因。"困难就是没文化,现在很多工作都是要会电脑,即使写字我也写不了,像填表这些都写不了。我有时候也出去找工作,但是发现不行,看车我都看不了,起码你得给人家开票吧,你得给人家写吧,我写不了(访谈资料 BJFTBXS47)。"

表 5-1 城市贫困人员教育和健康水平一览表(2015 年)

教育程度	频 数	频 率
文盲	127	8.42%
小学	347	23.00%
初中	672	44.53%
高中/中专	298	19.75%
大专本科及以上	65	4.30%
总计	1509	100%

5.2.2 健康状况限制的"没体力"

除了教育水平的制约,较差的健康水平也严重制约了城市贫困人员的就业能力。如表 5-2 所示,城市贫困人员健康自评为很差的占比 14.90%,健康自评为较差的占比 30.53%,健康自评为一般的占比 40.20%,健康自评为较好或很好的仅分别占比 7.75%、6.62%。此外,在健康自评为较差和很差的贫困人员中,高达81.78%的贫困人员患有大病、慢性病等疾病。由于城市贫困人员能够从事的非农工作多以保安、保洁、物业、销售员、服务员等体力要求大的岗位为主,因此在整体健康水平不佳的情况下,城市贫困人员的就业参与被严重制约。在访谈中,绝大多数受访者都表示患有高血压、糖尿病、心血管疾病、骨科疾病等,无法正常工作。在健康水平的限制下,贫困人员很容易陷入"因病致贫—未就业—贫困—健康恶化"的恶性循环当中。

表 5-2　城市贫困人员自评健康(2015 年)

健康自评	频　数	频　率
很差	225	14.90%
较差	461	30.53%
一般	607	40.20%
较好	117	7.75%
很好	100	6.62%
总计	1510	100%

5.2.3　长期未就业的"没经验"

通常来说,工作经验构成了劳动力的人力资本和社会资本(Becker,1993;Lin,2001),并且提高并保持与工作相关的技能,能够解释为何具有相同教育程度的个人之间却产生了不同的劳动力市场结果(OECD,2014b)。无论是技术能力,还是社交能力,都是在工作中发展和提高的。对于雇主而言,工作经验可以作为一种宝贵的信号,显示出劳动者不可见的技能或特质;对于劳动者而言,随着工作经验的增加,个人通常也会扩展与工作相关的社交网络,这对于维持就业、实现职业发展和在失业后获得再就业是有帮助的(Marsden & Gorman,2001;Fernandez et al.,2000;Mouw,

2003；Contini，2010；McDonald，2011）。但是，对于未就业的城市贫困人员，根本无法有效积累工作经验，因此对于一些要求工作经验的岗位很难实现成功匹配。一位受访的街道干部表示，收集的岗位很多，但是基本上很难满足用人单位的要求，工资稍微高一点的基本上都有工作经验的限制，而这些贫困对象很大程度上是缺乏工作经验的，甚至根本就没有工作经验。而一些不需要工作经验的工作基本上主要以保洁员、门卫等岗位为主，这些对于贫困人员而言，他们又看不上。"一般的岗位工资是可以的，像三千多的，四千，五千的，这些信息我们发布过，但是我们觉得街道里没有合适的人，能够拿五六千的，他必须有一定工作经验，有一定工作技能的，这些街道里还是缺乏的，像这些人早就有本事找工作去了（访谈资料 BJXCZNS38）"。

5.3　就业意愿障碍："典型性懒汉"与"非典型性懒汉"

　　就业意愿障碍形容的是那些由于缺乏主观就业意愿而陷入未就业的城市贫困人员。这类群体中常常会被冠以"懒汉"的标签。在 1999 年城市最低生活保障制度建立之初，就有报道指出，低保标准并非越高越好，应该明显低于个体经营者的平均收入水平，鼓励居民自食其力，减少"养懒汉"（李凡华，2000）。但在访谈中研究发现，就业意愿障碍不能简单地与"光吃低保不干活的懒汉"画等号，因为其中既有救助福利驱动追求利益最大化的"典型性懒汉"，也有由于个人认知局限和心理偏好导致的"非典型性懒汉"。

5.3.1 救助福利驱动的"典型性懒汉"

个案 BJFTZXS53 的主人公张先生属于"典型性懒汉"。张先生家住北京丰台区,全家四口人(妻子属于外来媳,46 岁且没有工作,大儿子跟前妻所生 28 岁且已经工作,小儿子正在上初三),除了大儿子,全家三人每月足额领取低保金 2400 元,2000 年以来就住在 40 多平方米的廉租房,年轻时打架进过监狱,1997 年出来以后一直吃低保且处于未就业状态,身体还算健朗(尽管访谈中他表示腿脚不灵活,但从访谈场景和记录来看,并不明显),初中学历,家庭享受过医疗救助、教育救助、住房救助等专项救助福利。

当访谈者问起其是否有过求职经历以及培训意愿时,张先生总是强调由于各种客观条件导致其无法就业,比如"尝试过啊,没人要你,岁数大了,也跑不动了,走不动""学什么啊,这岁数了,我想学啊,谁能给我学啊,学东西是不是得掏钱啊,我上哪弄钱去啊,我的钱连吃饭都困难""我想开个买卖我能开得了吗,又没钱又没能力""外来人就应该回老家,工作都被他们抢去了(访谈资料 BJFTZXS53)",当受访者问及街道推荐工作经历时,张先生却回答得很模糊"介绍过,但感觉没啥适合的(访谈资料 BJFTZXS53)"。此外,当问及对身边是否会有因为孩子毕业外出工作主动退保的情况时,张先生的回复透露出了对这一现象的否定以及对退保的强烈抵触。"我觉得这个根本就谈不了。你去想这道理,随着他年龄增长,他花钱也越来越多,根本就填补不了家里。这家里还得给他预备房子预备结婚什么的呢。有多少吃低保的孩子找不到对象你们知道吗?(访谈资料 BJFTZXS50)"。因此,综合来看,张先生属于典型的福利依赖人员,由于家庭规模等原因,每月不仅可以领取相当于 2 倍最低工资标准的低保收入(当年北京市最低工资标准 1100),而且还享受着医疗、教育、住房等专项救助福利,尤其是住房,按照张先生的说法,每月只需要缴纳租金 100 元,在这样"丰厚"的福利条件下,就业意愿被严重抑制。此外,透过张先生的个案,研究还发现目前低保申请过程中存在一定的不规范现象,比如据张先生自己陈述,大儿子在韩企做翻译,每月工资应该也不低,"我儿子说一个月最低得挣一万五,不挣一万五回不来(访谈资料 BJFTZXS50)",但是为何张先生除了大儿子以外,都能领取足额的低保金? 此外,研究还发现以张先生为典型的这类人群中,存在明显的贫困文化现象,张先生表示,自己的大哥、二哥也是低保对象,这种大家庭普遍吃低保的现象可能也在一定程度上抑制了自立文化。

张先生的案例很好地诠释了在现行的低保制度下,部分贫困人员的就业意愿的确会遭到一定抑制。这种抑制效应主要表现为低保金以及与低保身份相捆绑的专项救助两个方面。其中,低保金对就业意愿的抑制主要体现在补差制的低保金核算方式以及低保金的高替代率两个方面。我国城市低保金的核算方式是按照弗里德曼提出、国际通行的负所得税方法,即政府应当规定最低收入保障数额,然后依据实际收入与最低收入额之间的差额进行补助(弗里德曼,1999:206—211)。这种按照低保标准与低保家庭人均收入间的差额进行补偿的机制,称为"补差制"(边恕,2014)。在这种负所得税与补差制的设计下,低保对象的就业收入的边际有效税率为 100%,毛收入的增加不一定能够提高净收入,增加收入所得将会从低保金中扣除,大大挫伤了低保对象参加工作的积极性

(姜美丽,2010)。此外,由于低保福利资格维持与低保金给付水平又是以家庭为主要单位,反而进一步强化了补差制对于贫困人员就业动机的抑制作用,城市贫困人员往往是以家庭(而非个人)损益分析为决策基础(黄晨熹,2009)。在这种补差制的设计下,出现了贫困人员"不敢工作""不愿工作""隐性工作"等诸多怪象,甚至有贫困人员在访谈中直接表示自己不愿找工作的原因就在于担心收入一旦超标,自己及家人将会丧失各种救助福利。"你要是这个工作,好比你2000块钱或者1500,那你这个低保就没有了。你说这要是取消了,我们怎么活。他(爱人)有大病,闺女又在上着学,两边还有老人,你说要是没了低保,就靠我一个人去挣个三千四千的,够吗? 根本不够。再说了,你就挣了比低保仅仅高一点点的钱,家也扔下了,你说怎么弄(访谈资料 BJDCSNS48)。"

除了补差制的制度设计,逐步提标的低保金也引发了较高的替代率问题。按照经济学的理论,替代率(家庭在领取低保金时与参加就业时收入的比例)是衡量社会救助与就业动机关系的重要指标,替代率越低,表明就业动机越高(乔世东,2009)。如前所述,由于贫困人员教育水平较低,劳动技能相对缺乏,从事的往往是最低工资标准水平的工作。但是,近年来低保金的提标速度和最低工资标准的提标速度处于"脱嵌"现象,贫困人员获得的低保金收入与劳动所得的收入差距有所缩小,如果考虑到家庭成员和规模时,这种收入差距甚至还会被反超。低保金标准与最低工资标准长期拉不开距离,对相当一部分有劳动能力的低保对象难以形成就业激励(李迎生,2019)。韩克庆(2018)测算过,如果以三口之家的城市低保标准计算,我国绝大多数省市城市低保标准已经超过了最低工资标准。如表5-3所示,北京市城市低保标准从2007年

表 5-3　2007—2019 年北京市城市低保标准与最低工资标准一览表

	低保标准（元/人·月）	家庭（以三人为计）保障标准（元/月）	最低工资标准（元/月）	低保标准增幅	最低工资标准增幅	低保标准/最低工资标准	家庭保障标准/最低工资标准
2007 年	330	990	730	—	—	45.21%	135.62%
2008 年	390	1170	800	18.18%	9.59%	48.75%	146.25%
2009 年	410	1230	800	5.13%	0.00%	51.25%	153.75%
2010 年	430	1290	960	4.88%	20.00%	44.79%	134.38%
2011 年	480	1440	1160	11.63%	20.83%	41.38%	124.14%
2012 年	520	1560	1260	8.33%	8.62%	41.27%	123.81%
2013 年	580	1740	1400	11.54%	11.11%	41.43%	124.29%
2014 年	650	1950	1560	12.07%	11.43%	41.67%	125.00%
2015 年	710	2130	1720	9.23%	10.26%	41.28%	123.84%
2016 年	800	2400	1890	12.68%	9.88%	42.33%	126.98%
2017 年	900	2700	2000	12.50%	5.82%	45.00%	135.00%
2018 年	1000	3000	2120	11.11%	6.00%	47.17%	141.51%
2019 年	1100	3300	2200	10.00%	3.77%	50.00%	150.00%

的 330 元/人·月提高至 2019 年的 1100 元/人·月,家庭保障标准
也从 2007 年的 990 元/月提高至 2019 年 3300 元/月,低保标准的
增幅除了 2009 年、2010 年、2012 年以及 2015 年以外,也是以 10%
的水平逐年提升,低保标准整体处于最低工资标准的 40%—50%
之间,2019 年已经占到最低工资标准的 50%。反观最低工资标
准,尽管从 2007 年的 730 元/月提高至 2019 年的 2200 元/月,但是
一方面最低工资标准的增幅明显低于城市低保标准的增幅(除了
2010 年、2011 年、2015 年,2012 年基本持平),另一方面从线性关
系的角度来看,城市低保标准的增幅整体呈现正增长的趋势,但是
最低工资标准却呈现负增长的趋势(如图 5-1)。此外,如果将就业
成本等计算在内,一份最低工资标准的工作根本不具有吸引力,在
这样的现实条件下,容易使贫困人口产生惰性思想,导致"吃低保
好过就业"的怪象(安华、赵云月,2019)。除了较高的替代率,低保
金的稳定性也在一定程度上强化了低保金收入对就业收入的替代

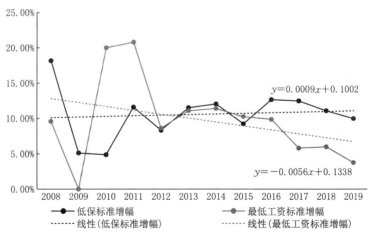

图 5-1　2008—2009 年北京市低保标准和最低工资标准增幅变化

效应。相较于劳动所得收入,救助收入不仅无需付出人力和时间成本,而且每月十分稳定,也提高了低保金对贫困人员的吸引力。"比如说有一千块钱的工作和这个八百块钱,咱说实话啊,就不会去考虑,您说呢,就差两百块钱,有时候,一千块钱,一个月你起码得工作二十天,最起码得付出二十天的辛苦,您才能拿到一千块钱,那一般人就会这么想,那还不如拿低保呢。这一千块钱,就差二百块钱,这个诱惑力也太小了(访谈资料 BJDCDNS46)。"

此外,在"捆绑式"救助资格的设计模式下,低保对象往往被默认为是住房、医疗、教育等各项专项社会救助福利的实际需求者,各项救助福利也就源源不断地汇聚到了低保对象身上,低保逐渐成为一种各项福利获取的"身份",成为享有相关专项救助的准入资格(李迎生,2020)。因此,能否维持低保资格已经不仅仅是为了低保金,更加重要的反而是专项救助项目。比如个案 BJFTZXS53 中的张先生,每月的低保金、教育救助以及住房救助合计起来是一笔不菲的收入。在与低保干部的访谈中,受访者表示抑制贫困人员就业参与更重要的因素是低保身份背后的各种专项救助福利。"一个健康的人,800 块钱低保金,他要没房的话,大约 1600 块钱的房屋补贴。你想想刚参加工作,你有多少钱? 咱还不说额外的,像什么煤火费啊、然后慰问、医疗补助报销这一块,孩子上学,房子问题,这些对他们来讲都是非常有诱惑力的地方,这些诱惑要比800 块钱低保金诱惑力大得多(访谈资料 48BJDCZXS)。"尽管近年来北京已经将专项救助的福利资格从低保对象扩展至低收入对象,但二者在福利待遇上的差异依旧十分凸显,比如医疗救助中的医疗费用减免一般只针对低保对象以及特困人员,住房救助针对低保对象的补贴比例也更大。"低保金附带的福利多,都挂靠在低保下,比如住房保障,说白了,799 算低保,801 我就不能吃低保,但是这两个住房这儿应当是一样的待遇,但是人家不一样,低保就是特别低,给你 95％的租金补贴,不是低保的就只有 50％,差距很大(访谈资料 33BJDCTXS)。”

5.3.2 心理认知局限的"非典型性懒汉"

相较于张先生,个案 BJDCDNS46 的主人公丁女士可以被视为一种由于心理认知局限造成的"非典型性懒汉"。丁女士家住东城区,46 岁,高中学历,一直没有工作经历,丈夫六年前去世,没有子女,身体健康,一人户,长期领取低保。

在访谈中,丁女士直接坦言自己没有求职意愿,感觉自己体力、知识、能力水平欠佳,人际交往差,性格存在不足,不仅干不了而且觉得自己也不适合就业。"您有考虑过找工作吗——说实话,意愿不太大,我以前因为和公公婆婆一起住,所以一直也没有工作,一直就在啃老。现在也不想找工作,因为觉得自己和这个世界不是那么融合,我就特别害怕,所以我就一直没有去找工作(访谈资料 BJDCDNS46)。”在本书看来,丁女士不属于典型的福利依赖者,因为每月低保金只有 800 元,并且由于拥有住房以及没有子女,并没有享受过多的专项救助福利。尽管 800 元的低保金不够日常开销,但是在父母的支持下,丁女士表示还可以凑合。"就这个低保金啦,我没有什么物质要求,所以说,相对的,还能凑合,吃是够了,如果不够的,不是和您说了吗,我还有爸爸妈妈。稍微地,还能给帮助一点,当然了,我也是希望有收入,但是呢,没办法,岁数越来越大了,而且也没什么一技之长,找工作还是有一点点的困难(访谈资料 BJDCDNS46)。”因此,丁女士的就业意愿障碍更多的还是由于长期的未就业已经造成与社会与劳动力市场的严重脱钩,造成了心理和认知上的偏差,不愿意跳出当前的现状,严重缺乏就业信心,对生活也没有很高的改善动力,只希望能够维持当前的基本现状,潜移默化中已经对就业产生了严重的排斥心理。当问及是否有尝试工作以及是否接受过就业培训时,丁女士并未正面回答,反而多次强调由于人力、知识、年龄、不爱与人交往等个人性格以及能力的不足。"那您有尝试出去找工作吗?——我觉得从体力上,还有知识上,还是说欠缺,好多东西都不会,我也不喜欢电脑,又没有那么强壮的身体,反正就是各方面,反正就是有点欠缺吧,工作能力反正是差一点(访谈资料 BJDCDNS46)。""小区会有这种就业技能培训吗?——我什么爱好都没有,既不喜欢和外人打交道,我也不喜欢运动。我发现我自己慢慢老了吧,记忆力也不好了。所以现在找工作,有的工作你必须有责任心是吧,你连记都记不住,这个责任心怎么来啊(访谈资料 BJDCDNS46)。"

事实上,丁女士代表了由于认知局限和心理偏好而造成就业意愿不足的未就业贫困群体,这种认知局限和心理偏好目前还没有引起研究者与政策专家的足够重视。事实上,依赖福利而产生就业意愿障碍本质上属于理性经济人的决策逻辑,但是近年行为科学家们在研究贫困治理的过程中发现人并不只是"经济人",还是"社会人",人们有智慧但并非完全理性,不同于强调效用最大化的"经济人",霍默·辛普森(Homer Jay Simpson)"潜伏在我们每个人的某处"(Thaler & Sunstein, 2008:24)。在他们看来,许多人受到几乎是先天固有的特定行为影响的指导,例如损失厌恶以及现状偏差(Camerer et al., 2003)。穷人可能会表现出与其他各行各业的人一样的基本弱点和偏见,只是在错误余地很小的贫困中,面临着体制、社会和心理上的障碍,同样的行为往往表现得更为明显,并且会导致更糟糕的结果(Bertrand et al.,2006)。贫困的失业者存在一种可能性,即在领取福利期间会形成带有错误或系统性偏见的期望,并且在评估工作提供时可能会不对称地围绕这些期望进行"厌恶损失",这些影响可能会减缓他们重返工作岗位的速度,并加剧失业补偿中的道德风险问题(Babcock et al.,2012)。再就业的行为障碍来自个体的自控能力不完善的倾向,如时间偏好不一致(Laibson,1997)。个人可能会拖延求职努力,即使这种拖延违背了他们自己的长远利益。此外,这种行为障碍还会导致失业者在当前和未来自我之间产生潜在的冲突,并在福利接受者和福利运营者的利益之间造成冲突。对于他们而言,找工作可能是困难的、复杂的,寻找工作需要意志力,这对于个人来说可能是昂贵的,个人很难知道求职是有效的并且往往低估了求职的好处(Spinnewijn,2010)。

透过丁女士的案例,可以发现三种典型的认知局限和心理偏好,包括禀赋效应(endowment effect)、损失厌恶(loss aversion)和现状偏见(status quo bias)。禀赋效应由泰勒提出,禀赋指所拥有的物品,禀赋效应是指对所拥有物品的情感依赖,在个人偏好、物品价值既定的情况下,人类倾向于喜欢自己拥有的东西,当我们产生拥有一件东西的感觉后,该东西的价值也会在我们心中相应地提升,并且拥有时间越长投入的感情越深,依赖程度越强,越不愿意交易所拥有的物品(Thaler,1980)。丁女士结婚以来就跟丈夫长期吃低保。"那时间非常长了,当时领的时候好像才二百多块钱,有我爱人的时候我们就申请低保金了,所以就说非常感谢国家(访谈资料 BJDCDNS46)",如果希望从经济上实现就业激励,对工作的收入要求以及质量要比正常情况高得多,低保资格的价值已经要远高于经济上的等值的劳动收入。比如受访者询问丁女士为何不愿意工作时,丁女士表示"你说找个一两千的也没什么用,在我看来跟现在也没有什么区别,上班还要各种成本,如果是工资高一点的话,倒还行,比如四五千的这种,但是这种我觉得要求也非常高,我达不到它的条件,要是能达到,谁不愿意多挣一点(访谈资料 BJDCDNS46)"。损失厌恶是指人们不是对称地看待或体验得失,面对同样数量的收益和损失,人们认为损失更加令他们难以忍受,对损失的感知比收益更强烈,因此人们往往是倾向于规避损失的(Congdon et al.,2011:35—36)。对于长期未就业的贫困人员而言,尽管就业参与是一种所得,但是退出低保本质上却是一种损失,相较于就业所得,福利损失的主观感受更大,因此往往不愿意放弃福利损失。此外,完全以就业途径满足需求的方式也存在着很大的不确定性,就业收入的风险也加剧了低保对象对于损失低保等救助福利的厌恶。与禀赋效应、损失厌恶高度相关的现状偏见是指人们倾向于坚持他们所拥有的,这也是参照依赖偏好的最终结果。在现状偏见的影响下,人们往往对于自己认为属于现状东西的评价高于认为不属于现状东西的评价,导致人们潜意识中或现实上经常不愿意改变现状而反对新政策、新改革措施的实施,给改革带来阻力,同时自身也不能适应不断变化着的经济社会(杨玉珍,2015)。对于这些"典型性懒汉"而言,低保领取已经成为一种生活的"常态",一旦让其就业势必会打破这种常态,因此在面临退保就业还是维持领低保的选择时,往往会比较"改变现状"和"维持现状"的效益结果。在就业参与以及劳动收入不确定的情况下,如果选择退保就业的"改变现状",会遭遇来自未来不确定的风险,为了规避损失和风险,贫困人员倾向确定性、安于现状,因此往往会继续选择"维持现状"。比如,当受访者问到丁女士对退保的看法时,丁女士潜意识地表示出了对退保的极度抗拒,不愿意"改变现状"。"那你对退出低保怎么看——我要是退出去,就真的没有活路了。咱实话实说,没有退路了,如果是十几年前,考虑退出,没准还可以,现在都快五十的人,说句心里话,这个路如果堵死,那也真是死路一条(访谈资料 BJDCDNS46)。"

5.4 本章小结

本章利用北京市城市贫困人员以及民政工作人员的深度访谈资料,进行了城市贫困人员就业救助的需求分析。本章以社会建构方式揭示了当前城市贫困人员面临的就业机会障碍、就业能力障碍以及就业意愿障碍,不仅为上一章的量化分析结果提供了生动具体的鲜活案例以及微观解释,而且还发现了数据背后无法观测到的就业障碍,展现了城市贫困未就业人员的面孔。

在就业能力障碍上,本章发现教育水平和健康状况是限制城市贫困人员就业能力最重要的因素,二者综合体现出了城市贫困人员人力资本积累的严重不足,这种不足不仅强化了贫困程度,而且贫困程度的加深反而还会进一步恶化就业参与率。因为在长期处于未就业的状态下,贫困人员不仅无法通过就业参与积累工作经验,而且还会与社会脱节,限制了社会资本的扩展,很难实现劳动力市场的流动。

在就业机会障碍上,本章发现在劳动力市场中,贫困人员很难获得在工资水平、工作质量、工作地点等能够满足自己预期的就业机会,从而长期徘徊于劳动力市场之外,久而久之抑制了求职的积极性。这种现状一方面是由于贫困人员自身的人力资本不足导致劳动回报率较低,另一方面也是劳动力市场的二元分割导致。此外,本章详细刻画了刑满释放人员、戒毒康复人员、康复期精神障碍者、乙肝艾滋病等特殊的贫困人员遭受就业排斥,工作难求的现实案例。事实上,在城市贫困人员当中,这部分群体不仅占比大,也处于贫困群体中的最底层,面临着经济以及社会融入等方面的多重剥夺,长期的就业机会缺乏导致该群体长期依赖救助福利。最后,本章还结合两个典型个案呈现了由于照顾失能家庭成员以及未成年儿童的贫困妇女面临的"走不开"的就业机会障碍,这种"走不开"充分反映了我国当前的家庭照顾政策的严重缺失,在工作——家庭相平衡以及经济条件的考虑下,这些群体只能通过牺牲就业机会来满足家庭需求。但是随着劳动力市场的变化,一旦其长期处于未就业的状态,很难重返劳动力市场,无形中加重这部分群体陷入长期失业或无业的处境。

在就业意愿上,本章发现了两种就业意愿障碍的典型个案:第一种是"典型性懒汉",这些群体就业意愿不足主要是因为产生了严重的福利依赖问题,这种福利依赖不仅因为不菲的低保金,而且还包括教育救助、医疗救助、住房救助等专项救助福利的叠加效应。在低保逐渐成为社会救助福利的"身份化"资格以及"补差制"的福利给付确定方式的双重驱动下,部分贫困人员的就业意愿将会受到抑制。第二种是"非典型性懒汉"。这类群体是目前政策实践和学术研究关注不足的,由于贫困人员存在着认知局限和心理偏好,比如禀赋效应、损失厌恶以及现状偏见,对工作缺乏客观的正确认知,也没有改变生活的积极动力,往往会陷入安于现状、无所事事、得过且过的状态,反而会导致贫困人员从物质贫困陷入"精神贫困",因此对于政策制定者而言,需要思考如何有效地纠正这种行为偏差,让贫困者在福利领取与就业参与之间做出正确的选择。

最后,需要补充说明的是,能力、动机、意愿本身属于综合性的宽泛概念,并不能用简单的用"有与无"这种"非 A 即 B"的零和关系来概括,能否实现就业也很难形成一个统一的标准化临界值,在劳动经济学、人力资源管理、行为科学等领域三者也有专门的各类测量指标,但是本书并不是要探讨能力、动机、机会应该如何测量以及三者到达何种程度,城市贫困人员才能实现就业参与。本章对于贫困人员就业参与障碍的三分只是一种理想化状态下的初步划分,这种划分并不是强调三者之间具有明晰的边界。事实上,在实践过程中,能力、机会、意愿本身是相互交织在一起的,贫困人员面临的就业障碍也是在三者之间进行不同的排列组合,很难说一个未就业的贫困人员完全是由于单维的障碍诱发的。在本研究看来,能力会影响就业行为,机会也会影响就业行为,意愿同样也会影响就业行为,同时能力、机会、意愿三者之间也会相互产生影响(图 5-2)。

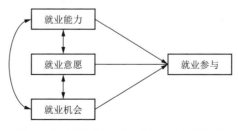

图 5-2　就业参与的"能力—意愿—机会"关系图

第 6 章 城市贫困人员就业救助的制度回应

本章主要关注城市贫困人员就业救助的制度回应,主要包括三个部分内容:第一,基于就业救助的制度演变过程厘清就业救助的阶段性目标;第二,基于上一章对于城市贫困人员面临的就业障碍分析,从数量和质量两个维度呈现目前我国就业救助的典型性措施及其回应效果;第三,概括并分析目前城市贫困人员就业救助存在的主要问题。

6.1 就业救助的制度演变及其阶段目标

6.1.1 就业救助的制度演变

尽管就业救助成为专项制度始于 2014 年《暂行办法》的正式颁布,但实际上自从 20 世纪 90 年代城市贫困问题产生以来,尤其伴随着城市低保制度在全国范围内的正式建立,中央以及各地政府始终围绕城市贫困人员的就业救助出台了一系列政策规定,只不过不是以专项救助的名义来开展。因此,按照 2014 年的时间节点,大致可以将就业救助的制度演变分为两大阶段:2014 年以前松散式的政策措施阶段与 2014 年以后的专项救助制度阶段。

1. 2014 年以前松散式的政策措施阶段

在《暂行办法》出台以前,我国针对城市贫困人员的就业救助,一方面主要依托于中央以及各地出台的低保制度优化或实施办法相关的政策文本,就业救助更多的是被纳入到广义的就业促进当中。在当时,中央政府强调各地在实施低保的过程中要积极构建就业与救助的联动机制以促进有劳动能力的贫困对象实现再就业,因此我国城市贫困人员的就业救助一直以来属地化管理的色彩浓厚,每个地区都有独特的政策设计(Chan & Ngok,2016)。各地政府出台的低保相关政策文件中一般都会用专条或专段内容就如何促进低保对象就业进行相关规定。比如,2004 年,北京市劳动和社会保障局、北京市民政局、北京市财政局联合印发了《建立促进城市低保就业服务对象就业机制暂行办法》,涵盖了就业服务登记、免费就业服务、劳动能力鉴定、职业培训和职业指导、职业推荐和公益性岗位安置、就业奖励和救助渐退、社区公益性劳动参与、灵活就业和自谋职业人员社会补贴保险、违规行为的惩罚等各种多元化措施(北京市劳动和社会保障局、北京市民政局、北京市财政局,2004)。另一方面,随着 2007 年《就业促进法》对就业援助制度的规定,贫困人员被视为就业困难人员的重要组成,贫困对象的就业促进也被整合至各地的就业援助工作当中。

事实上,在这一阶段,就业救助的主要内容已经基本成型,《暂行办法》规定的就业救助基本上延续了这些措施,只不过在当时就业救助还不是一套体系化的专项制度,更多地体现在各类碎片化的政策设计与具体措施上,各地出台的政策主要以地方规范性文件或者地方工作文件为主,立法层次整体偏低,地方自主性较大。各地的叫法也存在着差异性,"就业服务""就业援助""就业帮扶"

"就业促进"等概念均有被提及。

2. 2014 年以后的专项救助制度阶段

随着 2014 年《暂行办法》的正式公布,中央政府不仅从国家层面统一了就业救助的基本概念,而且还将就业救助作为我国社会救助八大项目中的重要组成部分,就业救助的制度化属性得到凸显并有了正式的法律法规依据。国家第一次以法律法规的形式对就业救助的明确,有效区别了针对就业困难人员的就业援助以及广义上的就业促进。2020 年 8 月,中共中央办公厅、国务院办公厅进一步印发《关于改革完善社会救助制度的意见》(以下简称《意见》),明确提到要健全就业救助制度,为社会救助对象优先提供公共就业服务,按规定落实税费减免、贷款贴息、社会保险补贴、公益性岗位补贴等政策,确保零就业家庭实现动态"清零"。对已就业的低保对象,在核算其家庭收入时扣减必要的就业成本,并在其家庭成员人均收入超过当地低保标准后给予一定时间的渐退期(中共中央办公厅、国务院办公厅,2020)。在《暂行办法》基本内容的基础上,这是国家第一次以行政法规的方式对扣减就业成本、渐退期等措施进行了明确和规定,扩展了就业救助的主要内容。相较于前一阶段,就业救助不仅在制度对象更加明确,而且在制度体系上也更加系统。

6.1.2　就业救助的阶段目标

对于制度目标的理解是至关重要的,这不仅决定了制度发展的方向,而且还影响着制度效果的评估。制度的评估应该立足于制度的目标定位(祝建华,2013),效果评估应该是目标导向的(杨斌、王琳,2020),但是由于一种制度往往承载多个预期目标,既包括明确的目标也包括隐含的目标,既涉及出台时的立法意图也涉及实践中满足的现实目标,如何确定预期目标便成为效果评估的关键(彭小龙,2011)。

按照工作福利的理论视角,就业救助同样遵循着从"福利"到"工作"的政策路径。其中,"福利"的理解比较确定,指的就是"最低生活保障金"。但是,无论是《暂行办法》还是《意见》,抑或是各地出台的地方政策,都很难找到关于"工作"的具体定义,即如何理解就业救助的目标定位。正如前文所述,在西方发达国家,学者们强调,工作福利的"工作"目标定位不仅仅是一份"工作",而且还得是一份足以摆脱贫困,并且能够防止"工作中的穷人"问题的"高质量工作"。那么,在我国现阶段,应该如何来定义呢? 有研究者强调,就业救助就是为了更好地整合社会劳动与救助资源,帮助受助者提升劳动能力,获取更多就业机会,最终成功实现就业(蒋悟真、尹迪,2014;李运华、叶璐,2016;罗微、师文文,2019);也有学者强调就业救助不仅需要帮助贫困失业者找到工作,而且还要帮助其及其家庭摆脱贫困(谢增毅,2014;韩克庆,2016),就业只是一种手段,救助才是最终的目标(王迪等人,2017);还有研究更多地强调就业救助主要是为了防止或避免福利依赖(慈勤英、兰剑,2015;杨爽,2018;侯斌,慈勤英,2019;詹国旗,2020)。此外,也有学者主要从退保的维度来界定就业救助的目标(肖萌、李飞跃;肖萌、陈虹霖、李飞跃,2019)。在这些研究当中,本书主要支持谢增毅(2014)、韩克庆(2016)等人的观点,因为如果从反福利依赖以及退保的角度来界定就业救助的目标,如文献综述部分强调的一样,很容易陷入价值判断的处境并且也会将就业救助只是局限于低保制度的话语体系当中。

不过,本书认为,找到"工作"和通过"工作"摆脱贫困这两个目标不能等量齐观,后者无论是从难度上,还是对于时间、投入等要求,都要远远大于前者,这也是大卫·T·埃尔伍德(1996)、哈特利·迪安(2009)、盖伊·斯坦丁(2011)等学者质疑工作福利的有效性的关键理由。但是,在本书看来,对于我国就业救助的目标定位不能一蹴而就,能否通过"工作"摆脱贫困不仅是个漫长的过程,而且取决于国家的经济发展阶段,尤其是贫困人员的人力资本积累水平以及劳动力市场的发育情况。就业本质上还是一个市场化行为,政府对就业市场的干预不能打破劳动力市场的内在秩序。在劳动力收入回报率的限制下,人力资本积累不足的贫困人员很难在短期内与高回报率的岗位进行匹配,短期内也难以冲破最低工资标准水平、以体力劳动为主的低层次工作的"天花板"限制。但是这种"天花板"限制并不能完全否认就业对于贫困人员的经济发展以及社会融入的重要意义,只有贫困人员回归了劳动力市场,才能培养工作习惯,积累工作经验,才有摆脱贫困的可能。因此,能否获得工作、实现就业是就业救助最基础也是最直接的制度目标。对于仍然属于发展中国家的中国,帮助贫困人员实现工作从"无"到"有"的意义总是要比只是依赖福利而长期处于未就业状态的意义大得多。因此,就业救助的目标应该是阶段性的,如图 6-1 所示,在第一阶段,应该重点思考如何帮助贫困人员实现就业,有条件进入初级劳动力市场直接进入,暂时没有条件进入初级劳动力市场的可以先进入次级劳动力市场;在第二阶段或者第三阶段,再来思考如何帮助这些群体实现高质量就业,摆脱贫困。需要强调的是,分阶段只是为了更好地实现摆脱贫困的最终目标,并不是为了漠视第一阶段过程中目标实现过程中可能产生的工作质量过低不足以摆脱贫困的问题,因此,在第一阶段需要通过优化常态化的短期收入补偿机制来应对随时可能出现的收入损失等风险。

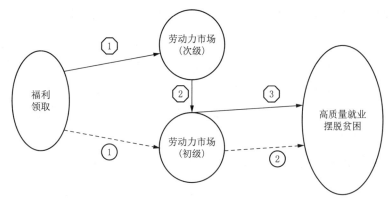

图 6-1　就业救助中从"福利"到"工作"的阶段路径

　　基于就业救助的目标定位的阶段理解,本章在下一节中首先从制度供给的数量出发,厘清我国针对城市贫困人员开展就业救助的典型性具体措施;其次从制度供给的质量出发,对这些措施分别开展效果评估,其中效果评估的主要机制就是各类措施能否帮助贫困人员实现就业。需要说明的是,由于各项措施在救助方式、作用机制等方面存在着较大差异性,因此很难使用一套完全统一标准化方案来进行效果评估,因此需要结合各项典型救助措施的各自特点开展针对性的评估。在这些措施当中,职业介绍和免费培训是目前各地最为主要也是最常使用的救助项目(肖萌、陈虹霖、李飞跃,2019),由于城乡困难家庭调查的数据库恰好涵盖了这两种政策享有情况,因此二者评估可以遵循服务接受是否会显著提高就业可能性的逻辑展开。对此,本章主要参考韩华为(2019)使用 2012 和 2014 两年 CFPS 面板数据来评估低保是否会抑制就业的研究方法,基于 2015 年与 2016 年城乡困难家庭调查的追踪数据,利用 PSM-DID 方法进行评估,并结合访谈资料进行解释补充。而对于其他类型的就业救助措施,出于测量指标以及数据可及性的考虑,本章主要利用访谈资料以及相关文献资料进行质性评估。

6.2 就业救助回应的典型做法及其效果

基于各地政策文本的系统梳理,研究发现从具体措施上来看,现行的就业救助实际上已经形成了与城市贫困人员面临的三种就业障碍相对应的需求回应方式:第一,以职业介绍、自谋职业自主创业扶持、公益性岗位安置为核心措施拓展就业机会;第二,以免费培训为核心措施增强就业能力;第三,以设置低保金领取条件与就业收入支持为核心措施激励就业意愿,三种需求回应措施及其作用路径如图 6-2 所示。

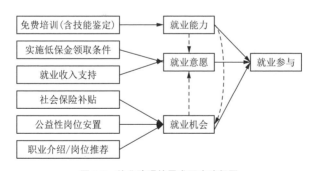

图 6-2 就业障碍的需求回应路径图

6.2.1 以职业介绍、自谋职业自主创业扶持、公益性岗位安置为核心措施拓展就业机会

为了拓展城市贫困人员的就业机会,各地开展的就业救助措

施主要包括三种类型:提高市场化就业机会的职业介绍、鼓励自谋职业与自主创业的社会保险补贴等税费补贴扶持以及实行政府托底就业的公益性岗位安置。

1. 提高市场化就业机会的职业介绍

(1) 典型做法

职业介绍是公共就业服务或私营职业介绍所为求职者寻找工作和雇主填补岗位空缺的过程(范随等人,2002:32)。职业介绍本质属于一种快速就业模式,强调通过政府介入来解决城市贫困人员职业搜寻和岗位匹配中的问题,缩短搜寻时间以快速推动贫困人员进入劳动力市场。各地政府一般要求劳动保障部门开办的职业介绍机构应该为办理失业登记的贫困人员提供一定数量的职业推荐。在职业介绍的过程中,公共就业服务机构也会提供职业指导服务。职业指导就是指导、帮助劳动者根据自己的生理与心理特点,同时考虑社会的需要,选择最佳职业的过程(潘锦棠,1995:111),包括传授职业知识、帮助求职者了解自身职业素质、开展职业咨询、就业政策解答等。此外,为了鼓励企业积极吸纳城市贫困人员就业,《暂行办法》规定吸纳就业救助对象的用人单位,按照国家有关规定享受社会保险补贴、税收优惠、小额担保贷款等扶持政策(中华人民共和国国务院,2014)。各地也出台了相关的具体实施办法,比如广州市规定,如果用人单位招用低保对象等就业困难人员并签订1年以上期限劳动合同,办理就业登记并按规定缴纳社会保险费,可以享受每人每月200元一般性岗位补贴以及社会保险补贴(广州市人力资源和社会保障局、广州市财政局,2019)。

(2) 回应效果

研究首先对城市贫困人员职业介绍服务的利用情况进行了描

述性分析。如表 6-1 所示,接受过职业介绍服务的城市贫困人员仅占 11.71%,职业推荐覆盖率较低。

表 6-1 职业介绍接受情况

	人 数	占比(%)
接受过	218	11.71
未接受过	1643	88.29

样本数 N= 1861

表 6-2 显示的是自变量"职业介绍"对城市贫困人员就业状态影响的 Logistic 回归结果。尽管自变量在模型 6-1、模型 6-2 以及模型 6-3 中都不显著,但是在控制救助福利领取因素和劳动力市场因素以后,自变量通过了显著的正向检验。在模型 6-5 中,接受职业介绍服务的城市贫困人员比未接受贫困人员处于就业状态的风险比要高 0.888 倍($EXP(\beta)-1=1.888-1=0.888$)。因此,从简单二元 Logistic 回归结果,职业介绍对于城市贫困人员的就业参与有显著的促进作用。

在 Logistic 回归的基础上,研究进一步使用 PSM-DID 方法来进一步探讨上述的回归结果是否更加具有稳健性。需要说明的是,PSM-DID 如果采用平衡面板固定效应,模型估计效果最佳。但是,采用平衡面板会造成样本的大量流失,由于目前职业推荐整体的服务利用率并不高,一旦构建平衡面板符合的样本会更少。在权衡取舍后,研究决定采用非平衡面板,通过构架政策与年份的交互性方式来进行政策评估。在采用 PSM-DID 的已有研究中,王玉泽、罗能生、周桂凤(2020)的研究也是采用非平衡面板数据。

首先进行 PSM-DID 检验。PSM 方法的使用必须满足共同支

表 6-2 职业介绍对城市贫困人员就业状态影响的二元 Logistic 回归结果

变量	模型 6-1		模型 6-2		模型 6-3		模型 6-4		模型 6-5	
	β	EXP(β)	β	EXP(β)	β	EXP(β)	β	EXP(β)	β	EXP(β)
职业介绍	0.187	1.206	0.139	1.149	0.139	1.149	0.607***	1.835	0.636***	1.888
个体特征因素			已控制		已控制	已控制	已控制	已控制	已控制	已控制
家庭特征因素					已控制	已控制	已控制	已控制	已控制	已控制
救助福利因素							已控制	已控制	已控制	已控制
劳动力市场因素									已控制	已控制
常数项	0.241***	1.272	−7.008***	0.001	−6.911***	0.001	−6.652**	0.001	−7.048**	0.001
N	1861		1823		1600		1093		1093	
LR chi2	1.64		114.75		119.28		148.72		228.33	
R2	0.0006		0.046		0.054		0.105		0.161	

* p<0.1, ** p<0.05, *** p<0.01

持假设和平衡性假设。前者确保对照组个体的综合特征与实验组相似,后者确保对照组个体在每个指标上的特征与实验组相似。对于共同支持假设检验,常用的方法有共同支撑域条形图、经验密度函数以及 ROC 曲线三种方法(翟黎明、夏显力、吴爱娣,2017)。研究选取的是 ROC 曲线判断方法。满足共同支撑假设的原则是匹配后 AUC 结果接近 0.5,越接近匹配效果越好(杨仁发、李胜胜,2020)。图 6-3 中 ROC 线下面积 AUC 为 0.5228,共同支撑假设检验得以检验。

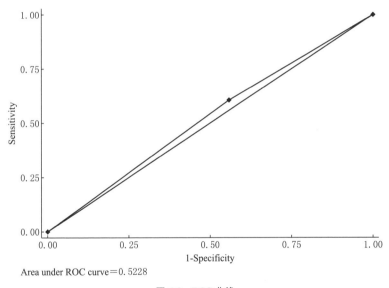

Area under ROC curve=0.5228

图 6-3　ROC 曲线

在共同支持假设得到验证后,进一步进行了平衡性检验。表 6-3 显示的是倾向值得分匹配的平衡性假设检验的结果。倾向值得分匹配平稳假设要求匹配之后的实验组与对照组在控制变量上不存在显著性差异,从而有效的校正样本可能存在的选择性偏误。

从表中也可以看出,经过倾向值得分匹配后,相较于匹配前,全部控制变量标准化偏差都大幅缩小,绝对值均小于 10%,t 检验结果也表明经过匹配后的实验组和对照组已经不存在系统性差异,无法再通过控制变量来判断城市贫困人员是否处于就业状态。直观的平衡性检验结果也可以从图 6-4 中所得。此外,从匹配前后模型总体拟合优度统计量表(表 6-4)中可以发现,经过匹配,Pseudo R² 发生了显著降低,LR 统计量也变得不显著,这表明匹配结果能够较好地平衡实验组与对照组的控制变量分布,倾向值得分匹配的平衡性假设也得到了检验。

表 6-3 PSM-DID 平衡性检验结果

变量	匹配前后	均值		标准化偏差(%)	标准化偏差变化	T 检验 P>|t|
		实验组(N=662)	对照组(N=339)			
性别	前	0.57778	0.67328	−19.8	90.6	0.028
	后	0.57576	0.58477	−1.9		0.883
年龄	前	45.348	47.102	−28.7	94.3	0.003
	后	45.439	45.34	1.6		0.890
年龄的平方	前	2089.8	2259.4	−30.5	95.6	0.002
	后	2098.2	2090.7	1.3		0.908
教育程度	前	0.25185	0.18894	15.2	82.2	0.085
	后	0.24242	0.2536	−2.7		0.834
健康程度	前	2.6593	2.6023	5.8	79.8	0.550
	后	2.6591	2.6476	1.2		0.924
政治面貌	前	0.05185	0.04489	3.2	45.1	0.717
	后	0.05303	0.05686	−1.8		0.892
积极态度	前	13.548	13.223	13.2	69.3	0.188
	后	13.545	13.446	4		0.737

续表

变　量	匹配前后	均　　值		标准化偏差（%）	标准化偏差变化	T 检验 P>|t|
		实验组（N＝662）	对照组（N＝339）			
家庭类型	前	0.62222	0.64509	−4.7	55.4	0.604
	后	0.61364	0.62383	−2.1		0.865
儿童数量	前	0.0963	0.11065	−4.1	2.8	0.658
	后	0.09848	0.11243	−4		0.748
长期照料需求人员数量	前	0.20741	0.32463	−22.2	93.0	0.027
	后	0.20455	0.19639	1.5		0.884
社会资本	前	0.25851	0.01489	40.3	98.1	0.000
	后	0.24809	0.25269	−0.8		0.952
低保金享有度	前	0.0807	−0.01034	14.6	90.8	0.103
	后	0.08247	0.07411	1.3		0.914
教育救助	前	0.34074	0.25574	18.6	71.8	0.036
	后	0.33333	0.30934	5.3		0.678
医疗救助	前	0.42222	0.25157	36.6	93.6	0.000
	后	0.40909	0.39822	2.3		0.858
住房救助	前	0.13333	0.11587	5.3	53.8	0.556
	后	0.12879	0.13686	−2.4		0.847
社区交通评价	前	3.6741	3.8518	−15.8	75.4	0.077
	后	3.6667	3.6229	3.9		0.763
求职渠道	前	1.7037	1.0668	56	93.6	0.000
	后	1.6061	1.5654	3.6		0.785
最低工资标准	前	1433.5	1463.1	−15.9	93.3	0.067
	后	1437.6	1439.6	−1.1		0.933
中部地区	前	0.22222	0.25574	−7.8	87.9	0.401
	后	0.2197	0.22374	−0.9		0.937

续表

变　量	匹配前后	均　值		标准化偏差（％）	标准化偏差变化	T 检验 P>|t|
		实验组（N=662）	对照组（N=339）			
西部地区	前	0.22963	0.19311	8.9	71.9	0.319
	后	0.23485	0.22459	2.5		0.844
东北地区	前	0.24444	0.1263	30.7	85.0	0.000
	后	0.23485	0.21711	4.6		0.732

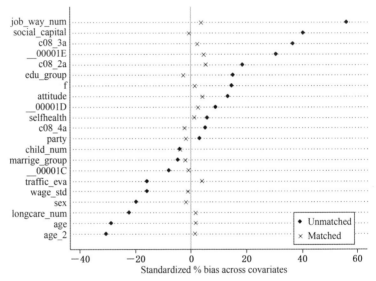

图 6-4　协变量匹配前后标准偏误%

表 6-4　匹配前后模型总体拟合优度统计量

类　型	Pseudo R^2	LR 统计量	P 值(p>chi2)
匹配前	0.135	110.70	0.000
匹配后	0.003	1.25	1.000

表 6-5 显示的 PSM-DID 回归结果与二元 Logistic 回归结果的比较。在模型 6-6 中,交互性"职业介绍(treat)x 年份(period)"的

系数为正数,并且在 10% 的水平上通过了显著性检验,这说明职业介绍对于城市贫困人员就业的确具有一定的促进作用。二元 Logistic回归结果中的交互项同样通过了正向的显著性检验。

表 6-5　PSM-DID 与 Logistic 回归结果比较

变　量	模型 6-6:PSM-DID		模型 6-7:二元 Logistic	
	β	EXP(β)	β	EXP(β)
职业介绍	0.299	1.349	0.263	1.301
年份	−0.246	0.782	−0.210	0.811
交互项(职业介绍 x 年份)	0.906*	2.475	0.840*	2.317
个体特征因素	已控制	已控制	已控制	已控制
家庭特征因素	已控制	已控制	已控制	已控制
救助福利因素	已控制	已控制	已控制	已控制
劳动力市场因素	已控制	已控制	已控制	已控制
常数项	−7.048**	0.001	−7.226**	0.001
N	1025		1093	
LR chi2	234.42		232.07	
R2	0.176		0.164	

*$p < 0.1$，**$p < 0.05$，***$p < 0.01$

在第四章,本书已经发现城市贫困人员的就业状态具有一定的异质性,因此在 PSM-DID 分析结果的基础上,本节进一步将城市贫困人员的性别、年龄(是否是 4050 群体)、教育程度、家庭类型以及地区变量(是否是东北地区)进行交互,结果如表 6-6 所示。可以看到,自变量"职业介绍"以及交互项"职业介绍×年份×教育水平"均在 10% 的水平上通过了显著性的正向检验,这说明相较于高中以下教育水平的城市贫困人员,职业推介服务对于高中及以上教育水平的城市贫困人员的就业促进作用更加显著。其他变量的异质性分析没有得到显著性检验。

表6-6 基于 PSM-DID 的异质性分析

变　量	模型 6-8			
	β	Std. Err.	EXP(β)	Std. Err.
职业介绍	1.942 **	0.945	6.974	6.593
年份	−0.398	0.449	0.672	0.302
职业介绍 x 年份	0.319	1.782	1.376	2.452
职业介绍 x 年份 x 性别	0.251	1.263	1.285	1.623
职业介绍 x 年份 x 年龄(4050 人员)	0.215	1.360	1.240	1.686
职业介绍 x 年份 x 教育水平	2.764 *	1.500	15.868	23.810
职业介绍 x 年份 x 家庭类型	−0.639	1.265	0.528	0.667
职业介绍 x 年份 x 东北地区	0.249	1.284	1.283	1.647
个体特征因素	已控制	已控制	已控制	已控制
家庭特征因素	已控制	已控制	已控制	已控制
救助福利因素	已控制	已控制	已控制	已控制
劳动力市场因素	已控制	已控制	已控制	已控制
常数项	−2.351 **	0.886	0.095	0.084
N	1025			
LR chi2	244.30			
R2	0.184			

* $p < 0.1$, ** $p < 0.05$, *** $p < 0.01$

2. 鼓励自谋职业与自主创业的社会保险补贴等税费补贴扶持

（1）典型做法

为了鼓励有条件的城市贫困人员积极自谋职业或自主创业，各地政府还建立起了以社会保险补贴为核心的包含资金补贴、税费减免、小额贷款、贴息补贴等各扶持措施。辽宁省本溪市规定，低保家庭成员如果进行自主创业或者自谋职业，按照相关规定可以给予其一定数额的城市低保金作为扶持资金(本溪市人大,2019)。山西省朔州市规定,低保对象中的下岗失业人员凭《再就业优惠证》从事个体经营的,三年内免征营业税、城建税、教育附加和所得税,并免收属于管理类、登记类、证照类的所有各项行政事业性收费(朔州市人民政府,2005)。河南省南阳市规定,低保对象进行自主创业、自谋职业的,可以优先提供小额担保贷款,如果符合贴息条件的还可以给予贴息(南阳市人民政府,2007)。

在这些扶持政策当中,社会保险补贴是最常使用的政策措施。作为一项重要的再就业扶持政策,失业人员灵活社会保险的政策初衷是为了通过减少灵活就业人员个人的经济负担来提高失业人员从事灵活就业的积极性(吴江,2019)。灵活就业对于降低失业率、稳定就业起到了积极作用(陶纪坤,2008),这也是近年来我国关注灵活就业发展的主要原因(白艳莉,2007)。只要办理了灵活就业人员登记,便可享受社会保险缴费补贴,政府补贴一部分社会保险费,灵活就业人员自行缴纳一部分。近年来,北京、天津等地出台了关于鼓励低保失业对象中的"4050"人员办理灵活就业人员就业登记并给予社会保险补贴的政策。比如,北京市规定,"4050"城镇登记失业人员可以申请灵活就业人员社会保险补贴。基本养老保险和失业保险均以上年末职工月最低工资标准为缴费基数,前者补助20%、个人缴纳8%,后者补助1.5%、个人缴纳8%。基本医疗保险以上年职工月平均工资的70%为缴费基数,补助6%,个人缴纳1%(北京市劳动和社会保障局、北京市财政局,2006)。

(2)回应效果

研究发现,地方政府对于社会保险补贴的推行力度大,城市贫困人员参与率较高。"大家还是愿意参加灵活就业的。每月大概只需要缴纳 200 多块,就能够上社会保险,尤其是医疗保险,这样他们看病的时候报销比例就更高了。此外,如果缴费没有满 15 年,个人缴纳的部分也是可以一次性取出的,对他们来说就是一笔钱(访谈资料 38BJXCLXS)"。此外,基于访谈资料,研究发现灵活就业人员社会保险补贴的方式还是一种维持就业率的重要手段,因为在我国目前的统计口径中,灵活就业人员属于就业人员,只要成为灵活就业人员(也有称之为职介存档人群),贫困人员的就业状态就会从登记失业转变为就业。在目前统计口径中处于就业状态的城市贫困人员中,很大比例都是这种就业方式。如表 6-7 所示,在 2016 年北京市城市低保就业对象中,固定岗位就业人员仅占二成,非固定岗位就业人员占比将近八成,其中职介存档人员的占比高达 45.49%(非固定岗位就业人员中占比 57.12%)。受访者表示职介存档的做法还在一定程度上解释了近年来为何城市低保成年人中登记失业人员的比例逐渐减少,但灵活就业人员的比例

表 6-7　2016 年北京市城市低保就业对象(不含离退休人员)类型

就业状态		数　量	总占比
固定岗位就业		2897	20.36%
非固定岗位就业	职介存档	6473	45.49%
	个体或私营企业主	71	0.50%
	个体或私营企业被雇者	854	6.00%
	公益性岗位工作人员	344	2.42%
	弹性就业人员	2391	16.80%
	社区矫正人员(保留公职)	34	0.24%
	村级组织聘用农民	6	0.04%
	务工农民	1159	8.15%
合　计		14229	100%

数据来源:北京市民政局。

逐渐增加的现象,其中一部分原因主要是部分低保对象从失业登记人员转变为灵活就业人员。"现在这个失业登记的越来越少,一部分是因为现在这社会啊,老龄化越来越严重,原来失业人员就变成了老龄人员,这群人在就业登记就不会体现。另一个很大的原因就是这群人减少了,先办理失业,再办理灵活就业。就相当于从失业完成了就业(访谈资料38BJXCLXS)"。

但是,这种就业状态的改变很大程度上只具有数字统计上的意义,并不能代表贫困人员真正实现就业,产生了"隐性失业"问题,即从统计口径的角度来看处于就业状态,但很多实际上是没有工作的。受访者表示,目前关于就业的认定并没有一个统一的客观标准,这种政策只是人社部门稳定失业率的一种策略。"他到底工作没工作,按人保局的工作认定说法,只要档案不存在街道,在职介和人才都是认为有工作的。但其实是有问题的,很多人实际是没有就业的,不过这不是我们一个人两个人的问题,这是整个制度设计上的问题。为了降低零就业家庭,所以有各类补贴,你只要存在职介,可以帮你上几年保险,就是促使你去算成就业,但是实际上可能没有就业(访谈资料35BJSJSLXS)"。

此外,基于访谈资料,研究发现这种方式还引发了家庭收入认定的不规范问题。为了获得灵活就业人员保险补贴,贫困人员首要需要进行失业登记,失业登记满三个月后可以将档案从街道转到职业介绍所,然后与职介所签订灵活就业协议。在这个协议中,城市贫困人员需说明灵活就业的主要工作以及预期收入水平。然而,在低保复审当中,他们的收入很难用一个标准化水平进行界定,在实践当中主要以自行申报的方式进行。这个过程操作随意性非常大,很多贫困人员只是填个几十块。对于这一现象,民政部门的受访者表示,目前也没有什么更好的办法进行应对,因为这些参与灵活就业人员的收入这块没有文件可以参考,只能靠自觉。"他们就钻灵活就业的空子。国家给他们交社保,又不影响这边低保金。主要是因为他们跟劳动口签的协议没有死规定,申请者写多少就是多少。有的人还真写1000多的,这个还算比较实在。有的人就写100,你说你怎么弄,其实劳动口也知道,但是他们说也没办法,那我有什么手段,视为800,行吗? 没有文件是不可以的(访谈资料35BJDCLNS)"。

3. 实行政府托底就业的公益性岗位安置

(1) 典型做法

针对难以通过市场化途径以及没有条件实现自谋职业和自主创业的贫困人员,各地政府主要依托公益性岗位开发,直接创造就业岗位并优先提供给贫困人员,实现政府托底就业。

公益性岗位是指由政府投资开发,享受一定的政策优惠、财政扶持,并以安排就业困难人员为主的工作岗位,主要以非营利性社会管理和公共服务岗位为主,一般具有三个特征:政府主导、优先安排就业困难人员、岗位补贴(全国人大常委会,2007)。政府主导指的是公益性岗位的支出由政府财政负责,通过就业补助资金进行列支。优先安排就业困难人员指的是公益性岗位安置实施排序机制。比如,在天津市,公益性岗位安置按照距离法定退休年龄不足5年的零就业家庭人员、单亲家庭人员、低保家庭人员、需赡养患重大疾病直系亲属人员、重度残疾人进行排序(天津市人力资源和社会保障局、天津市财政局,2020)。岗位补贴指的是对于公益性岗位实施社会保险补贴和岗位补贴。社保补贴和岗位补贴的周期一般最长为3年。岗位补贴的标准按当地最低工资标准(比如天津、广州)或低于当地最低工资标准(比如辽阳,政府直接开发的按 50%,企业安置的按 40%),公益性岗位社保补贴一般只覆盖基本养老保险费、基本医疗保险费、失业保险费,如北京、广州等地,但是也有城市将生育保险、工伤保险一起覆盖,如天津。社保补贴标准因地而异,比如广州按照其个人实际缴纳的费用进行补贴,天津则按照社会保险最低缴费基数和单位的缴费比例确定。除了政府直接开发公益性岗位安置以外,地方政府也会购买用人单位开发并经认定的公益性岗位,并按照相关规定给于岗位补贴和社会保险补贴。

(2) 效果评估

从就业结果导向来看,公益性岗位安置应该是最能够有效解决城市贫困人员没有工作的措施。只要参与公益性岗位安置,按理说就能实现百分百就业。各地也要求公益性岗位要优先安排低保对象家庭中的未就业人员。但是,通过访谈资料,研究发现尽管公益性岗位数量是充足的,可是贫困人员参与意愿并不高,公益性岗位中贫困人员的比例较低,主要原因还是在于补差制下就业会影响低保金的领取及其资格。"岗位是充足的,不过目前公益性岗位中没有低保对象,因为公益性岗位是按照最低工资来发放补贴,如果他们来参加,他就不能领低保了,所以基本没人来,除非是家庭规模比较大的,他来参加公益性岗位,然后低保标准也符合,这种情况也有,不过特别少,前几年好像有一个,但是后来也退出了,现在基本上没有低保对象来申请(访谈资料 38BJXCLSX)"。

目前公益性岗位实行属地化管理,岗位开发以及安置情况各地自行公开,信息存在一定差异,并且大多数地方数据并未详细呈现公益性岗位安置的就业困难人员主要类型。因此,本节主要借助中国劳动保障科学研究院院级重点项目《我国公益性岗位规范管理研究》中的调查数据(高亚春、杨无意,2017)来评估公益性岗位对于贫困人员的安置情况。如表 6-8 所示,目前,在公益性岗位聘用人员中,聘用就业困难高校毕业生的用人单位比重最高,达到41.70%,聘用残疾人的用人单位比重为 40.43%,聘用复员转业军人的用人单位比重为 32.98%,聘用 4050 大龄失业人员的用人单位比重为 28.30%,聘用登记失业一年以上人员的用人单位比重为26.81%,聘用失业人员的用人单位比重为 24.04%,聘用单亲家庭成员的用人单位比重为 22.13%,聘用零就业家庭成员的用人单位比重为 15.53%,只有 5.96%的用人单位聘用了低保家庭成员。

表 6-8 公益性岗位聘用人员类型(多选题)

聘用人员类型	聘用单位数量	比　重
就业困难高校毕业生	196	41.70%
残疾人	190	40.43%
复员转业军人	155	32.98%
4050 大龄失业人员	133	28.30%
登记失业一年以上人员	126	26.81%
失地农民	113	24.04%
单亲家庭成员	104	22.13%
零就业家庭成员	73	15.53%
低保人员	28	5.96%
样本=470		

6.2.2　以免费培训为核心措施增强就业能力

为提高城市贫困人员的就业能力,各地政府一般要求人社部门以及公共就业服务机构积极开展免费培训等项目。免费培训本质上是一种人力资本投资,强调通过各种培训来提高贫困人员的就业能力,一般具有成本高、见效慢等特征(肖萌、陈虹霖、李飞跃,2019)。

1. 典型做法

一方面,为鼓励贫困人员积极参与培训项目,地方政府往往会给予费用减免或培训补贴。湖北省规定,参加技能培训、创业培训的就业救助对象可享受政府职业技能培训补贴和培训期间生活补贴(湖北省人民政府,2014)。上海市则通过校企合作、教育费附加返还、发放培训卡、举办技能大赛等方式进行职业培训。另一方面,针对进行失业登记的贫困人员,地方政府一般会要求公共就业服务机构免费并优先提供一定数量的培训服务。比如,湖南省规定,各级劳动保障部门的公共就业服务机构每年要为未参加过技能培训的低保就业帮扶对象提供不少于一次的免费职业培训(湖南省人民政府,2008)。

在培训的基础上,地方政府还会通过职业技能鉴定补贴的方式积极鼓励城市贫困人员进行职业技能鉴定,从而实现培训向技能的转换。宁夏银川市规定,低保对象可以根据自身意愿和就业市场需求,通过职业技能菜单式培训,每人每年可免费享受一次职业技能鉴定补贴和培训补贴(银川市人民政府,2018)。湖北、黑龙江等地规定,通过初次职业技能鉴定并取得职业资格证书或单项技能证书的低保对象可以享受职业技能鉴定补贴(湖北省人民政府,2014;黑龙江省民政厅、黑龙江省人力资源和社会保障厅、黑龙江省扶贫办,2014)。

2. 回应效果

本节首先对城市贫困人员免费培训服务的利用情况进行了描

述性分析。如表6-9所示,接受过免费培训服务的城市贫困人员仅占13.06%,免费培训覆盖率较低。

表6-9 免费培训接受情况

	人数	占比(%)
接受过	243	13.06
未接受过	1618	86.94

样本数 N= 1861

表6-10显示的是自变量"免费培训"对城市贫困人员就业状态影响的Logistic回归结果。可以看到,在所有模型当中,自变量"免费培训"均没有通过显著性检验,这说明从统计上来看,免费培训对于城市贫困人员就业的影响是不确定的。

表6-11显示的加入交互项后的PSM-DID与Logistic回归结果比较,依旧没有发现交互性通过显著性检验。不过,不同于Logistic回归结果,在PSM-DID模型中,免费培训的方向整体是正向的。

基于访谈资料,培训之所以无法显著提高贫困人员就业可能性的主要原因可能在于各地开展的培训单一化、短期化、形式化、粗放化特征明显,人力资本提升乏力。参加过就业培训的受访者表示,目前培训一般有两种:一是以手工、家政等技能培训为主的沙龙,主要以厨师、手工、电工等岗位为主,大都是没有根据贫困人员的实际情况进行的一次性短期培训,培训结束后也没有反馈和跟踪机制。"我倒参加了一些,不过感觉效果不是很大。来来回回也就那些,跟我都不合适,也不太感兴趣。上次组织去参加编花,我就一只手能用,难道还跟着他们做这些东西吗(访谈资料BJX-CHXS53)"。另一种则是以讲课的形式进行政策宣传教育,培训内

表6-10 免费培训对城市贫困人员就业状态影响的二元Logistic回归结果

变量	模型6-9 β	模型6-9 EXP(β)	模型6-9 β	模型6-9 EXP(β)	模型6-10 β	模型6-10 EXP(β)	模型6-11 β	模型6-11 EXP(β)	模型6-12 β	模型6-12 EXP(β)
免费培训	0.148	1.160	−0.012	0.987	−0.123	0.884	−0.006	0.994	−0.025	0.976
个体特征因素			已控制	已控制	已控制	已控制	已控制	已控制	已控制	已控制
家庭特征因素					已控制	已控制	已控制	已控制	已控制	已控制
救助福利因素							已控制	已控制	已控制	已控制
劳动力市场因素									已控制	已控制
常数项	0.243***	1.276	−7.022***	0.001	−7.023***	0.001	−6.748***	0.001	−7.084***	0.001
N	1861		1823		1600		1093		1093	
LR chi2	1.13		113.94		119.20		141.20		221.35	
R2	0.0004		0.046		0.054		0.100		0.156	

* p<0.1，** p<0.05，*** p<0.01

表 6-11 PSM-DID 与 Logistic 回归结果比较

变　　量	模型 6-13：PSM-DID		模型 6-14：二元 Logistic	
	β	EXP(β)	β	EXP(β)
免费培训	0.299	0.750	−0.306	0.736
年份	−0.246	0.787	−0.217	0.805
交互项（免费培训 x 年份）	0.906	1.981	0.584	1.793
个体特征因素	已控制	已控制	已控制	已控制
家庭特征因素	已控制	已控制	已控制	已控制
救助福利因素	已控制	已控制	已控制	已控制
劳动力市场因素	已控制	已控制	已控制	已控制
常数项	−7.048 **	0.001	−7.412 **	0.001
N	1008		1093	
LR chi2	225.83		224.16	
R2	0.174		0.158	

$^* p < 0.1$，$^{**} p < 0.05$，$^{***} p < 0.01$

容不够接地气，晦涩难懂，对就业实质性帮助不大，参加者接受难度大，往往也是以"完成任务"的心理来对待。"主要还是让我们培训，也没什么别的东西。老是没事就讲课，请专家讲什么就业好啊之类的，一堆乱七八糟的，也不知道说这有什么用，我也没那脑袋也记不住，但是得去，这是任务（访谈资料 BJXCHXS53）"。

6.2.3 以设置福利领取条件与就业收入支持为核心措施激励就业意愿

为了防止福利领取产生的就业意愿抑制问题，一方面各地政府对于有劳动能力的低保金领取者施加领取条件，并对违反条件人员进行一定惩罚与约束；另一方面，对于贫困人员在领取低保金期间积极就业的,实现就业收入支持,减轻就业收入对救助福利的抵消。

1. 设置福利领取条件

(1) 典型做法

在城市低保设立之初,低保金领取条件最典型的做法就是社区公益性劳动参与。1999 年公布的《城市居民最低生活保障条例》规定,在就业年龄内有劳动能力但尚未就业的城市居民,在享受城市居民最低生活保障待遇期间,应当参加其所在的居民委员会组织的公益性社区服务劳动(国务院,1999)。2000 年,在中国社会科学院的支持下,大连市还建立起了有劳动能力低保对象的自治组织——社区公共服务社,要求有劳动能力的低保对象必须无条件加入所在地区社区公共服务社并积极参加社区公共服务社活动(葛道顺,2003),以帮助有劳动能力的低保人群摆脱社会排斥,停止向下流动,扩大社会交换的层级,提高社区凝聚力的经验(杨团、葛道顺,2002)。

此外,各地政府一般要求法定劳动年龄内且有劳动能力或者有就业条件的城市贫困人员在申请低保时应该有积极求职的经历,并且在领取低保金期间应该主动接受培训和职业推荐等就业服务,无正当理由不得不进行求职行为、不接受就业推荐、不接受就业指导等行为。为了有效约束贫困人员的就业行为,各地还制定了相应的惩罚措施,包括低保申请不予受理、低保金额扣除、低保资格被取消等。各地明确规定了不参加/不接受的次数以及相应的处罚措施,一般是 60 个工作日内提供三次推荐就业,如此后仍不能就业,就很有可能被取消本人或者家庭的低保资格(黄晨熹,2009)。此外,如果涉及恶意骗保等行为,各地还将采取给予批评教育或者警告、追回领取的低保金、纳入社会信用体系、移交司法部门处理等措施。

（2）回应效果

对于惩罚等"大棒"式逆向激励类就业救助，研究发现难以起到约束福利依赖行为、激励就业意愿的作用。

公益劳动设计的初衷旨在希望在劳动参与的过程中，低保人群能够通过承担社会责任，履行公民义务来增加自信，从而对工作产生积极的情绪（冯帆，2019），以工作体验的方式培养工作习惯，从而对接受救助者在接受救助和赚取劳动报酬之间选择行为进行矫正（韩克庆、赵晰，2017）。但是研究发现，这种社区公益劳动参与很难起到预期效果：第一，社区公益性劳动仅仅是一种劳动管制，工作内容也只局限于社区劳动范畴（肖萌、陈虹霖、李飞跃，2019），比如坐班、指路、站岗、出勤等。"有过，逢年过节，一般站个岗执个勤指个路什么的。比如说两会，就会组织我们出去站个岗，执个勤（访谈资料 BJSJSWXS42）"。第二，工作体验的初衷似乎异化为低保对象为了维持福利资格的"必备动作"，在参与这些公益活动过程中的就业价值引导以及工作习惯培养很难实现。"有能力的都让去，我们一般也都会去，不是说不去会扣低保金吗。再说，反正在家待着也没事，出去待会就待会，溜达溜达走一会就过去了，每次还给个保温杯之类的（访谈资料 BJSJSWXS42）"。第三，随着人口流动以及各种拆迁项目，人户分离现象越来越凸显，已经成为低保管理中的掣肘以及灰色地带，对于人户分离的城市低保对象，别说公益性劳动参与基本没法实现，甚至定期报到、经济核查以及邻里了解等环节都无法有效进行。"我们街道人户分离问题特别严重，人户分离率达76％。你说这些人我们怎么管理。

跟你说,根本没法管。别说公益劳动了,包括日常签到,还有入户调查都没法进行(访谈资料33BJSXCYNS)"。此外,在管制的思想下,如果以义务为借口,要求低保对象参加过多的公益劳动,不仅不能帮助贫困群体改善生活状况,而且还会伤害他们对国家的低保政策的感情和信任(张敏,2007)。因此,在《暂行办法》中,并没有专门提到社区公益性劳动参与,北京、大连等地近年来已经取消要求参与公益性劳动的政策规定。

此外,条件行为的界定模糊宽泛,不仅很难实现政策落地,而且诱发了政策寻租行为。《暂行办法》明确规定了最低生活保障家庭中有劳动能力但未就业的成员,应当接受人力资源社会保障等有关部门介绍的工作;无正当理由,连续3次拒绝接受介绍的与其健康状况、劳动能力等相适应的工作的,县级人民政府民政部门应当决定减发或者停发其本人的最低生活保障金(国务院,2014)。访谈发现,这一强制性规定在实际当中存在"空头文件"的问题:一方面,存在钻空子、应付式现象。通过各种熟人等皮包公司很容易完成三次求职盖章要求,并且很少有人会连续3次拒绝接受介绍工作,但往往接受介绍工作后,便会以体力不支、能力不足等原因再次失业。"求职要求根本没用。都是萝卜章,这张表是拿给他去盖章,找三个单位盖个章,太容易了。并且人家不说拒绝,人家去。去了之后,比如擦地,就会说哎呦,我弯不下腰,人家说那你洗碗,我手过敏,沾不了那个洗涤液,你说这不算拒绝吧,只是干不了,人家就给他盖个戳,就完事了。就是为了应付,不去后果他知道(访谈资料35BJDCLXS)"。另一方面。条例中所用的都是"应当接受"、"正当理由"、"相适应"等抽象化、主观化、操作空间很大的字眼,很难有一个明确的规定,基层落实困难。"政策文件上说的都是无正当理由,但什么是无正当理由没个统一说法,根本无法实施下去(访谈资料33BJSXCYNS)。"

2. 就业收入支持

(1)典型做法

就业收入支持主要包括就业收入豁免(有时也被称为就业收入核减、就业收入奖励)与低保渐退。

就业收入豁免是指对就业收入设定一定豁免额,减少救助金对就业收入的抵消,即就业获得的劳动收入若不超过豁免限额,则收入不会影响其领取的救助待遇(周蕾,2013)。在具体操作中,主要有三种做法:第一,在一定周期内实行全额豁免,比如宁波市规定,如果低保对象首次实现就业或自主创业的,从就业或创业当月起第1年所取得的收入,实行收入豁免,可不计入家庭收入(宁波市人民政府,2015)。第二,主要依据就业收入的标准对就业成本进行分档核减。北京市规定,收入达到或超过本市当年低保标准180%,可先从其收入中扣除本市当年低保标准的80%作为就业奖励,再计算家庭收入;高于本市当年低保标准、低于低保标准180%的,可按照当年城乡低保标准核定其收入;收入低于本市城乡低保标准的,按实际收入计算(北京市民政局、北京市财政局,2014)。第三,主要依据家庭的重要支出进行分档核减,北京市规定,对于低保就业对象,根据低保申请家庭中是否罹患重大疾病或重度残疾人、是否有60周岁的法定抚养人、是否属于单亲家庭中单独抚养未成年或全日制在校学生的法定抚养人三种情况,可以按照低保标准的100%—150%进行收入核减(北京市民政局、北京市财政局,2014)。浙江省宁波市规定,在1年豁免期以后,就业收入可以扣减必要就业成本后再行计入家庭收入(宁波市人民政府,2015)。

在个别城市,就业收入核减主要以"先核查、后补贴"的方式操作,即家庭收入核查以后,按照一定比例给予就业创业的低保对象补贴或奖励,如重庆市。

低保渐退是指为了防止低保补差制引起的就业逆向激励问题,政府规定低保对象就业后,即使家庭人均收入超过最低生活保障标准,并不立即取消其低保资格,而是采取救助资格或救助水平渐退的方法,过渡期满后再退出低保(李乐为、王丽华,2011)。对于家庭人均收入的超过标准、渐退期限以及渐退期补助水平等,各地存在一定差异。

(2)回应效果

从民政专干的反馈来看,就业收入支持整体效应不错,具有一定激励作用,对救助工作的开展也有利。一方面,收入豁免能够缓解"补差制"下低保金对劳动收入的抵消,在一定程度上能够有效防止处于就业状态的贫困人员在福利资格的限制下主动失业。"效果还行,核减主要分个人核减和家庭核减,首先是这个人核减,比如你上班了,你的收入高于2200元以上的最低工资,他会按低保标准80%来扣除,这是按个人走的。另外,如果他家庭有重残或者重病或者单亲的,也会按家庭走(访谈资料38BJXCLXS)"。另一方面,救助渐退过渡期的设置也体现了人性化关怀,一定程度上能够引导在岗的低保对象慢慢退保。"我觉得可以,因为退保是一个过程,这个政策还体现了人性化的特点,比如他们家孩子刚毕业、刚工作,可能对这个家庭来讲,还处于艰难情况,你半年之内,我可能先不给你退这个低保,然后半年以后,你们家不符合这个低保,下次复审过程中,就要拿下来。这个方法,对于我们做工作也有一定的帮助(访谈资料48BJDCZXS)。"

不过,研究发现,就业收入支持也存在一定不足。首先,激励作用存在一定"门槛效应",针对的还是处于全日制正式就业,且工资高于最低工资水平的在职贫困人员。但是,对于未就业的贫困人员激励性不足,在隐性就业难以核查下,贫困人员更愿意领着低保金并且有其他收入,很少有人会为了享受这个政策而从"隐性就业"转变成"显性就业"。"也要看人,对那些一直就有工作的人来说,还是不错的。但是对于那些没有工作,尤其是隐性工作的人来说效果不大。您就这么想,是核减好,还是他说那边悄悄上着班,这边再拿一份低保收入好?(访谈资料28BJSJSSXS)"。其次,这种措施在政策钻空子的行为下发生了异化,最为典型的就是"假离婚"。北京市收入核减政策规定,如果单亲家庭中法定抚养人单独 16 周岁及以下未成年人或 16 周岁以上接受全日制教育的在校学生的,家庭收入按照城乡低保标准的 100% 进行收入核减。因此,部分申请人为了享受收入核减以满足低保标准线,夫妻双方就去办理离婚登记,然后以单亲家庭方式来申请,这种离婚虽然具有法律效应,但是在实际生活中还是一起居住。"现在假离婚的可多了,人家对政策都懂。如果按照夫妻加一个孩子来算,他们超标了。所以他们就去办理离婚手续,你看我现在是单亲家庭了,你给我办吧?但是人家是离婚不离家。现在这社会,怎么说,净是钻漏洞。之前还就碰上一个,前一天提交了低保申请,我们说你收入超了不行,结果第二天人家就去办理离婚手续了(访谈资料35BJXCLXS)"。最后,研究发现真正由于就业主动申报而享受救助渐退的情况并不多,激励政策更多的只是停留于维持工作以及退保安抚的作用层面,对于就业而主动退保的效应其实并不大。"每年救助渐退大概有几百户,主要有三种类型:第一,就业后主动申请的,但这种情况不多;第二,就是别人举报的;第三,就是我们经济核查出来的,这个最多(访谈资料36BJMZLXS)"。

6.3　就业救助存在的主要问题与不足

经过上一节的政策梳理以及效果评估,可以看到目前就制度供给的数量而言,城市贫困人员就业救助的回应措施比较齐全,覆盖了就业机会、就业能力以及就业意愿三种障碍类型。但是从制度供给的质量来看,救助效果欠佳。这种制度供给数量与质量的不匹配实质上反映了贫困人员就业救助的三方面问题:第一,制度定位的双重偏差导致独立性不足;第二,对象的瞄准不足造成供需不匹配;第三,主体协同不足引发政策执行打折扣。

6.3.1　定位的双重偏差导致独立性不足

作为一项新兴的社会政策设计,就业救助最大的特点就是兼顾社会救助制度以及劳动力市场制度的双重属性。然而,由于制度设计的不合理,造成了就业救助在社会救助以及劳动力市场中的制度定位面临着双重从属问题,独立性不足,制约了就业救助效果。

1. 就业救助在社会救助中从属于低保救助

在《暂行办法》中,就业救助与最低生活保障、教育救助、医疗救助等共同构成我国社会救助体系中的八大基本救助项目,因此就业救助在制度体系中具有一定的独立性。但是,就目前的制度设计来说,就业救助针对的只是最低生活保障家庭中有劳动能力并处于失业状态的成员。这种制度设计造成就业救助在制度定位上不具有独立性，就业救助从属于低保救助。

尽管就业救助与低保救助都是家计调查型的社会救助项目，但是二者的理念却是明显不同的：就业救助主张积极救助的福利理念，属于发展型救助（左停，2019），强调救助福利应该只能给"应得的人"，对于"不应得的人"应该鼓励就业或者施加福利领取条件来进行行为约束和行为干预；然而，低保救助在制度建立之初开始，就是一项底线型救助（仇叶、贺雪峰，2017）、生存型救助（王延中、王俊霞，2016），这种底线原则既是一种刚性，也是一种限定性，强调所有人享有救助权利（仇叶、贺雪峰，2017）。其实，无论是底线救助的低保，抑或是发展型救助的就业救助，都是在社会救助制度发展过程必须倡导的两种救助理念以及价值导向，但是"捆绑式"关系下，就业救助反而成为一种内嵌于低保救助的补缺配套式项目，这种制度定位关系就造成了两种差异化理念导向的救助项目产生了冲突：一方面，"先低保、后就业"产生福利收入与就业收入的零和矛盾；另一方面，"保低保、倡就业"导致民生维稳与鼓励就业的权利妥协。

（1）"先低保、后就业"产生福利收入与就业收入的零和矛盾

从现行的社会救助安排来说，作为底线救助的低保是一项先行制度，既体现在低保资格的获取往往是其他社会救助以及相关福利的前提条件，也体现在作为发展型救助的就业救助只是贫困人员进入低保覆盖范围后的后置补充式项目。在这样的制度关系上，就业对于城市贫困人员而言并不是一个必须项，而只是一个选择替代项，需求的满足不是只能通过就业来实现，现行的城市低保以及专项救助项目也能够满足城市贫困人员及其家庭的基本需

求。但是,一旦就业成为一种替代选项,就会导致福利领取与就业参与实际上是一种"非 A 即 B"的零和矛盾关系。补差制是最低生活保障的核心制度设计原则(江治强,2015),在这种原则下,就业收入对于福利收入是 100％的替代,只要就业参与,福利领取势必会受到影响,甚至福利资格还会被取消。除非就业的经济利益远远超过低保金以及其他专项救助的福利水平,否则就业救助很难起到有效的就业激励。由于贫困人员劳动力回报率一般较低,大都只能获得一份与最低工资标准水平大体相当的工作,这就造成了无法有效避免的悖论。

此外,在先低保、后就业的制度关系下,一旦将有劳动能力且符合就业可用性的"不应得"的贫困人员纳入到低保中,再想通过就业激励的方式让已经尝到"甜头"的贫困人员退保就业将会变得十分被动,而且难度巨大,并带来了"请佛容易送佛难"以及"治标不治本"的问题。

一方面是"请佛容易送佛难"的问题。在我国,城市低保资格筛选主要依据的是家庭人均收入是否低于最低生活保障标准以及家庭资产是否符合政策规定,并未将低保申请对象的劳动能力作为低保领取的必备条件。政策只是建议,对于有劳动能力的低保对象鼓励先就业。这就导致那些有劳动能力且有就业条件的贫困人员,即使抱着"光吃低保不干活"的思想,只要满足收入与资产要求,都可以被纳入低保救助范围内。然而,等到这些群体已经被纳入到低保救助,再强调实施就业救助,似乎显得为时已晚。面对着多维保障的救助机制,就业往往被低保对象认为是一种"吃力不讨好"的行为选择,就业收入将会影响低保对象的福利领取甚至福利资格。尽管就业救助强调通过各种收入豁免、收入补贴奖励、救助渐退等激励措施来降低福利抵消程度,但从实际效果来看,这些措施大都是"无关痛痒"的政策操作,尤其是在各种低保、教育等专项救助福利的叠加下,这些经济激励措施的作用显得微不足道。这些群体,尤其是真正的懒汉,一旦顺利进入低保,便很难通过就业等方式退出低保。"只要他们进来了,想让他们就业就难了。反正我那活赚得也不多,也够累的,我为啥不吃低保?就算你弄个收入奖励,低保渐退啥的,也没用,还是解决不了实质性问题呀,人家还是会跟你算这笔账,再说了真的不是为了那点低保金(访谈资料33BJXCYNS)"。

另一方面是"治标不治本"的问题。后置补充式的衔接方式决定了低保对象未就业问题无法从源头上根本解决。比方而言,即使就业救助发挥了就业激励作用,推动了部分应就业低保对象走向就业、主动退保,但是依旧无法避免新的应就业低保对象未就业问题的出现。这种"出现问题再解决"衔接原则只能一定程度上缓解问题,而无法从根本上解决问题。受访的社区低保干部表示,对于有劳动能力的低保对象应该有一条红线,低保就应该保障那些没有劳动能力的对象,不应该将有劳动能力的纳入。"还是没有一条红线,就是对于这些有劳动能力的群体也纳入到低保里面是否合适?现在政策越来越放宽了,只要符合收入和资产要求,我就能吃低保。但是你说人家都已经吃上低保了,你再想出去就难了,根本没辙(访谈资料36BJXCLXS)"。

(2)"保低保、倡就业"导致民生维稳与鼓励就业的权利妥协

作为一项底线救助,在官方的政策文本中,低保被定位为一种"托底线"的政策工具来为贫困人口提供最后的安全网(韩华为、高琴,2017)。这种救助的底线,不仅表现为其在整个保障体系中保

障的水平是最低的(仇叶、贺雪峰,2017),而且也代表着在准确瞄准机制的前提下,能够被覆盖进低保救助的贫困者应该也是最值得救助的,任何个体无法获得基本生存权都将被视为是对社会正义底线的破坏(仇叶、贺雪峰,2017)。因此,低保制度建立以来始终坚持"应保尽保"的重要原则,尤其是在打赢精准脱贫攻坚战以及全面建设小康社会的时代背景下,这一原则的重要性更为凸显,脱贫攻坚任务能否完成关键要看低保等社会救助制度能不能兜住底(乌日图,2018)。不过,有学者强调,这种"应保尽保"也并不是盲目地兜底,"应保尽保"本质上具有两种含义:一是确实没有创收能力、生活非常困难的群体应该得到政府提供的制度保障;二是制度性保障不提供给有劳动能力而无就业愿望的人员(杨宜勇等,2006)。

但是,在实际当中,这两种含义并不是平分秋色的。作为一项底线救助,低保是维持居民最低生活水平和保障基本生存权的最后一道安全网,搭好社会安全网,兜好底线贫困人员往往被视为社会救助制度发展的首要目标。如果最后一道防线没有兜住、兜实,社会稳定将会遭到严重的威胁和挑战。因此,低保在实际运行当中,往往还扮演着社会维稳的重要角色,已经成为一种社区治理的手段,是基层维稳的重要抓手(李伟权、黄杨,2019)。在社会维稳的重压以及地方官员的政治利益下,低保金有时成为了一种维稳工具(朱亚鹏、刘云香,2014)。低保本身的目标是次要的,相对于项目落地、维稳等目标来说,低保只是完成重点工作的资源和手段(安永军,2018)。

在强调保民生、促稳定的主基调下,就业救助的政策思维仍停留在"充分就业"和"维稳"时代,单纯认为劳动和工作是最好的脱贫方式,也是有利于社会的稳定,却没有从战略角度思考就业救助政策的意义(吴小芳,2009)。在实际中,就业救助的定位和角色往往只能限于宏观上的鼓励和提倡。无论是在申请低保时,还是在低保领取期间,只是鼓励先就业,而不是强制就业,就业与否本质上还是取决于城市贫困人员自身。这种鼓励的定位也造成了就业救助的约束力缺失,一旦与保民生、促稳定等发生冲突,就业救助常常遭遇无奈的妥协。一旦生硬地取消低保,低保对象将会采取各种"上访""闹保"等行为,甚至还会进行人身威胁等,最后还是出于维稳考虑,继续让其享受低保待遇。因此,就业救助约束不足,无法起到行为规范作用。"人家不去就业你能怎么办?咱们文件里并没有规定,有劳动能力必须去上班,我们只是鼓励他上班。要是按规定把低保金取消了,人家真的会跟你玩命,天天上访,就跟你闹(访谈资料 28BJSJSSXS)"。

2. 就业救助在劳动力市场中内嵌于就业援助

与现金转移等社会救助项目不同,就业救助不仅是一项社会救助项目,而且还是一项重要的劳动力市场政策。目前,我国的劳动力市场政策大体上包括公共就业服务、失业保险、就业援助以及就业救助四种类型。其中,公共就业服务针对的全体劳动者,失业保险针对的缴费的劳动者,就业援助针对的是就业困难的劳动者,而且就业救助针对的则是贫困劳动者。如图 6-3 所示,从就业救助来看,具有两个典型性特征:第一,就业救助内嵌于就业援助以及公共就业服务;第二,就业救助与失业保险存在一定交叉。研究发现这两种特征也是制约就业救助效果的重要因素。

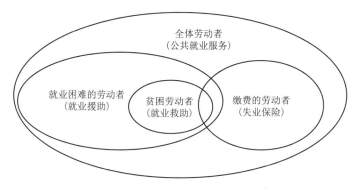

图 6-5　四类劳动力市场政策的对象关系图

（1）就业救助内嵌于就业援助与公共就业服务存在"稀释效应"

如前所述，从严格意义来看，就业救助、就业援助以及公共就业服务具有一定差异性，并不能直接等同，但是在地方实际工作开展中，由于三者都是劳动力市场政策的重要组成，因此地方政府一般都是将就业救助工作整合进就业援助与公共就业服务工作当中，资金也是打通来使用，尤其是就业救助和就业援助二者之间。就项目内容与工作管理的效率以及便捷性而言，这种打通整合的思路具有一定合理性，但是这种内嵌关系同时存在严重的"稀释效应"。

首先，属地化管理下财政资源及其分配存在"稀释效应"。就业救助服务配套资金主要依赖于有限的地方财政投入，中央政府几乎不予支持（肖萌、陈虹霖、李飞跃，2019），在地方财政尤其是失业保险基金省际、地区悬殊的背景下，地方政府可能会因为难以获得中央政府的就业救助资金支持，尽可能压缩就业救助成本，致使就业救助服务未能取得实质性发展（肖萌、陈虹霖、李飞跃，2019）。并且如何使用就业专项资金，地方政府具有较大的自主性和分配权。

其次,未就业的贫困人员在就业福利享有上存在"稀释效应"。由于贫困人员人力资本水平较低,就业匹配难度较大,就业异质性特征明显,导致未就业的原因也存在多样性。因此,从西方国家的经验来看,贫困人员的就业救助往往是以个案方式进行。相较于非贫困的未就业人员,贫困人员的就业促进往往需要更多的时间和成本,投入产出边际效益低,这与地方政府的固有行为逻辑存在冲突。并且,从就业工作的业务考核出发,也没有专门就贫困人员再就业率进行考核。在这样的模式下,如果就业救助完全内嵌于就业援助和公共就业服务,就会导致相关的福利与服务很难精准递送至贫困人员,本该属于贫困人员的就业福利资源也被非贫困人员进行了"资源稀释"。

(2)就业救助与失业保险的衔接不畅诱发"制度夹心"与"制度漏洞"问题

就业救助制度被视为既失业保险制度之后的又一重要的失业保护制度(蒋悟真、尹迪,2014)。但是,对于就业救助与失业保险应该如何实施衔接,目前似乎并没有一套清晰的说法。《暂行办法》以及《失业保险条例》也没有相关的规定,各地出台的政策文本也只有"加强失业保险与就业救助的制度衔接"等抽象化的理念表述,两项制度的关系如何以及应该如何衔接实际上还是处于摸索阶段,就业救助与失业保险的衔接问题并没有很好的解决(韩克庆,2015),就业救助与失业保险未能实现信息和资源共享(陈成文、陈建平、洪业应,2018)。目前来看,就业救助与失业保险现行的衔接方式主要通过以社会保险补贴的方式资助贫困人员参加失业保险。不过,在调研中,研究发现这两种衔接做法存在着内在张力,产生了"制度夹心"以及"制度真空"问题。

一方面是制度夹心问题。失业保险覆盖的对象是与单位建立劳动关系的职业人群,没有与单位建立劳动关系的灵活就业人员以及无业失业人员则被排除在制度设计之外。此外,就业救助针对的又是低保对象,这种制度目标捆绑就造成了就业救助与失业保险衔接过程中产生了"夹心层"问题,即那些没有参加失业保险,也不符合低保标准的失业对象得不到任何帮助(李运华、叶璐,2016)。就业救助的保障对象不免过于单一而难以实现与失业保险在救助对象上的衔接,对失业保险制度外的失业人员亦未能有效发挥社会救助的"兜底安全网"功能(蒋悟真、尹迪,2014)。

另一方面是制度漏洞问题。制度真空是指在制度系统中对于某些行为没有相应的制度安排加以规范从而在制度系统中形成"漏洞"状态,这种状态的存在使一些个人在追求自身利益的同时损害了他人或社会整体利益而不会受到惩罚,使得人们的行为难以得到有效的约束和规范(顾颖,2004:81—84)。在调研中,研究发现目前的灵活就业社会保险补贴政策的实际运行和政策初衷产生了严重的偏差。资助参保是希望能够达到领取社会保险金的资格和条件,从而降低对救助的依赖。然而,囿于低保待遇以及附带福利,加上领取的失业保险金往往是最低一档并且也有两年领取时间的限制,因此很少有人会领取失业保险金,并且现行制度设计并没有规定符合领取资格的对象必须领取失业保险金。"无论他的档案是在职业介绍所,还是在街道,他都不会去工作,所以社会保险补贴上对他没有什么帮助,因为他们领的失业金要从低保里减。失业保险是有最低限额的。最低限额领取月份比较少,最高24个月。低保对象可以选择领也可以不领,但他们一般不会领,因为领了低保就会减少(访谈资料 38BJXCLXS)"。

6.3.2 对象的瞄准缺失造成供需不匹配

从回应措施的类型来看,现行就业救助整体上较为全面。但是由于粗放式设计,就业救助对于贫困人员及其需求的瞄准缺失,造成供需不匹配。具体而言,对象的瞄准不足主要体现在两个过程:第一,对象识别过程中的瞄准缺失;第二,服务递送过程中的瞄准缺失。

1. 对象识别过程中的瞄准缺失

根据我国现行制度设计,就业救助针对的是最低生活保障家庭中有劳动能力且处于失业状态的贫困人员。根据这一界定,除了必须是低保家庭成员这个大前提以外,最为关键的识别指标就是"有劳动能力"和"处于失业状态"。但这种识别方式存一定问题:

(1) 劳动能力的界定

在我国,劳动能力是一个不确定性法律概念,我国《社会救助暂行办法》和《城市居民最低生活保障条例》均没有对之作出解释(王健,2020);劳动能力也是一个非常笼统的概念,在绝对的"有"和"无"之间有着较大的灰色区域(韩克庆、郭瑜,2012);劳动能力还是一个相对概念,具有多种含义,既可以指体力劳动能力和脑力劳动能力,也可以是全劳动能力或半劳动能力(左停、金菁、于乐荣,2018)。不过,在实践中,"劳动能力丧失程度"与"致残等级"基本上属相同的概念和定义(王旭,2015;薛惠元、仙蜜花,2015),即英文中的"able bodied"。《职工非因工伤残或因病丧失劳动能力程度鉴定标准》对"完全丧失劳动能力"和"大部分丧失劳动能力"情况所做的规定如下,就依赖于"人体组织器官"的缺失、缺损和损害情况的判定,完全丧失劳动能力是指因损伤或疾病造成人体组织器官缺失、严重缺损、畸形或严重损害,致使伤病的组织器官或生理功能完全丧失或存在严重功能障碍;大部分丧失劳动能力是指因损伤或疾病造成人体组织器官大部分缺失、明显畸形或损害,致使受损组织器官功能中等度以上障碍。一般来说,在各地低保申请过程中,劳动能力的鉴定也是以此为主要参考标准,比如北京市规定,丧失劳动能力主要指的是中度以上的残疾人,具体属于完全丧失还是部分丧失则主要委托劳动能力鉴定机构进行劳动能力鉴定(北京市民政局、北京市财政局,2004)。

但是,有劳动能力仅是就业的必要条件,并非充分条件(张浩淼、仲超,2019)。在当前劳动力市场日趋多元、社会风险日益加剧的背景下,就业与失业之间的界限逐渐模糊,有劳动能力者就能持有一份工作,已不再是原则性的理解(王健,2020)。并且劳动能力也并不是简单的二分,如果只是按照"有劳动能力"的界定很容易模糊完全具有劳动能力和部分丧失劳动能力对象之间的边界。

（2）失业状态的界定

在本书看来,《暂行办法》里的"失业状态"指的就是登记失业人员。登记失业人员与未就业人员的概念比较前文已经进行阐述,因此如果只是针对登记失业人员进行就业救助,明显缩小了就业救助对象的范围,实际当中存在很大比例的没有进行失业登记的未就业贫困人员。其实,在低保制度实施之初的几年,低保人员失业登记要求是很严格的,对于有劳动能力的低保申请对象必须进行失业登记,并且一般需要满足三次求职经历才有资格获得低保，因此在这个阶段，未就业对象基本上可以等同于登记失业对象，加上对于劳动能力的鉴定严格要求，劳动能力是否具备也就成为是否需要进行失业登记的重要参考依据。然而，近年来，未就业低保对象的失业登记已经不再是一个强制性条件，甚至三次求职经历的要求也被取消，政府只是鼓励有劳动能力且未就业的低保对象登记失业，最后的决定权还是在于低保对象本身。但是，这样就产生了一个严重的问题：不愿进行登记失业的低保对象并不都是不具备就业条件的，所以还是以失业状态作为就业救助的目标对象的识别指标就显得不太适宜了。

此外，隐性就业问题的日益加剧，也进一步加重了仅以"失业状态"作为就业救助对象识别指标的瞄准不足问题。隐性就业指的是某些劳动者实际上处于就业状态并拥有相应的收入来源，但同时却被作为失业者对待的现象（陆铭、田士超，2008）。近年来，越来越多的研究强调城市低保对象的隐性就业现象十分普遍，低保对象更愿意既领低保，又保工作收入不失，以隐性就业的方式实现"救助后的平衡"（黄晨熹，2009；汪朝霞，2015）。这种隐性就业问题不仅造成收入难以核对和救助不公平等问题（王三秀，2020），而且削弱了对低保对象正规就业的劳动激励，他们更倾向于隐性就业等非正规就业（彭宅文，2009）。其实，在低保初建时期，主要强调通过社区公益性劳动参与登记制度来应对隐性就业问题。比如大连成立的公共社区服务社，通过社区活动强制性参与实现了对"隐性就业"的"软性甄别"（唐钧，2003）。但是，近年来个别城市已经逐步弱化了这种社区公益劳动登记，大连的公共就业服务社也在 2018 年以后从市级层面进行取消，各区根据情况自行安排，

"隐性就业"问题难以有效应对。现行的家计调查手段在技术上也很难跟上劳动力市场的流动以及两极分化,从而造成"隐性就业"很难有效管理以及监管。现在的就业形式极为灵活,上班时间也很有弹性,核查其隐性收入无法获取有力证据。当工作人员到低保对象的工作单位查证时,某些用人单位甚至帮助低保对象应付工作人员,否认低保对象的就业事实(韩克庆、刘喜堂,2008)。因此,一旦无法有效识别出这部分"隐性就业"的贫困人员,针对其提供各种就业救助的措施就会遭遇严重的"供过于求"的尴尬处境,因为这些群体实际上并不是缺少工作,而且希望通过"隐性就业"获得利益的最大化。"隐性就业还是很严重的。只要是有劳动能力的人,他背后都在偷偷摸摸干活,你要说正式工作,就是跟人家签合同那种,应该没有。就打零工那种,应该还是不少。但是这个你查不着啊,你没法查啊。第一查的话人家企业不配合,第二查完之后没有证据,比如说我这儿打零工,你看他在这儿上班,企业不告诉你多少钱,并且他说那我明天不去了,这东西怎么说,就处于一种死循环、博弈状态了。并且现在人户分离问题很严重,我们怎么查?核查联网也只是本省的,外省根本查不出来。我们街道还有在这领低保,但是人家常年居住在河北的呢。所以说啊,像这样的,你说就业帮扶,有啥用?人家根本不缺,你说对不对?就是想吃低保。(访谈资料35BJXCLXS)"

2. 服务递送过程中的瞄准缺失

在城市低保对象中,失业者的再就业行为及其选择是一个很复杂的系统(慈勤英、王卓祺,2006)。因此,从科学的角度来说,就业救助应该具体化和精细化,以使各项措施能够实际操作和考核评价(苑仲达,2016)。但是就目前的制度内容来看,就业救助还是一种粗放式设计,无法有效回应复杂化的就业行为,服务递送中对于就业救助对象的需求瞄准缺失,主要体现在三个方面。

(1)就业救助对象缺失精分以及需求评估环节

尽管城市贫困人员面临的就业障碍大体可以分为能力障碍、机会障碍以及意愿障碍,但实际中的就业障碍往往是三者之间的多种组合。在就业救助的内容设计中,三种制度回应措施与就业障碍的对应关系只是一种理想化状态。在实际当中,由于财力、人力、物力等因素的限制,就业救助开展之前很少对救助对象开展群体精分以及需求评估。往往是"眉毛胡子一把抓",在大口径下开展操作简单、大而化之的职业培训类、信息发布类、招聘会等粗放式项目。这种忽视群体精分以及需求评估的做法也就导致就业救助在服务递送过程中的供需错位,即"你给的不是我想要的"与"我想要的你不给"。

(2)缺乏常态化的失业救助金造成低保金成为唯一的现金津贴

对于贫困人员的就业救助,我国并没有设立专门的失业救助金,现行的就业救助并不具备生活救助的功能,低保金是社会救助制度中贫困对象生活的唯一来源(李春根、邹佳盈,2019)。尽管就业救助强调通过各项支持帮助贫困者找到工作,以工作收入来满足生活需求,但是对于陷入贫困状态的对象而言,这种需求满足的路径周期性较大、回报率较低、稳定性不高。如表6-10所示,对于未就业的城市贫困人员,在问及"需要政府解决何种困难"时,选择"直接提供生活金或生活品"的人数达到70.06%,选择"帮忙找份工作"的人数达到43.93%,选择"提供技能培训、指点致富门路"的

表6-12 城市未就业低保对象需求类型

需求类型	需求人数	需求占比(%)
直接提供生活金或生活品	496	70.06
帮忙找份工作	311	43.93
提供技能培训、指点致富门路	169	23.87
提供低息贷款或生产资金	100	14.12

样本数 $N = 708$

人数达到23.87%,选择"提供低息贷款或生产资金"的人数达到14.12%。可以看到,绝大多数未就业贫困人员的需求还是以生活金或生活品为主。在这样的需求现状下,只强调帮助贫困对象找到一份工作的服务供给很大程度上无法满足贫困人员的实际需求。尽管2020年新冠肺炎疫情期间我国出台了失业补助金制度,往年一些地方也会针对无法领取失业保险金的农民工等失业者提供一定额度的失业救助金,但这些在本质上并不是一项基于家计调查的常态化失业津贴项目,更多的只是用来帮助那些由于重大社会风险影响导致突发性临时失业的劳动者或经济受损严重的企业来抵御拮据时期的临时性补助金。但是在英国、德国、法国等主要发达国家,都已经建立起了专门的失业救助金,以区别于社会救助金。在访谈中,从事社区低保工作的专干也谈到对于有劳动能力的贫困人员,应该要设置一条红线,不应该让其直接领取低保金,应该以其他方式进行保障。"对于有劳动能力的未就业的低保对象,应该想想怎么办,这个群体怎么去帮扶,你得去画个红线,因为你有劳动能力你可以去鉴定,低保就应该给这些没有劳动能力的,老弱病残的(访谈资料36BJXCLXS)。"郑秉文(2016)也认为,即使失业人员被低保所覆盖,其消费能力和生活水平也会下降,这是因为低保的补差标准远低于失业金的社会平均工资替代率水平,这不仅不利于控制城镇贫困率,也不利于城镇内需扩大以及社会稳定的维护。

(3)就业障碍的需求回应存在内容设计不健全

比较第5章的就业障碍与第6章的制度回应,可以看到现行的就业救助在内容设计上依旧存在不健全的问题,包括以下四个方面:

第一,忽视再教育对于人力资本投资的作用。事实上,除了培训,教育往往也是重要的人力资本投资。但从目前来看,教育救助的对象只是具有"学生"身份的求学者,这种瞄准学生的做法实际上明显缩小了政策对象范围,忽略了那些已经退出或者根本就没有进入教育系统的人口(非在读的贫困青少年),即政策忽略了那些不具有学生身份的贫困者,对于贫困人口中那部分年轻低学历的失学者,缺乏帮助他们接受教育或参加技能培训的有效措施(王燊成、刘宝臣,2019)。

第二,缺乏满足家庭照顾需求的内容设计。目前我国缺乏普遍的专门以家庭为基本单位的家庭政策(吴帆,2012),现行就业救助也只是强调从个体角度如何促进就业,缺乏与家庭照顾支持相关的政策设计,依旧无法帮助因照顾家庭而无法就业的贫困人员(尤其是女性)重返劳动力市场。从各地的实践来看,因家庭照顾而无法就业的贫困人员往往被视为没有就业条件人员,往往不在就业救助的重点对象范围内,因家庭照顾而拒绝培训、就业推荐等服务也被视为正当理由。然而,这种"合乎情理"的设计其实并不能有效地解决家庭照顾与外出就业之间的矛盾,反而还可能加大失业固化的风险。访谈发现,一些因为离异等原因的单亲母亲一旦进入到低保,就很难实现再就业。由于家庭照顾政策的缺失,这些单亲母亲往往会长期在家照顾子女,久而久之长期处于未就业状态。这些单亲母亲往往人力资本不足,如果一旦长期脱离劳动力市场,很难能够有效实现再就业,尤其等到其处于40、50年龄段以后,就业难度愈发严峻。在本书看来,不具有就业条件的内涵应该只是一个短期概念,不能将其等同于长期无法就业,如何通过家庭政策的优化以及有效设计,阻断短期的不具有就业条件发展成为长期无业失业应该成为当前就业救助制度优化的重要议题。

第三,无法有效解决劳动力市场中的就业排斥。一方面,就业救助难以有效打破二元劳动力市场分割下的次级劳动力市场中最低工资标准过低引发的经济激励不足问题。尽管政府可以通过财税政策鼓励企业等用人单位吸纳城市贫困人员就业或者直接开发公益性岗位来帮助贫困人员实现劳动力的供需匹配。但是劳动力市场本身还是基于效率导向的,政府对就业市场的干预始终要权衡劳动力市场的自身规则,不能只是以有损经济效率的方式来促进公平。如果要解决就业的弱经济激励问题,一种路径就是严格控制低保标准的水平,但是从制度效能看,保障标准过低达不到救助效果(韩克庆,2018)。另一种路径就是提高最低工资水平,可是如果最低工资标准制定过高,将会对就业产生抑制作用,企业生存概率减小,社会总体就业率将会下降(杨翠迎、王国洪,2015;刘贯春等人,2017;徐舒等人,2020)。为此,"两难抉择"产生的张力也在一定程度上影响了就业救助的就业激励效果。另一方面,现有的就业救助政策对于外来媳与外来女婿、刑满释放人员、康复期精神障碍者以及乙肝、艾滋病传染性疾病病毒携带者等特殊贫困人员面临的就业排斥问题没有进行有效回应。比如由于我国公共就业服务目前与户口相捆绑,尽管 2015 年人社部修改了 2007 年发布的《就业服务与就业管理规定》,强调没有本地户口的城镇常住人员可以享受失业登记、社会保险补贴等公共就业服务,但是仍然需要满足居住年限以及社会保险年限等条件,并且在公益性岗位安置中主要以本地户口居民为主。又比如,对于刑满释放人员,行政部门也存在一定歧视,在"官方印象"中,刑释人员与违法犯罪存在着"不当联结"(乐章、肖蓉蓉,2015)。访谈中,相关工作人员也表示就业救助对于他们而言是属于宽泛的,较少开展相关服务。"两劳人员是比较宽泛的,因为这种人你说怎么给他介绍岗位,正常的人介绍工作都不一定找得着,这种人就算给他介绍工作,他也会给你捣乱。你给他介绍工作,他就给你捣乱,别人家还给气得够呛,再说你说万一出了什么事,谁来担这个责?(访谈资料 35BJDCLNS)"再比如对于康复期精神障碍者,受访工作人员表示"精神病永远不会彻底康复的,是无法断根的精神疾病。它是不可逆的,会反复的,所以企业不会雇用他,因为病史可以查到。而且这类人犯法又不承担责任,企业更不敢雇用了。对于这类群体,我们一般也不会考虑就业这块要求(访谈资料 38BJXCLXS)。"

第四,缺乏贫困人员认知局限和心理偏好的政策干预。正如第 5 章中的丁女士案例所展现的,由于认知局限以及心理偏好等原因造成主观上就业意愿丧失或就业积极性缺乏的现象在城市贫困人员当中还是相对比较常见的。此外,很多人申请低保不愿就业有时候只是"拍脑袋"决定,受到认知的局限性很难在福利领取与就业参与之间做出正确的选择,因此需要以个案的方式从专业社会工作的角度来及时进行有效的行为纠偏。从国际经验来看,这块工作一般都是委托给专业的社会工作机构来开展,而目前我国这块业务主要还是依托于社区居委干部来开展,但是受到人力、时间、专业性等因素的限制,居委干部很难做到有效的干预,现行的政策也缺少相关的政策规定。"其实很多人过来申请低保的时候都是拍脑袋决定的,他就是一头热,就没有考虑到后面的东西,他要认准了这么一件事情以后,其他的对他来说都是阻力。因为他已经潜意识觉得他应该获得,他也不知道里面的利害关系,只想到现在可以去申请低保,也不关心未来。所以其实要跟他们沟通,要做思想工作,要跟他们讲明白,但是平时的活太多了,也很难在一个人身上花很多时间(访谈资料38BJXCZXS)。"

6.3.3 主体的协同不足引发政策执行打折扣

政策的作用能否有效地发挥,从根本上取决于政策执行的效率(丁煌,2003)。而政策执行的效率很大程度上又取决于执行主体之间是否产生了良好的协同效应。研究发现,尽管我国就业救助的行动主体包括了民政部门、人社部门、企业等用人单位、社会工作服务机构以及社区居委会,但是这种多元主体的参与模式并没有在政策执行过程中实现有效协同,主要表现在部门之间权责模糊、基层干部落实困难、社会力量参与不足等三个方面。

1. 人社与民政部门之间的权责模糊

在政策文本规定中,就业救助强调人社与民政联动,综合运用低保和就业扶持政策促进城市贫困人员就业。但在实际过程中,两个部门之间的权责并没有完全理顺。从统计口径来看,就业救助既没有列入劳动统计年鉴也没有列入民政统计年鉴中。从业务主管的角度,就业救助隶属于人社部门,但是贫困人员的生活救助以及日常管理又属于民政,在这种"你觉得是我的""我觉得是你的"的责任隶属关系不清的状况下,就业救助的多元主体"责任共担"可能沦为"无人担责"的离散化状态(夏志强、付亚南,2013)。如果不解决这种官僚主义的分散问题,在低保人群中促进福利到工作的过渡可能既昂贵又徒劳(Gao,2017:97)。

具体而言,在街道一级,街道办事处主要负责低保的审批,而日常的事务性工作主要是由街道的事业单位——社会保障服务所(社保所)来受理。但是社保所实现的是双头指导,即劳动部门与民政部门按照各自职能对社保所的业务工作进行指导,如果两块业务领导同一个,社保工作与就业工作还能统合在一起,但是现在很多街道社保所负责就业与社保领导不一,大家各干各的,办理失业登记、发放失业金的一般不会插手、理会受理低保申请、办理相关业务,劳动口与民政口很少会主动探讨就业救助与生活救助如何在操作上有机衔接。"社保所跟我们这个责任,不是很明确。我觉得工作没有捋顺,这是两个部门的问题,不光是民政,还有人社。比如说一个主管,他就好安排工作,但有的主管都是两个主管,工作就不好协调(访谈资料33BJYQYSX)。"

基于访谈资料,研究发现这种权责模糊关系还会引发两个部门业务之间的冲突。比如失业登记人员办理灵活就业社会保险补贴。按照劳动统计口径,如果失业登记人员将档案置于职介所或人才交流中心,那么将成为就业人员,那么在家庭收入核查的过程中应该如何计算其收入? 一位受访的民政局干部表示,该局在2014年尝试过改革,将该群体的收入视为最低工资标准。然而,这一改革不仅引起了低保对象的质疑与反对,还引起了人社部门的不满和争议,因为如果严格执行这一规定,很多低保对象宁可放弃社会保险补贴也不愿意放弃低保资格,但是这将会大大增加辖区的失业率。"劳动局对我们意见大了。因为这项政策一旦推行,有些软的人,就是不激进的人,就会把灵活就业给退了,过来吃低保。劳动口跟我们不干了,他们说了,你们这些人硬是把他们的收入算1890,导致他们把灵活就业给退了,你们有文件吗? 你们这一执行,我们就业指标得降多少呀(访谈资料 35BJDCLNS)。"

2. 基层专干落实困难

低保工作人员,尤其是基层工作人员,对于制度执行至关重要(韩克庆,2018)。尤其是在低保和就业救助联动的过程中,低保工作人员的专业化水平和工作能力的重要性更加凸显。在调研中,研究发现目前基层工作人员普遍存在身兼数职、专业化水平不足、人员流动性大等现象,很大程度上影响了就业救助的实施效果。

一方面,目前基层工作人员队伍缺编严重、人少事多、身兼数职已经成为常态。在街道(乡镇)社保所,基层工作人员不仅需要负责低保的事务性工作,还需要负责其他社会保障的事务性工作及劳动口相关的业务。在社区,基层工作人员一般只有一位不属于编内人员的社区工作者,却要承担社会救助的所有项目。在这样的人员配备下,贫困人员的就业救助很难做细做好。在访谈中,一位街道干部表示,就业救助效果不佳的原因可能也在于繁重的工作任务下无法有效落实服务。"我们也会举办一些就业招聘会、职业介绍或者就业培训活动,但是总是感觉效果没那么好。我们也在思考这个问题,可能是就业单位与他们的需求没对上号,也有可能是由于我们日常工作太忙了,我们也没精力去顾及这些细节的东西,可能以后会多多加强居民需求的摸底,了解下他们的需要,跟进一些进度,把工作做细些,可能会好一些(访谈资料48BJDCZNS)。"

另一方面,专业化水平不足也是制约就业救助实施过程中难以有效落地的主要原因。就业帮扶本身是一个专业性要求极高的业务领域,但是在实践中往往会被当作一项行政管理职能来行使(李雅儒、汪抒,2007)。无论是社保所、抑或是就业服务机构,还是民政专干,对于求职技巧以及职业分析的掌握相对不足,因此日常的就业救助大多以培训会、招聘会等专业性要求不高、行政管理色彩凸显的项目为主,较少涉及人力资源管理与开发的专业领域。

3. 社会力量参与不足

在新公共管理的推动下,政府向社会力量购买社会服务已经成为转变政府职能、激发社会活力、提升国家治理能力的一项重要工作。新世纪以来,就业服务的购买也已经成为当前促进政府、市场与社会多元合作,满足多样化就业服务需求,实现就业目标的重要方式(明燕飞、刘江,2011)。尽管《社会救助暂行办法》第十章以专章方式强调了社会力量在社会救助工作中的重要角色和作用,但是目前在社会救助的各个项目中,真正发挥社会工作机构专业性优势的案例并不多。目前,在社会救助领域,各地政府通过购买服务、引导社会力量参与的主要模式还是将社会救助中的事务性工作分类打包,以购买服务的方式将调查统计、入户调查、宣传培训、民意收集、服务民政对象等事务性、基础性工作委托给社会组织承担。社会工作服务机构和社会工作者很少为社会救助对象提供社会融入、能力提升、心理疏导等专业服务。在就业服务领域,主要还是以购买公益性岗位、购买培训服务以及财政补贴为主,真正购买社会工作服务机构和社会工作者的专业化个案服务的现象较少。在绩效考核的压力下,出于服务介入成功率的角度,社会工作机构在提供就业服务过程中也会以青年大学生、就业能力较强、就业意愿较高的非贫困就业困难群体为主。尽管就业服务业面向城市贫困人员开放,但实际上真正享受就业服务的城市低保对象的比例并不高。在社会救助领域,政府购买社会服务的方式主要以家庭经济状况调查评估、建档访视、需求分析等事务为主,类似于心理疏导、资源链接、能力提升、社会融入等服务的购买较少。

此外,尽管人社部门通过利用各种财税政策,激励企业等用人单位优先招录城市低保对象,但是从企业的角度而言,首先招录低保对象就业的经济激励并不强,现行制度采取的是"先招录后补贴"的模式,这就导致了各类补贴优惠政策申请流程相对滞后,并且还需要填写各种表格,十分繁琐。此外,在政府扶持力度上,相较于低保对象,企业更愿意招聘残疾人员,后者的扶持力度明显要高于前者,也更能彰显企业的社会责任感。尽管政府通过经济激励的方式进行引导,但是企业在用人上还是更看重劳动者的工作能力与工作态度,相较于激励措施,人岗匹配的考虑更为重要。"企业雇佣低保人员是有一部分税收减免优惠。其实力度也不大,申请程序特别繁琐,要填各种表格,还得提交证明。你说企业至于为了那些奖励还让专人来处理这些业务吗?他也要考虑用工成本的呀。并且人家一般只愿意招残疾人,残疾人的补贴力度大呀(访谈资料38BJXCLXS)。"

6.4 本章小结

通过本章分析,可以看到自从城市贫困问题产生以来,我国政府始终注重城市贫困人员就业救助的制度建设,尤其是 2014 年《暂行办法》的出台,就业救助制度更是成为社会救助制度的重要组成部分。不过,对于就业救助的目标理解需要置身于我国的社会经济发展的实际环境当中,按阶段实现就业救助帮助城市贫困人员找工作并基于就业摆脱贫困的双重目标。在当前,如何帮助未就业的城市贫困人员找到工作、重返劳动力市场是当务之急。

通过本章分析,可以看到尽管我国在制度设计上已经初步形成了与城市贫困人员面临的三种就业障碍相对应的政策回应措施,职业介绍、就业收入支持等措施也起到了一定效果。但整体上来看,就业救助的各项措施回应效果受到了明显的抑制,效果不够明显。尤其需要指出的是,相较于世界主要发达国家的积极劳动力市场政策,我国就业救助当中最具特色的就是通过社会保险补贴的方式来激励登记失业人员办理灵活就业人员。这一做法如果只是从就业率的统计数字来看,效果非常显著,但是通过分析研究,政策的初衷很难有效实现,反而逐渐演变为地方政府为了维持就业率的重要手段,并没有关注参加灵活就业的贫困人员实际生活中是否真正处于就业状态。

通过本章分析,可以看到目前城市贫困人员就业救助在制度定位、对象瞄准以及主体协同三方面依旧存在诸多问题与不足,为就业救助的优化路径提供了重要的线索与脉络。

第 7 章　城市贫困人员
就业救助的路径优化

在前文的基础上,本章主要从路径优化的角度出发,基于就业救助的制度基础以及主要问题,在工作福利理论与典型国家实践经验的基础上,对我国城市贫困人员就业救助的路径优化提出具体建议。

7.1　理顺制度定位,增强就业救助的独立性

作为一项新兴的社会政策,就业救助不仅是社会救助制度的重要组成部分,也是劳动力市场制度中重要的就业促进方式,横跨两种制度域的就业救助必须理顺制度定位,增强自身独立性,才能促进社会救助与劳动力市场的有效衔接,真正实现从"福利"到"工作",实现经济政策与社会政策的协同。

7.1.1　理顺就业救助在社会救助中的制度定位

本书建议,首先在家计调查的基础上引入类别定位法,优化就业救助对象的识别路径,将"不应得"贫困人员从低保家庭成员中分离出来;其次,在现行的就业救助中增设失业救助金,形成"应得"贫困人员领取低保金、"不应得"贫困人员领取失业救助金的制

度对应关系;最后,理顺就业救助对象与其他社会救助对象间的关系。

1. 在家计调查的基础上引入类别定位法,优化就业救助对象的识别路径

家计调查(mean-test)和类别定位(categorical approach)是"选择主义"原则下的两种典型的目标定位法。家计调查是目前各国社会救助制度最为常见的方法,主要包括收入调查(income test)和资产调查(asset test),即通过核定申请人在一定时期内的收入和财产状况来确定其是否具备受益资格(白晨、顾昕,2015)。在我国的社会救助中,低保制度实行的主要是家计调查的目标定位法,只要家庭通过了家计调查,就有资格领取低保金等。但是这种目标定位方法的结果就是把有劳动能力和没有劳动能力的人都纳入了低保范围(李振刚,2016)。正如前文所述,一旦把有劳动能力的贫困对象也纳入低保,各种就业激励措施将变得十分被动。此外,如果严格实施社区公益性劳动、惩罚性激励措施等项目,将不愿工作的人驱逐于社会救助制度之外,不仅会导致有劳动能力者即使在陷入无法自我生存时也可能无法获得国家的救助,也会与宪法生存权保障和社会救助的无因性相违背,因为社会救助法本身是一种目的性的给付,而非一种因果性的给付,无论人民因为何种因素陷入无法自我生存的情况时,都享有社会救助给付请求权,国家即应当进行积极的救助(王健,2020)。这就是为何低保金领取条件性的措施很难在地方得到严格实施的主要掣肘。

因此,要想从根本上解决"不应得"贫困人员以实现就业的方式摆脱贫困,就应该在现行家计调查筛选出贫困家庭的基础上,以类别定位的方法筛选出"不应得"贫困人员。类别定位是指根据一

定的特定类别,比如基于年龄(老年人、儿童)、健康状况(残疾人、病人)、就业状态(失业者)或者婚姻状况(单亲家庭),进行针对性地福利资源的分配,具有操作简单、管理成本低、负激励作用小等优点(李振刚,2016)。只有将"应得"与"不应得"的贫困人员进行区分,才能真正从源头上解决低保对于贫困人员就业的逆向激励作用。尽管有学者建议可以用类别身份来代替家计调查,来识别贫困群体,并建立基于类别身份的适度普惠津贴制度(李振刚,2016)。但是这种方法在实践层面并不可行,一直以来我国的社会救助资格都是以家庭为单位采用家计调查的方式来识别贫困对象,强调"家庭成员互助共济在前,政府救助在后",不仅符合东亚儒家文化圈的传统,而且也有利于从制度上强化了家庭成员互助共济责任(宫蒲光,2019)。2012 年 10 月民政部还成立了低收入家庭认定指导中心,以加强家庭的家计调查工作。因此不能为了识别"不应得"贫困人员就忽视了家计调查的重要功能。因此,建议继续以家计调查来识别城市贫困家庭,然后补充类别定位的方法识别出"不应得"贫困人员,充分利用好两种救助对象目标定位方法的优点。

那么,应该如何通过这种类别定位来识别出"不应得"的贫困人员——就业救助对象呢?第 4 章已经介绍了当前做法主要是依据法定劳动年龄、劳动能力以及就业状态的三个条件从城市贫困家庭中识别就业救助对象。但是"就业能力"以及"就业状态"的问题与不足在上一章已经阐述,为此在借鉴前文分析以及国际经验的基础上建议可以作出以下调整。如图 7-1 所示,共分为五个步骤。

第一步,通过家计调查从福利申请者当中识别出城市贫困家

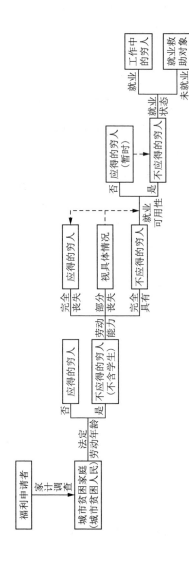

图 7-1　就业救助对象识别路径优化图

庭(人员)。

第二步,根据法定劳动年龄,识别出处于法定劳动年龄范围内的不应得穷人(不包括学生)。

第三步,根据劳动能力鉴定,识别完全具有劳动能力的不应得穷人,而对于部分丧失劳动能力的贫困人员可以根据具体情况来确定。不过,如果只是以致残等级来界定劳动能力可能也存在一定不足。按照马克思(1975:190)对于劳动能力的理解,"我们把劳动力或劳动能力理解为人的身体即活的人体中存在的、每当人生产某种使用价值时就运用的体力和智力的总和",因此即使身体残疾但是智力健全的群体是否依旧具有劳动能力? 尤其随着数字经济的发展,肢体残疾是否意味着丧失劳动能力,这个问题还有待未来的讨论。就目前来说,根据致残等级还是存在一定的适用性和客观性,只不过由于低保金的申请并没有严格规定有劳动能力者不能申请,所以各地对于劳动能力的鉴定也很少实施。但是一旦将低保金与有劳动能力的贫困人员进行分离,劳动能力的鉴定就显得尤为关键。

第四步,根据就业可用性(work availability)是否具备来识别出不应得的穷人。就业可用性是在识别"应得的穷人"过程中除了劳动能力和劳动年龄以外,另一项重要指标。事实上,就业可用性的概念有点类似于《中国民政统计年鉴》中的"有就业条件"人员的概念,"无就业条件"人员指的是在劳动年龄(16周岁至法定退休年龄)内,因丧失劳动能力或因照料家中残疾人、老年人、未成年人等原因而没有劳动时间或不具备劳动条件的人员(中华人民共和国民政部,2019:496)。《暂行办法》规定,有劳动能力的低保对象不可以无正当理由连续拒绝三次就业推荐,这里的"无正当理由"实际上就是将"就业条件"考虑了进来。但是,"就业条件"的概念非常模糊,也并没有一套非常明确的规定,主要还是以地方自行认定为主,存在着很大的不确定与不规范性。因此,建议政府有关部门应该围绕就业可用性的具体情况制定相应的细化标准和执行指南,做好设计和规范。除了就业可用性,也有国家使用的是工作能力(work capacity)的概念,但是对于工作能力(work capacity)的理解其实具有两种方式,一种就是等同于劳动能力,还有一种则是综合劳动能力以及就业可用性的双重理解。新西兰的求职者支持规定,福利索赔人必须参加工作能力评估(work ability assessments)。根据评估结果,工作义务分为三类:全职工作义务(full-time work obligations)、兼职工作义务(part-time work obligations)以及工作准备义务(work preparation obligations)(Ministry of Social Development,2020)。我国台湾地区使用的也是涵盖"劳动能力"与"就业条件"两种指标的"工作能力"指标:有工作能力者指的是十六岁以上,未满六十五岁,并且没有下列情况之一者:第一,二十五岁以下仍在国内就读空中大学、大学院校以上进修学校、在职班、学分班、仅于夜间或假日上课、远距教学以外学校,致不能工作;第二,身心障碍致不能工作;第三,罹患严重伤、病,必须三个月以上之治疗或疗养致不能工作;第四,因照顾特定身心障碍或罹患特定病症且不能自理生活之共同生活或受扶养亲属,致不能工作;第五,独自扶养六岁以下之直系血亲致不能工作;第六,妇女怀胎六个月以上至分娩后两个月内,致不能工作,或怀胎期间医师诊断不宜工作;第七,受监护宣告。此外,主张无工作能力者,同一低收入户、中低收入户家庭以一人为限(王健,2020)。因此,张浩淼、仲超(2019)建议以"工作能力"指标代替"劳动能力"

指标,根据年龄、婚姻状态、疾病、残疾和家庭照顾负担等要素对
"工作能力"进行明确的界定,并将社会救助对象划分成不具备工
作能力、可能具备工作能力以及具备工作能力三种等级。但是,
"工作能力"很容易和"劳动能力""就业能力"混淆,并且按照"劳动
年龄—劳动能力—就业可用性"三个指标的结合更能够体现救助
对象的差异性,也有利于形成"客观＋主观"指标相结合的方式。
因此,建议使用"就业可用性"的指标来进行识别。

最后,根据就业状态来识别出处于未就业状态的不应得穷人,
即就业救助对象,未就业相较于失业的优势在概念比较已经进行
了阐述,在此不再赘述。此外,需要强调的是,对于未就业的准确
识别还需要建立在健全的劳动力市场机制基础上,一方面既要打
破只追求统计口径中的"就业率"而忽视实际处于未就业的困境,
也要通过完善非正规就业用工关系、规范劳动关系、健全信息化建
设以及加强日常监督和管理来解决"隐性就业"的问题。

2. 增设失业救助金,实现失业救助金与低保救助金的并行现
金津贴给付模式

正如理论分析部分所强调一样,工作福利中的"福利"具有多
元化的理解。如果将工作福利运用于贫困人员的就业救助,"福
利"至少有两种制度设计。一方面,"福利"可以指代"社会救助金
(SA)",比如中国的低保金;另一方面,也可以指代"失业救助金
(UA)",比如英国的求职者津贴以及德国的失业救济金Ⅱ(Arbe-
itslosengeld Ⅱ)。尽管 SA 和 UA 在制度设计上具有很强的相似
性,但是二者还是存在着诸多区别。如表 7-1 所示,在权利条件上,
二者均对收入资产存在权利条件要求;社会救助金没有就业维度
的权利条件,而失业救助金存在;少数国家的社会救助金具有年龄

维度的权利条件,各国对于失业救助金具有年龄的限制条件。在津贴慷慨程度上,社会救助金的替代率主要受到确定的生活需求水平标准影响,少数国家还将其与失业保险金相挂钩,失业救助金的替代率主要受失业保险金水平和社会平均工资标准的影响;在等待期上,社会救助金没有设置,部门国家对于失业救助金的领取具有相关限制;在津贴发放周期上,少数国家对于社会救助金进行了时间限制,而大多数国家对于失业救助金都进行了时间限制;在税收处理上,大多数国家的社会救助金无需纳税,部分国家的失业救助金需要纳税。在本书看来,相较于社会救助金,失业救助金对就业的权利条件要求,与失业保险金与社会平均工资的高度关联性以及关于等待期、津贴周期与税收处理的规定其实更加符合就业救助的目标定位。韩克庆(2016)也指出,失业救助金就很容易与低保金进行类比,并且也有利于进行失业保险的衔接。

表7-1 社会救助金与失业救助金比较

比较维度		社会救助金	失业救助金
权利条件	收入资产维度	有	有
	就业维度	无	有
	年龄维度	少数有	有
津贴慷慨度	替代率	与生活需求水平相关,少数与失业保险金挂钩	与失业保险金与社会平均工资相关
	等待期	无	部分有
	津贴周期	少数限制	大多数有限制
	税收处理	大多数没有	部分有

因此,在类别定位下,建议可以参考英国、德国、法国等国家的典型做法,给予贫困家庭中的"不应得"贫困人员以就业为导

向、有条件性的失业救助金,对于城市贫困家庭中的"应得"贫困人员继续给予以兜底保障为导向的低保救助金,从而实现失业救助金与低保救助金的并行现金津贴给付模式。林闽钢(2018)强调,社会救助应该实行分类管理:第一,确保没有劳动能力的救助对象基本生活得到长期的综合性保障;第二,确保法定年龄范围内且有劳动能力的对象基本生活得到暂时的过渡性保障。同时推动其积极主动地接受培训和自愿接受就业,并对其进行定期评估确认,同时提供"一人一策"的"就业脱保"激活方案。郑秉文(2019)也认为以就业为导向的扶贫津贴给付可促进建立脱贫的"内生动力机制",不仅可以减少福利依赖性,重塑脱贫的外生拉力和内生动力,鼓励贫困户走出去寻求就业机会,还可以避免出现政策悬崖效应。

本书认为失业救助金针对的是处于法定劳动年龄范围内且通过家计调查的城市贫困人员,现行的家计调查设计下,城市贫困人员主要指的是家庭人均收入满足最低生活保障线的家庭成员,因此建议失业救助金还是针对符合低保线标准的城市困难家庭成员,但是需要说明的是低保线标准只是为了筛选出贫困家庭,并不是所有的家庭成员都"值得"领取最低生活保障金。在给付慷慨度上,建议综合根据就业救助对象失业前工资、失业保险金、社会救助金、最低工资以及最低生活保障等标准水平设定一定的比例,不一定完全需要与低保金水平持平。国家相关部门可以确定失业救助金的上限和下限水平,具体的标准可以由各地根据就业救助对象自身的失业保险缴费情况、失业前的工资情况以及家庭的困难程度等方面综合来确定。建议与失业保险金一样,设定专门的失业救助金个人账户,每月定期支付失业救助金。建议失业救助金实行等待期制度,等待期根据具体情况而定。对于失业救助金的领取周期上,建议设置一定的单次领取时间限制,并根据我国社会经济水平的发展对于失业救助金领取的总时间进行限制。在我国,不建议对失业救助金实施征税。但是建议实施就业收入豁免与渐进扣除的做法。

事实上,这种并行模式在实践中也是行得通的。尽管我国低保制度是以家庭为单位来申请,家计调查也是以家庭为单位来进行,但并不是所有的贫困家庭成员都是低保金领取对象。近年来随着贫困问题的复杂化、救助工作的精细化以及人性化的发展,在各地低保操作过程中也出现了在"按户施保"的基础上允许单人入保(宫蒲光,2019)。对于家庭供养且无法单独立户的重残人员、重病患者等完全或部分丧失劳动能力的贫困人口,可以参照单人户纳入(宋锦、李实、王德文,2020)。在城市低保实际运行中,除了这种"单人入保"现象以外,还有一种"单人出保"的现象,尤其是在三口之家当中。比如,父母带着子女一直吃低保,但是子女成年且不处于就学状态以后,一般就会让子女主动退保,考虑到父母自身可能存在健康以及就业困难等问题,父母依旧继续吃低保。事实上,这种"单人出保"的现象本质上就是在家计调查的基础上实施的二次类别定位方法来确定福利给付对象。

综上,本书认为就业救助在社会救助制度中的位置应该如图7-2所示。

7.1.2 理顺就业救助在劳动力市场中的制度定位

在劳动力市场中,针对失业者的社会政策主要有两种:失业现金津贴(unemployment benefits,UB)和积极的劳动力市场政策

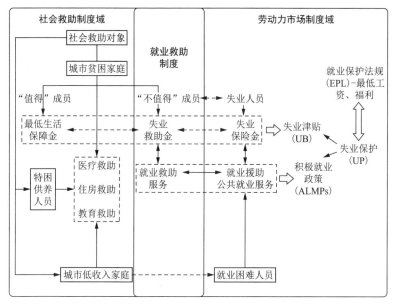

图 7-2　就业救助在社会救助与劳动力市场中的定位图

(active labor market policies，ALMPs)，二者共同构成了失业保护
(unemployment protection，UP)系统(Gordon，2015)。由于它们
主要针对所谓的劳动力市场局外人，因此它们一起被称为"局外人
政策"(Rueda，2007)。此外，除了失业保护，我国在劳动力市场
中，还建立了旨在提高劳动保护的《劳动合同法》、实施最低工资标
准等就业保护法规(employment protection laws，EPL)。因此，要
理顺就业救助在劳动力市场中的制度定位，一方面需要从失业保
护出发，理顺失业救助金与失业保险金、就业救助服务与就业援
助、公共就业服务之间的关系；另一方面也需要从就业保护的角度
考量，理顺就业救助与劳动合同、最低工资标准等就业保护法规之
间的关系。

1. 做好失业救助金与失业保险金的衔接

如图 7-2 所示,当我国就业救助中补充失业救助金以后,就可以形成"最低生活保障金—失业救助金—失业保险金"的三支柱失业现金津贴。其实,早在失业保险制度实施之前,丁宁宁、葛延风、董克用、杨燕绥和孙炳耀等(2001)学者就强调失业人员的生活保障由社会救济体系承担,即放弃失业保险,进一步完善现有的城镇最低生活保障制度,形成一套面向全体社会成员的制度化、规范化的社会救济体系。李珍等人(2020)也进一步强调,取消失业保险并将其功能并入社会救助体系是新时代背景下我国失业保险制度的最优改革路径。不过,这种"一刀切"的做法不仅会造成社会救助制度的"巨婴化",将会带来巨大的财政压力;此外,失业群体的情况复杂,用统一的社会救助制度无法满足个性化需求,也有悖于社会救助作为社会保障"最后一道安全网的"的目标定位;最后,这种完全抛弃失业保险等同于完全否定失业保险的制度优势,这种做法也是值得商榷的。

因此,本书认为在失业保险金与最低生活保障金的基础上增加专项的失业救助金不仅符合当前的制度基础,也有利于未来的制度发展。不过,应该做好失业救助金与失业保险金的衔接工作,建议在发放失业救助金的过程中同时缴纳失业保险金,帮助贫困人员满足失业保险金的领取资格,从而实现从失业救助金向失业保险金的过渡。此外,由于失业保险金领取具有较为严苛的缴费条件以及领取时间的限制(目前最长为 2 年),但是也有可能失业人员在两年以后依旧没能找到工作,一旦无法继续领取失业保险金,可能就会陷入贫困,这时就可以通过继续领取失业救助金的方式来满足求职期间的日常生活需要。在资金来源上,建议可以利

用失业保险金来反哺失业救助金的发放工作,近年来我国失业保
险金的每年基金结余较高,满足条件领取资格与领取需求之间存
在着明显的张力,因此可以通过失业保险金中的社会统筹部分作
为失业救助金的主要资金来源,在提高失业保险金的利用效率的
基础上减轻单独支出专项失业救助金的财政压力。

　　2. 健全完善积极的劳动力市场政策并凸显贫困人员的特殊性

　　积极的劳动力市场政策是政府干预劳动力市场以帮助失业者
找到工作的一系列相关计划(Calmfors,1994)。如果只是从措施
类型来看,相较于主要发达国家积极的劳动力市场政策,我国都能
找到相应的措施,并且我国还建立了社会保险补贴等具有中国特
色的政策举措。因此,杨伟国(2008)认为,我国的市场性就业政策
涵盖但同时超越了发达国家正在实施的积极的劳动力市场政策
(ALMPs)范畴。但实际上,我国积极的就业政策与西方真正意义
上的 ALMPs 还是存在着差距和区别的。西方发达国家(尤其是北
欧国家)的 ALMPs 注重与失业保险金、失业救助金等津贴给付的
相衔接,尤其强调以津贴发放来激励失业人员积极参与 ALMPs,
强调个案的管理方式以及常态化、持续性的各类服务,这一点在我
国无论是制度设计上,还是具体操作中还是有所不足的。因此,建
议在我国现行政策基础上应该不断健全完善积极的劳动力市场政
策,真正从人力资本投资以及激活劳动者的角度来丰富、完善、细
化现有措施。此外,正如前文所言,由于城市贫困未就业人员相较
于一般的失业者,重返劳动力市场的难度较大,对人力、物力、财力
投入的要求相对较高,因此也建议在健全完善我国的积极劳动力
市场政策的同时积极探索专门针对贫困未就业人员的就业救助项
目或措施,专门服务贫困群体。比如孟加拉国的格莱珉(Grameen

Bank)穷人银行,依据贫困者特性,从贫困者社会生活出发,专门服务贫困人群(林闽钢,2019)。

　　3. 加强就业救助与就业保护各项法规之间的衔接

　　城市贫困人员受人力资本的限制以及劳动力市场的就业排斥,大都只能在次级劳动力市场从事低劳动回报率、劳动合同签订不规范、社会保险福利缺乏的工作,面临着严峻的就业保护问题。尽管目前学者针对就业保护给劳动力市场效率产生的影响褒贬不一,但是就访谈来看,就业保护的不足会影响城市贫困人员的外出就业意愿,尤其是相较于稳定的低保金而言。因此,在帮助未就业的贫困人员找到工作、回归劳动力市场的过程中,应该健全完善各项就业保护法规,规范劳动合同签订以及社会保险参保,做好社会保险的转移接续工作。此外,建议在有条件的情况下,可以适当提高最低工资标准,提高劳动报酬在初次分配中的比重,提高城市贫困人员的劳动回报率。

7.2　瞄准救助对象,提高就业救助的匹配度

　　如前文所述,目前制约我国就业救助效果的主要原因并不是就业服务的缺失,而是现有就业服务没有与就业救助对象的切实需求实现有效匹配,从而造成服务递送过程中的缺位与错位现象。因此,建议一方面需要在识别就业救助对象的基础上,根据就业救助对象面临的就业障碍进行二次精分、实现瞄准,做好需求的分析以及评估;另一方面建议在精分瞄准就业救助对象的基础上,以需求为基础实现就业救助服务的组合式递送,实现靶向干预,提高就业救助的匹配度。

7.2.1　实行就业救助对象的精分

在本书看来,实行就业救助对象精分主要包含两个层面意思:

首先,建议从就业能力、就业意愿以及就业机会的三个维度构建立体化的量化指标,区分出不同的就业障碍类型。如图7-3所示,任何一位未就业的贫困人员的就业障碍都可以被归置于该模型当中,简单来看可以将就业救助对象划分为单维障碍(O)、单维障碍(C)、单维障碍(W)、双维障碍(C-O)、双维障碍(W-O)、双维障碍(W-C)以及三维障碍(W-C-O)7种类型(如表7-2)。不过,在实际当中,三种障碍并不能直接用简单的二分变量来划分,因此如何构建一套可操作化的评估指标方案应该成为未来就业救助工作中的着力突破点。

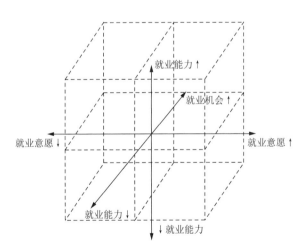

图7-3　就业意愿—就业能力—就业机会三维下就业救助对象立体精分模型

表 7-2　就业意愿—就业能力—就业机会的障碍简单组合表

就业意愿(W)	就业能力(C)	就业机会(O)	就业救助对象类型
强	高	多	理想状态
强	高	少	单维障碍(O)
强	低	多	单维障碍(C)
低	高	多	单维障碍(W)
强	低	少	双维障碍(C-O)
低	高	少	双维障碍(W-O)
低	低	多	双维障碍(W-C)
低	低	少	三维障碍(W-C-O)

其次,影响就业障碍的原因也是具有多样性的,在对就业救助对象进行精分的基础上,还应该继续针对就业救助对象的个人、家庭、福利特征、劳动力市场等影响维度进一步评估就业障碍产生的具体原因,设计针对性的就业救助方案。因此,建议引入专业的社会工作机构具体开展相关工作,针对贫困者的需求及其自身特点开展专业化的评估,根据障碍类型划分以及障碍的致因设计就业救助服务方案。

7.2.2　精准递送就业救助服务

在实现就业救助对象精分的前提下,建议应该依据就业救助对象的具体就业障碍类型以及障碍的产生原因进行靶向救助,精准递送就业救助服务,从而解决哈特利·迪安(2009)认为现行工作福利没有解决人们的工作需要问题。OECD 发布的一份名为《失业的面孔——确定就业障碍以告知政策》(*Faces of Joblessness Characterising Employment Barriers to Inform Policy*)的研究报告中也是基于这一逻辑思路开展的。研究指出,政府在设计和实施激活和就业支持政策时,应该就无业人员(jobless)、不稳定就业人员(unstable jobs)以及工作时间受限人员(restricted working hours)面对的工作相关能力造成的就业障碍、经济激励缺乏造成的就业障碍以及缺乏就业机会造成的就业障碍实施不同的政策干预(policy interventions)(Rodrigo Fernandez et al.,2016)。

如图7-4所示,无灰度的最里层强调的是就业行为产生的就业能力、就业意愿以及就业机会三要素,未就业就是因为三者中至少一项发生了断裂。深黑色的最外层是对应于影响就业能力、就业机会、就业意愿的四类主要英雄因素。而浅灰色的中间层就是各种具体的就业救助措施,根据就业行为产生的能力、意愿与动机的三要素及其背后的致因,不同的就业救助措施应该被置于不同的链条上,进行靶向干预,从而真正实现就业救助的供需匹配。此外,图中的虚线表示就业能力、就业意愿以及就业机会三者之间会存在相互影响的关系,这说明对于就业救助而言,单一的政策可能无法实现就业促进效果,因此建议应该提供组合式的就业救助服务包,多管齐下,实现"1+1>2"的政策组合效果。具体而言,针对不同的就业障碍可以通过以下方式救助措施来优化服务需求。

1. 有效回应城市贫困人员的就业机会障碍

首先,在拓展就业机会上,我国已经形成了推荐市场就业、鼓励自雇就业或自主创业以及依托公益性岗位安置实现政府托底就业的三种就业机会拓展路径,需要进一步夯实并优化这三种就业渠道拓展路径。第一,职业推荐已经被证明能够有效促进城市贫困人员的就业,因此建议扩大基层职业介绍中心建设,在完善政府举办的职业服务机构的同时加大扶持民办职业服务机构,进一步提高职业推荐的覆盖面,引入城市贫困人员职业推荐成功率的考

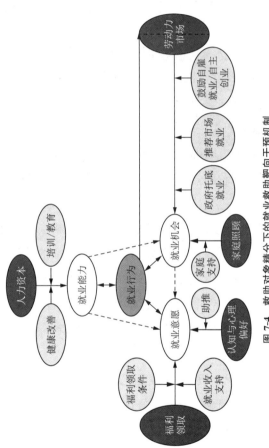

图 7-4 救助对象精分下的就业救助靶向干预机制

评指标,减少服务"稀释效应"。第二,鼓励自雇就业或者自主创业,要从实际就业的维度来设计以及优化各项税收优惠等财政支持,防止隐性失业问题。在这个过程中,还应该正确看待非正规就业的作用,一方面要肯定非正规就业对于扩大就业机会的作用,但同时也要通过完善非正规就业的日常管理与监督,警惕非正规就业下就业保护的缺乏以及隐性就业等问题。第三,积极在社区或街道层面开发公益性岗位,降低岗位进入门槛,重点向"4050"人员、刑满释放人员、戒毒康复人员、康复期精神障碍者、乙肝艾滋病病毒携带人员等特殊的城市贫困人员倾斜。通过公益性岗位安置,有利于缓解社会排斥与游离问题。为防止就业收入对于福利收入的替代率,建议对公益性岗位实行较高的收入豁免。

其次,积极探索社会化的家庭照顾服务供给体系,缓解家庭照料负担,释放劳动力。在当前的社会条件下,有以下几类社会照料政策值得关注,第一类是面向高龄老人、失去行动能力的老人、生活难以自理的病人和残疾人提供的长期照护服务,比如目前我国正在积极构建的长期照护救助、保险、福利三层次的制度安排(唐钧,2019);第二类是为儿童提供照料服务,尤其是对于单亲的贫困家庭而言。不过。提供养老、康复、抚幼、长期照料等社会化照顾服务,并不意味着将家庭应该承担的责任完全转嫁给政府,而应该依托市场、家庭、社区、社会组织等多元主体,共同分担社会弱照料中的人力成本和经济负担。

最后,就业机会的障碍还应该逐步打破劳动力市场的二元分割现象,降低劳动力的市场壁垒,推动劳动力市场一体化建设,促进劳动生产要素的自由流动以及有效配置。一方面,可以扩大正规部门的就业吸纳能力,增加就业机会,提高城市贫困人员的劳动回报率以及工资性收入;另一方面,可以增加次级劳动力市场的就业吸引力,解决"同工不同酬"现象,构建待遇公平化、就业能力与回报相匹配的劳动力市场,逐步提高劳动力市场的价格和报酬以动态反映劳动力市场需求情况。此外,可以利用各种补贴以及税收优惠政策来反哺就业成本,保证贫困劳动力的劳动收入水平。还应该通过完善立法、加强宣传等方式来缓解劳动力市场的就业排斥问题。

2. 有效回应城市贫困人员的就业能力障碍

人力资本在就业中的重要作用已经得到了诸多验证,因此建议加大城市贫困人员的人力资本投资,有效回应城市贫困人员的就业能力障碍,通过培训、教育、健康改善等多种途径增强贫困人员的就业能力。

首先,切实提高就业培训的质量。一方面,可以丰富就业培训的内涵,培训不应该只局限于技能培养层面,还可以补充人际交往能力以及心理支持等培训内容。同时,就业培训项目与低保对象的再就业以及劳动力市场的需求变化紧密地结合起来(顾海娥,2017),提高就业工人和就业岗位的匹配程度。比如针对当前兴起的抖音等网络直播带货的创业就业新形式,建议加强对城市贫困人员的互联网技术培训。另一方面,可以丰富就业培训的形式。改变传统定点上课、集体参与的培训方式,构建专题讲座、学术报告、研修班、工作坊等形式,开展代理培训、定向培训、在职培训、实习培训、与市场挂钩的订单式培训等,还可以依托发放培训券、培训卡、补贴培训期间生活补贴等多种手段开展培训。培训应该实现常态化,注重个案管理,加强反馈,不能片面追求培训次数或者人数规模,忽视培训的实际效果。

其次,在社会投资的视角下加强对城市贫困人员的教育救助。本书认为,教育救助应该贯穿于公民的不同生命发展周期并且基于需求导向,而不是"学生身份"导向。2008年,欧盟出台的政策文件《重建社会议程:21世纪欧洲的机会,人口和团结》(Renewed social agenda:Opportunities,access and solidarity in 21st century Europe)明确指出重视教育和投资人力资本对确保劳动参与和社会包容以及提高欧盟竞争力的作用,认为需要实施终身学习制以满足人们在生活的不同阶段获得教育机会的需求(王燊成、刘宝臣,2019)。因此,建议一方面调整我国现行的教育救助制度,实现从保障受教育机会到提高学习质量再到开发人力资源的转变,实现从具有"学生"身份的福利需求者到待开发的人力资源的转变,按照不同的生命周期需求常态化开展教育救助,促进教育救助与就业救助的协同,实现"就业—教育—就业"的循环救助(张浩淼、仲超,2020);另一方面可以建立更具普惠性的公共教育体系,在适当延长免费教育年限的基础上,将公共教育资源的投入对贫困人员给予一定倾斜,避免教育机会因家庭贫困而被剥夺。

最后,结合健康中国战略的推进,加强公共医疗卫生体系建设,提高面向全体社会成员的医疗保障水平,促进健康状况改善和劳动能力恢复。一方面应该继续推进构建公平可持续的全民医保(仇雨临,2016;仇雨临、王昭茜,2018),提高报销覆盖范围、报销比例并优化报销流程,依托医疗保险、医疗救助以及临时救助完善健康保障体系,还可以通过完善大病保险制度,防止贫病致贫、因病返贫(王婉,2014;仇雨临,2017;何文炯,2017),并通过多渠道降低贫困人口的医疗负担,提高城市贫困人员健康水平,改善人力资本供给;另一方面加强完善基层医疗卫生服务网络,完善普惠式的医疗卫生体系以及服务供给。

3. 有效回应城市贫困人员的就业意愿障碍

一方面,需要回应如何防止福利依赖产生的就业意愿障碍。首先在增设失业救助金的基础上,明确失业救助金与劳动力市场参与的衔接方式,主要包括设置福利领取条件以及就业收入支持两方面。福利领取条件主要针对那些能够就业而不愿就业的"懒汉"。对于这部分群体,应该凸显制度的"刚性":第一,建议失业救助金的领取设置求职和报告要求,对于求职的频率、求职的积极性、工作计划的履行、个人与家庭收入和资产变化的报告等内容都进行详细的规定和设计;第二,建议失业救助金实施严格的登记失业,只有进行失业登记,才能领取失业救助金,失业登记是为了有效管理就业救助对象;第三,对于不履行相应义务的福利领取者进行津贴的减发、停发、取消等措施,对于恶意骗取者进行失信人员登记并追究其相关法律责任。就业收入支持可以继续强调收入豁免以及救助渐退,通过增加劳动收入的回报率来激励贫困人员重返劳动力市场。同时,失业救助金可以实行灵活性的给付方式,对于那些积极求职就业的对象给予较高的失业救助金,但是对于那些没有积极求职就业的对象给付相对较低的失业救助金,凸显制度的"柔性"。需要注意的是,无论如何强调就业救助,始终还是会存在无法实现就业的"不应得"穷人,对于这些人员在当前的阶段还是得依托社会救助金对其实现兜底保障,但是社会救助金的给付比例可以低于"应得的穷人"。这是社会发展阶段的必经过程,也是社会政策的人文情怀。但是人文情怀并不能意味着对于"不应得"的穷人,就业是可有可无的选择。总体而言,就业救助在给付现金津贴的过程中应该实现"刚性"与"柔性"的有机平衡。除了现金津贴,对于专项救助福利也应该进一步完善福利资格与给付方案,既可以将福利资格扩展至所有的社会救助家庭或对象,根据不同的情况进行专项评估,也可以加强基本公共服务的完善,来减轻专项救助福利的吸引力。

另一方面,需要回应如何解决因为心理认知局限而产生就业意愿障碍的城市贫困人员,建议可以使用助推(Nudge)的方式来实施行为改变的干预。对于具体的政策措施,将在下一节进行展开。因为助推的本质在于强调贫困对象应该主动地参与到就业救助当中,成为就业救助治理结构的主要主体,增强就业能动性。

7.3 重塑治理结构,促进就业救助的协同化

本书建议,应该重塑就业救助的治理结构,在人社、民政、街道—社区、用人单位、社会工作服务机构以及就业救助对象之间形成有效的互动关系,推动多元主体参与走向多元主体协同,共同促进城市贫困人员重返劳动力市场。就业救助多元主体的"协同治理"关系如图 7-5 所示。

7.3.1 明确"人社主责、民政协助"政府内部分工机制

本书建议就业救助实施"人社主责、民政协助"政府内部分工机制。

"人社主责"指的是进一步明确人社部门在就业救助过程中的主体责任。在现行制度设计下,尽管就业救助从业务职能上归属于人社部门,但领取低保金的贫困人员及其家庭在日常管理中又

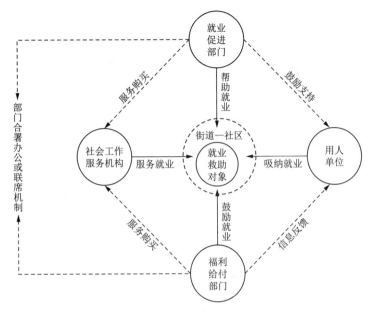

图 7-5　就业救助多元主体"协同治理"关系图

归属于民政部门,这种业务职能与日常管理的部门分管逻辑反而造成了"两不管"的模糊地带。因此,通过引入失业救助金,有利于实现就业救助业务职能与日常管理部门的合二为一。本书建议,就业救助中的失业救助金发放以及就业救助服务工作均由人社部门来主责。一方面,人社部门通过生活津贴发放与就业救助服务的结合,更加有利于统筹就业救助各项工作。这一做法在英国已经实施多年。英国从 2004 年开始就将求职津贴发放部门——社会福利局(the Benefits Agency)和就业服务局(Employment Service)合并成立组建成特别就业中心(Jobcentre Plus, JCP),该中心旨在把积极求职作业失业者领取津贴的前提条件,既能保证失业者能够按时按规领取求职者津贴,也能有效监管与惩罚甘愿一直领取津贴但不愿工作的失业者,从而达到发放失业救助金与协助就业的一体化(郑春荣,2012:231—241)。此外,与失业救助金相似的失业保险金本来就由人社部门负责,也有利于实现失业救助金与失业保险金之间的衔接。韩克庆(2016)建议,在人力资源和社会保障部部门职责归属上,失业救助也不是就业促进司的工作范畴,而是失业保险司的重要工作内容。不过,就业促进司与失业保险司共同参与管理的合作模式似乎更加符合就业救助的制度设计,失业保险金主要负责失业救助金发放,就业促进司主要负责就业服务的管理问题。这一做法其实也是行得通的,比如2018 年国家就把医疗保险和医疗救助两块业务统一整合进了新成立的国家医疗保障局当中。

"民政协助"首先主要指的是在城市贫困家庭认定中应该加强民政部门关于家庭经济状况核查的相关工作。长期以来,家庭经济状况调查都是最低生活保障制度实施中的难题,尽管使用了民主评议、定期抽查、大数据核查等各种调查手段,但家庭经济状况核查的效果仍然有待进一步加强。因此,建议充分利用民政部门的居民家庭经济状况核查系统,推动民政、人社、住建、银行等相关部门、机构以及地区之间互动联合,强化信息化建设,加快居民家庭经济状况核对机制建设,优化经济状况核对流程,提高核对反馈效率。此外,也要建立人社和民政的常态化联系机制,尤其是在认定城市贫困家庭成员是否具有就业条件的过程中,两个部门应该结合自身的业务优势,综合评定贫困家庭成员领取最低生活保障金还是失业救助金。并且,即使一些具备劳动能力但目前不具备就业条件的家庭成员被认为符合领取最低生活保障金,但是民政部门在日常管理的过程中也应该进行常态化的追踪调查以及信息反馈更新等工作,当这些群体具备了就业可用性时,及时推动其参与失业救助金,从而实现最低生活保障金与失业救助金之间的有效衔接。

7.3.2　构建社会工作机构与企业等用人单位的协作参与模式

在就业救助中,除了明确人社和民政部门的责任分工,还应该积极构建社会工作机构与企业等用人单位协作参与模式。协作(Collaboration)强调的是参与主体间存在强势主体主导的合作关系(曹海军、霍伟桦,2013)。因此作为就业救助的责任主体,政府部门应该积极发挥社会工作机构与用人单位的自身优势和特点。

从已有经验而言,在社会救助领域,社会工作服务机构介入最多的就是失业期间的就业救助。我国香港地区自1999年以来就推动了自力更生支援计划,在提供现金援助的同时协助年龄在15—64岁之间、身体健全的综合社会保障援助申领人寻找有薪工作,从而达到自力更生。自力更生支援计划主要包括两个重要内容:就业支持服务与豁免计算入息。其中就业支持服务就是主要由社会福利署通过购买非政府机构服务的方式开展,即政府转介健全的综合社会保障援助申领人与运营机构接受就业服务支援服务,帮助申领人克服就业障碍,增强受雇能力,使他们能找到有薪工作,继而达到自力更生。就业支持服务主要包括就业辅导、就业选配、个人化及针对性的就业支持服务以及就业后支持服务等内容。具体而言,运营机构会为服务使用者提供以下切合个人需要的就业支持服务:定期与服务使用者会谈并提供就业建议;协助服务使用者订立个人求职计划并定期做出检讨;协助服务始终者取得最新的劳工市场、职业空缺及再培训课程的咨询，并为他们安排就业选配；通过社工服务加强对服务使用者的支援；评估服务使用者的需要并提供个性化及针对性的就业支持服务；评估服务使用者的需要以安排他们接受合适的就业支援服务及考虑转介服务使用者接受福利服务；为最年幼子女介乎 12—14 岁的综援单亲家长和儿童照顾者提供照顾子女的咨询以及向成功就业的服务使用者提供最少三个月的就业后支持服务，以协助他们持续工作。近年除了将个人就业支持服务，社会福利署还实施了短暂经济援助计划，委托运营机构为有需要的服务使用者提供及时的经济援助，以协助他们应付在找工作期间或就业初期与就业相关的开支，包括接受个人化以及针对性就业支持服务时的交通费等（香港社会福利署，2020）。因此，应该进一步加强政府对社会工作机构的服务购买，将就业服务支持委托给社会工作机构，充分发挥社会工作机构在服务递送过程中的专业优势，开展专业性、多元化以及个案式的就业服务。

对于企业等用人单位，建议应该进一步加大企业招录就业救助对象所享受的社会保险补贴、税收优惠、小额担保贷款等就业扶持力度，并且出台相关的具体实施细则和操作方式，同时改变"先招录后补贴"的模式，简化补贴手续，提高企业的积极性。此外，加大政策宣传力度，鼓励支持企业提供一些就业时间灵活、能够切合城市困难对象就业需求的工作岗位，加强对困难对象的理解以及包容，保障困难对象的就业权利，增强企业社会责任感。还可以引导企业积极参加就业救助对象的培训和再教育工作，提高企业对于就业救助对象刻板印象的改变。最后，加大政府购买企业工作岗位的力度，引导就业救助对象先上岗，待实现人岗有效匹配，就业状态稳定后,再通过转介方式成为企业自雇员工。

7.3.3 提高基层工作队伍的力量、水平以及相关待遇

制度设计要重视政策执行的重要一环——基层工作人员。基层工作人员具有一定的自由裁量权,越是政策模糊的地方,自由裁量权的空间就越大。自由裁量权如果运用得合理,可以增强制度的灵活性和针对性,但如果滥用,则有可能造成权力对权利的侵害,损害群众的接受救助的权利,也有损制度的公平性(杨芳,2015)。

首先,建议加大基层工作队伍的力量,解决"上面千根线、下面一根针"的问题,改变"身兼数职"的工作格局,尽可能地实现专人负责模式,建立工作档案和日记制度,实现工作流程和进度对接。也可以通过政府购买社区就业援助员公益性岗位的方式,充实基层工作队伍,在解决就业的同时也发挥邻里互助作用。此外,应该正确看待社区居委会作用,利用居委会延伸就业救助,在网格化治理过程中加强居委会作为就业救助对象以及就业救助服务供给主体之间的沟通联络功能。还可以以居委会作为联络平台,将就业救助对象组织起来,定期召开经验分享会,加强就业救助对象之间的互帮互助。

其次,建议加强对基层工作队伍的培训。通过定期座谈会等形式围绕就业救助实施过程中的痛点、盲点进行政策回应和答疑,在不断的互动交流中优化政策实施,减少政策实施过程中因人而异以及偏差现象。构建街道、区县、市、省、国家五级培训网络,利用网络化培训,加强平台搭建以及典型案例库建设。更为重要的是,就业服务本身作为一项技术性工作,基层工作人员也应该加强

自身对面试技巧、求职技能、心理咨询、职业指导等方面专业知识的掌握,不能将角色限定于简单的"搭搭桥、牵牵线"。

最后,建议通过优化工作环境,适当提高基层工作人员的工资待遇,减少不必要的繁琐事务,在工作上给付支持,完善基层工作人员的职业发展通道,提高工作的积极性,积极加强对基层工作人员的人身保障以及心理关怀,吸纳更多的优秀人才入驻基层工作队伍,强化基层工作人员对职业的认同感和获得感,稳定基层队伍。

7.3.4　助推城市贫困人员作出正确的行为选择

从微观的角度而言,针对贫困人员的就业救助本质上属于一种就业行为的政策干预,旨在通过政府干预劳动力市场的供需关系,改变贫困人员的就业选择与就业行为,促进其就业、再就业。近年来,行为干预越来越成为世界各国的政策和政治的核心(Leggett,2014)。为了解决社会问题,经常需要改变人们的行为(Tummers,2019)。西方国家当代福利政策中限制长期失业的公共救助领取以及刺激劳动力市场的快速迁移也是一种针对贫困者的行为改变干预,旨在改变福利领取者在积极就业和福利使用的两种行为之间进行权衡,使就业远比依赖福利更具吸引力(Netta & Haya,2020)。前文已经强调,由于就业救助对象自身的认知局限和心理偏好,因此常常不能做出正确的选择行为,从而陷入福利依赖,并从短期失业发展为长期失业甚至无业。

对于贫困者在行为选择中的认知局限和心理偏好,2017年诺贝尔经济学奖得主理查德·H.萨勒(Richard H. Thaler)和卡斯·R.桑斯坦(Cass R. Sunstein)在2008年出版的《助推:如何做出有关健康、财富与幸福的最佳决策》(*Nudge：Improving Decisions About Health，Wealth，and Happiness*)一书中提到的助推(Nudge)成为近年来被热捧的一种改变人们行为选择的新方式(Gigerenzer，2015；Lepenies & Malecka，2015；Guala & Mittone，2015；Nagatsu，2015)，被视为继"胡萝卜型(Carrot)""鞭子型(Whip)"以及"布道型(Sermon)"等传统政策工具的第四种政策工具(Tummer，2019)。"助推"一词在英文中的原意为用胳膊肘等身体部位轻推别人，以提醒或引起别人的注意。在 Thaler 和 Sunstein 的书中，助推被定义为"选择架构的任何方面，它以可预测的方式改变人们的行为，而不禁止任何选择或显著改变他们的经济动机"(Thaler & Sunstein，2008:6)。助推的基础是一种被称为"自由主义家长制/自由主义的家长主义(libertarian paternalism)"的哲学框架。这种哲学是一种不使用武力或命令的方法，旨在引导人们的选择符合其最大利益，同时允许他们自由地采取其他行动，试图以一种能让选择者自己判断更好的方式影响选择(Thaler & Sunstein，2008:5)。助推就是一种政策设计方法，旨在利用行为经济学和认知心理学的证据来克服我们在决策中通常会犯的错误以及认知偏见(Mills，2015)。

尽管助推被视为一种行为改变的政策干预工具，但是目前对这一工具并没有形成统一的内涵界定以及具体分类，国内外在借鉴心理学以及行为经济学的相关研究，也得出了差异化的助推工具分类。在 Thaler 和 Sunstein(2008)看来，助推方法可以按照 NUDGES 中的六个字母对应分为激励(iNcentives)、理解映射(Understand mappings)、默认选项(Defaults)、给予反馈(Give feedback)、预判错误(Expect error)和选项结构化(structure complex choices)六类。在 NUDGES 的基础上,2010 年,英国助推小组(BIT)发布了 MINDSPACE 框架,为政策领域如何运用助推方法提供了具体操作指南(Cabinet Office,2010)。与 NUDGES 一致,MINDSPACE 由不同助推方法的首字母缩写合成,分别为信使(Messenger)、激励措施(Incentives)、规范(Norms)、默认选项(Defaults)、显著性(Salience)、启动(Priming)、情感(Affect)、承诺(Commitments)以及自我(Ego)(Dolan et al.,2010)。Münscher 等人(2016)则将助推策略分为决策信息型(Decision Information)、决策结构型(Decision Structure)以及决策辅助型(Decision Assistance)。我国学者何贵兵等(2018)从助推的主要对象出发,将助推分为针对决策者的助推方法、针对信息的助推方法、针对决策选项的助推方法、针对决策程序的助推方法,以及针对决策环境的助推方法等五大类。此外,张书维等(2019)主要将助推策略总结为"增加策略""减少策略"和"转换策略"。在这些多元化的分类中,默认选项(Default Option)、框架效应(Framing Effect)和示范性规范(Descriptive Norm)这三种助推策略拥有最厚实的研究基础,并且积累了非常丰富的实践成果(傅鑫媛等人,2019)。因此,研究建议,可以借鉴这三种主要的助推策略提高城市贫困对象在就业救助中自身能动性,帮助他们作出积极就业的正确选择。

第一,利用默认选项助推贫困人员就业行为。默认选项指的是当你什么都不做时会发生的事情,是行为经济学中最著名的元素(Dolan 等人,2010)。在执行个人和社会上所期望的行为时可能产生拖延的因素之一是所涉及任务的复杂性。当人们面临复杂的选择时,需要对复杂性本身做出反应,不断平衡多方利益,确定最佳选项通常十分困难,人们有可能逃避、拖延,做出消极的决策。

这暗示着,对于给定的选择,如果存在一个默认选项,那么就可以期待大量的人最终选择这个选项,不管这个选项对他们是否有利。如果默认选项带有一些隐含或明确的暗示,表明它是正常的,甚至是推荐的行动方针,那么这些什么也不做的行为倾向就会得到加强。默认选项作为助推工具最为成功的当属器官捐献(Johnson & Goldstein,2003)以及自动加入储蓄计划(Madrian & Shea,2001)。在就业救助过程中,可以从三个方面实施默认选项,以提高政策措施预期效果:**首先,建议设置失业登记的默认选项**。已有研究证明,城镇失业登记作为政府帮助就业和发放失业救济金的前提条件是有作用的(宋长青、熊自力,2001)。因此,一旦从城市贫困家庭中筛选出"不应得"贫困人员,可以改变现行失业登记主要以个人自主选择的做法,所有"不应得"贫困人员默认进行失业登记,如果有其他特殊原因无法进行可另外申请。**其次,建议设置社会保险参保和社会保险福利领取的默认选项**。社会保险一直以来都被赋予了反贫困的期待,并且确实也发挥了反贫困作用(李棉管、岳经纶,2020)。社会保险能够以参保成员的互助共济降低致贫风险,具有缓解贫困的功能,提升社会保险主体制度的反贫困效果(左停,2017)。但是一直以来,由于贫困人员的缴费能力以及观念意识等局限,加上社会保险参保又是一种自愿选择行为,从而导致该群体社会保险的参保率始终较低,尤其是失业保险。数据显示,2018 年末参保人数达到 19643 万人,城镇就业人口中参加失业保险的只占 25.3%,尤其是近 2.9 亿农民工的失业保险参保率只有 17%(张盈华等,2019)。因此,将社会保险参保设置为默认选项,不仅有利于提高社会保险的覆盖率,而且还有培育贫困对象的参保观念以及行为习惯。此外,一旦城市贫困人员满足了领取失业保险金等领取资格时,可以默认将其转移至领取失业保险金的福利对象,实现失业救助与失业保险的及时衔接,因为不同于最低生活保障金,失业救助金更加强调福利给付的即时性以及周期性,并不是一项长期生活津贴。**最后,建议设置就业培训和再教育的默认选项**。现行就业培训是一种选择性的就业服务,但是面对着这种选项,城市贫困人员其实很难一下做出有效的理性选择,应该参加还是不应该参加? 如果参加,应该参加哪一种? 参加了有没有效果? 这些问题反而限制了城市贫困人员参加就业培训的积极性。因此,无论是政府工作人员,还是社会工作机构人员,都应该简化(simplifying)选择架构,在做好调研以及专业评估设计的基础上为城市贫困人员做好选择,直接提供切合贫困对象实际需求和自身能力的培训类型以及培训计划,提高就业培训的参与率。只有在较高的就业培训参与率的基础上,才有可能进一步提升就业培训的效果。

　　第二,利用框架效应助推贫困人员就业行为。框架效应强调的是决策者采用的"决策框架"(decision frame)不仅受到规范、习惯和决策者个人特征的影响,而且还受到问题陈述(formulation)方式所控制(Tversky & Kahneman, 1981)。同一决策方案由于不同的语义描述,会使决策者形成不同的参照点,并对本质上相同的决策情景产生不同的认知,造成对备择选项的认知变化,从而引起对该事件的态度、偏好等心理反应发生变化,甚至逆转,最终导致个体选择行为上产生差异(何贵兵、于永菊,2006;尚光辉等人,2020)。框架效应能够有效规避人的损失厌恶心理引发的决策认知偏差(傅鑫媛等人,2019)。张书维、岳经纶等(2019)强调,框架效应最成功的应用就是在解决就业问题上,并呈现了英国提高失业率过程中对于承诺的运用、匈牙利将"失业保险"重新命名为"求职者津贴"以及我国政府对于延迟退休政策宣传框架由国家立场向个人立场的转变三个具体的例子。基于现有研究,本文建议在就业救助过程中,使用框架效应可以包括以下几个方面:**首先,使用预先承诺**。其实这一方法已经在我国城市低保申请和复核过程中所使用:在低保初次申请中,各地一般会要求低保对象应当与受理其低保申请的街道办事处签订协议诚信承诺书,承诺所填写的申请理由、证明材料、家庭收入及家庭状况全部是真实可靠的,不存在虚假隐瞒,如果存在,后果自行承担,自愿接受处理。此外,济南等地还要求申请低保续保人员还需要签订续保申请承诺书,承诺在享受低保待遇期间家庭收入情况好转,按规定告知管理审批机关;在法定劳动年龄内且有劳动能力的低保户,享受低保期间,主动就业或接受有关部门介绍的工作,就业后家庭人均收入超过最低生活保障标准后主动退保,两次无正当理由拒绝接受就业,愿接受取消保障金的处理;在享受低保期间,积极支持社区工作,按时参加社区组织的各项公益活动(济南市民政局,2012)。但是一直以来,我国对于低保违规行为的惩罚力度较弱,责任追究机制不健全,承诺内容的核心概念比较宽泛,加上低保对象诚信意识不足,导致现有承诺并没有发挥好效果。为此,建议利用承诺方法的同时应该加强对就业救助对象违规违法行为的责任追究,提高惩罚力度,凸显违制问责与责任追究(张奇林、李鹏,2016),同时加强就业救助对象的诚信建设,健全诚信预警机制、诚信监督机制、诚信奖惩机制(李春根、廖彦,2018),通过推行诚信积分制度等方式(丁建定,2009)培训贫困对象的诚信意识。**其次,善用语言的力量**。尽管从社会保障制度体系来看,无论是低保还是就业救助,都是我国社会救助制度的重要组成部门,但并不意味着在具体的工作开展中始终要以"救助""帮扶""扶贫""扶弱"等一些带有稍微消极色彩的"标签化"概念,这种表述方式一方面有可能会让贫困对象自身产生一种不对等的自我感知,可能会产生一种"我是弱者,我是底层,因此我得到救助是理所当然"的消极性的刻板印象,并且另一方面也可能会产生社会救助的污名化(stigma)问题(李棉管,2017;章晓懿,2017;岳经纶、程璆,2019;廖慧卿等人,2020)。因此,在未来建议可以将失业救助金和失业保险金都改为求职者津贴,还可以将就业救助改成跟香港称之为"自力更生计划"相似的一些表意更积极的名称。**最后,强调获益框架**。在框架效应的运用中,损益框架被视为是最典型的一种框架效应,是指对同一事实强调其损失属性或获益属性会导致不同的决策判断的现象(Levin et al.,1998)。损益框架可以分为益型框架(gain frame)和损失型框架(loss frame),前者强调完成目标行为的潜在积极获益,后者凸显未完成目标行为可能产生的消极后果(李武等人,2018)。对于城市贫困人员而言,就业动机不足的除了经济上的理性计算,还有一个重要原因就是在城市贫困人员的认知中,就业似乎只是一种福利的损失,对于就业对于个人以及家庭的作用无法正确看待。因此,建议综合利用信息宣传、政策宣讲以及一对一辅导等方式强调就业对于他们而言,不仅是收入的来源,还是社会融入以及家风养成的重要方式,更是奉献社会以及贡献国家的人生价值的重要彰显。同时,也要强化福利领取的损失框架,如福利污名、社会排斥以及贫困文化代际传递等。

　　第三,利用示范性规范助推救助对象就业行为。规范是社会或群体内的行为期望或规则,会影响人们的行为,因为个人会从他人的行为中汲取线索,并以对规范的理解为标准来比较自己的行为(Dolan et al.,2010)。默认选项和框架效应都通过巧妙地呈现决策信息来助推行为,而示范性规范则是通过直接提供定制化的信息来促进人们行为(傅鑫媛等人,2019)。研究表明,那些向人们表明大多数人都有某种行为方式的直接信息会促进人们对那种行为的从众性(Dolan et al.,2010)。最具代表的例子就是向个体展示了他们的住宅能耗与他们的邻居相比是怎样的,把高于平均水平的能耗视为不受欢迎的被发现可以有效地减少能耗(Ayres et al.,2009)。人际偏好强调个人偏好与所做选择之间存在着一组相互关系:人们关心别人如何看待他们,以及他们相对于他人的定位,因此个体的效用是他们的结果相对于其他人的结果的函数,比如当邻居的收入较高时,人们的幸福感一般会降低。此外,个人的选择在某种程度上取决于个人对社会的认同,个人表现出的偏好往往取决于他们的多重社会身份(Benjamin et al.,2010)。因此,应该积极发现和挖掘通过就业实现自立的城市贫困对象典型人物和案例,加大宣传和表彰力度,发挥就业榜样在城市困难对象就业参与过程中的重要作用,提高其对积极就业的认同度,潜移默化引导城市困难对象主动就业,树立良好的社会规范和社会风气。此外,"扶贫必先扶志",就业救助应该思考如何提高城市贫困人员在就业救助中的能动参与,提高自身就业内在动力,在福利领取和就业参与之间做出符合预期的行为选择。不能让就业救助服务变成一种交换条件,而是应让城市贫困人员能在其中体会到劳动的意义和价值,明白自己是有能力去参与工作的,从而激发内生动力,消除思想贫困,激励依靠自己的努力来改变命运,创造一种自力更生、勤劳致富的自立文化(冯帆,2019)。

7.4　本章小结

本章通过借鉴工作福利理论以及典型发达国家的实践经验，针对性提出了就业救助路径优化的三方面具体建议。

第一，理顺就业救助在社会救助与劳动力市场中的制度定位以实现独立性是路径优化的基础。在就业救助中，建议在优化就业救助对象识别路径的基础上补充失业救助金，构建社会救助金—失业救助金—失业保险金的三层次失业津贴保护网，实现三者的有效衔接。在劳动力市场中，建议做好失业救助金与失业保险金的衔接、健全完善积极的劳动力市场政策并凸显贫困人员的特殊性以及加强就业救助与就业保护各项法规之间的衔接。

第二，实现救助对象与服务递送的精分以提高瞄准度是路径优化的关键。只有在了解救助对象及其需求的基础上，针对性开展就业救助，才能实现就业救助的供需匹配，提高就业救助的回应效果。

第三，重塑就业救助的治理结构以促进协同化是路径优化的保障。在社会政策越来越强调责任分担以及权利去中心化的大背景下，需要不断畅通政府、社会组织、企业、基层官僚、服务对象之间的协作枢纽，以防止政策执行中的滞碍现象。

第8章 结论与展望

8.1 研究发现与主要贡献

8.1.1 研究发现

通过研究,本书主要得到了以下四方面发现:

第一,对城市贫困人员开展就业救助具有厚实的事实基础。 在有劳动能力且处于法定劳动年龄的城市贫困人员当中,无论是从统计数据中的登记失业人员占比来看,还是从调查数据中的未就业人员占比来看,需要进行就业救助的人员具有一定规模,尤其是后者,近年来始终处于四成至五成之间。同时,城市贫困人员就业状态的影响因素不仅是多元的,包括性别、年龄(非线性,倒 U型)、教育程度、健康水平、积极态度等个体因素,婚姻类型、儿童数量、长期照料需求人员数量等家庭因素,低保金享有等福利因素以及求职渠道、最低工资标准、社区交通便捷度、地区分布等劳动力市场因素,而且存在显著的异质性。相较于以往研究,影响因素分析的创新性发现主要包括以下三点:首先,基于主成分因子分析构建的低保金享有度分析结果显示,福利领取对于城市贫困人员的就业存在一定抑制作用,不过如果只考虑处于就业状态的城市贫困人员,低保金享有度并不能显著预测正式就业与非正式就业的概率;其次,教育水平对于城市贫困人员的就业促进具有"门槛效应",即只有处于就业状态以后,教育水平才能够显著正向预测贫困人员处于正式就业的可能性,但是如果城市贫困人员处于未就业状态,教育水平反而会成为一种预测未就业的显著性因素,本书认为主要原因可能出于"高不成低不就"的就业抉择;最后,社区交通能够显著正向预测城市贫困人员处于非正式就业的概率。

第二,城市贫困人员就业救助的需求是多元复杂的,不过大体包括分为三个方面:就业机会、就业能力以及就业意愿。 就业救助的需求分析是从城市贫困人员面临的就业障碍维度展开的。个案研究表明,在劳动力市场分割、社会排斥以及家庭照顾的影响下,城市贫困人员面临着就业机会障碍,具体表现为"不合适""不要我"以及"走不开";在教育水平制约、教育状况限制以及长期未就业的影响下,城市贫困人员面临着就业能力障碍,具体表现为"没技能""没体力"以及"没经验";在救助福利驱动以及心理认知局限的影响下,城市贫困人员面临着就业意愿障碍,具体表现为"典型性懒汉"与"非典型性懒汉"。此外,现实中三种就业障碍往往是相互交织一起,共同制约着城市贫困人员的就业参与。

第三,城市贫困人员就业救助实行属地化管理,各地在制度供给数量上形成了与救助需求相对应的三种回应路径,但是制度供给质量整体不高,制度瓶颈凸显。 就业救助的需求回应路径分别为:以职业介绍、自谋职业自主创业扶持、公益性岗位安置为核心措施拓展就业机会;以免费培训为核心措施增强就业能力;以设置福利领取条件与就业收入支持为核心措施激励就业意愿。量化评估结果显示,免费培训和职业介绍的服务利用率不高,免费培训对城市贫困人员处于就业状态的概率没有显著影响,而职业介绍能够有效提高城市贫困人员处于就业状态的概率。质性评估结果表明,首先,社会保险补贴是稳定就业率的重要方式,也是一项中国特色的就业救助措施,地方推行力度大且贫困人员参与度较大。但是社会保险补贴并不一定能够真正有效促进贫困人员找到工作、实现就业,存在"统计就业"与"实际未就业"现象,还带来收入核查不规范等问题。其次,公益性岗位数量相对充足,但在工资收入低标准与福利损失双重影响下,贫困人员参与积极性不高。再次,福利领取条件难以有效落地,主要原因既包括制度设计的缺失,也包括救助理念的冲突,还包括寻租现象的日益滋生。最后,就业收入支持对于处于就业状态的贫困人员的就业激励效果不错,但存在一定的"天花板"效应,对于未就业的贫困人员就业意愿激励不足,同时也产生了假离婚等新的寻租与不规范现象。基于实证评估结果,研究发现就业救助存在三方面制度瓶颈:定位的双重偏差导致独立性不足,对象的瞄准缺失造成供需不匹配,主体的协同不足引发执行打折扣。

第四,城市贫困人员就业救助应借鉴工作福利理论与国际实践经验进行路径优化。首先,应该理顺就业救助在社会救助与劳动力市场中的制度定位,实现制度独立是路径优化的基础,具体包括优化就业救助对象识别路径、补充失业救助金、理顺就业救助与失业保险的关系、健全完善积极的劳动力市场政策并凸显贫困人员的特殊性以及加强就业救助与就业保护各项法规之间的衔接等;其次,实现救助对象与服务递送的精分,提高救助瞄准度是路径优化的关键,具体包括做好就业救助对象的精分、补齐就业救助服务内容以及在需求分析的基础上精准递送就业救助服务等;最后,重塑就业救助的治理结构,促进主体协同是路径优化的保障,具体包括明确"人社主责、民政协助"政府内部分工机制,构建社会工作机构与企业等用人单位的协作参与模式,提高基层工作队伍的力量、水平、相关待遇以及助推城市贫困人员作出正确的行为选择等。

8.1.2 主要贡献

本书的主要贡献包括以下四个方面:

第一,本书能够为城市贫困人员的就业救助"把脉问诊开良方"。首先,"把脉"就业救助对象的基本事实。尽管失业被视为贫困的重要致因,但是学者们对于我国失业、未就业城市贫困人员的占比并没有形成相对统一的说法。尤其在没有厘清基本概念的前提下,现有研究结论还存在预估偏差问题,比如只考虑登记失业,忽视了调查失业;又比如在测算过程中没有除去不具有劳动能力或不处于法定劳动年龄范围内的对象;再比如对于《中国民政统计年鉴》中的"未登记失业"概念的错误理解。因此,本书在厘清基本概念的前提下,利用《中国民政统计年鉴》的统计数据以及中国城乡困难家庭调查项目的调查数据,从两个维度进行测算,以期达到一个相对全面客观的结论。其次,"问诊"就业救助对象的就业障碍以明晰就业救助的主要需求,并在此基础上"问诊"制度回应措施及其效果以找到就业救助的"病因"。在这个过程中,本书充分利用基于深度访谈的个案资料,构建了"就业行为"产生的"机会—能力—意愿"三维分析框架,并在框架下将"需求分析—制度回应—路径优化"进行逻辑勾连。最后,为就业救助的路径优化"开良方"。在借鉴工作福利理论与国际经验的前提下,本书对就业救助的制度定位、对象识别瞄准、服务精准递送、主体协同治理等方面都提出了个人思考与路径优化探索。

第二，本书将工作福利理论引入就业救助研究既有现实意义，也具理论贡献。在本书看来，"工作福利"既是一个"熟悉的概念"，也是一个"陌生的概念"。之所以强调"熟悉"，是因为自尼克松总统首次提出"workfare"这一术语以来，学者们对其始终保持着较高的关注度，根据在科学网（Web of Science）以"workfare"为主题词进行搜索的文章数量来看，整体呈现明显的上升趋势（图 8-1）。之所以强调"陌生"，一方面是因为现有研究更多的只是将其视为一种政策术语，甚至部分学者，尤其是国内学者对工作福利的理解还是局限于带有浓厚强制性色彩的"以工作换福利"最初内涵。但是，如前文所述，"工作福利"尽管来源于政策实践，但是通过多年的发展，不仅超出了最初的狭隘内涵，而且也产生了核心的理论内涵。因此，本书尝试概括提炼了工作福利的前提假设、价值导向、政策路径以及治理逻辑四方面的理论内涵，既能够为城市贫困人员的就业救助提供研究线索，同时将工作福利置于就业救助的政策场域反过来也能够为丰富工作福利理论内涵提供鲜活的实证素

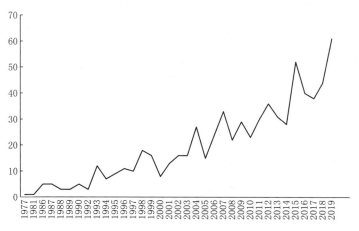

图 8-1　1977—2019 年"workfare"主题词发文情况

材。此外,尽管国内学者一直强调要借鉴工作福利来优化我国的社会救助制度(尤其是低保政策),但对于如何借鉴工作福利并没有给出一套具体的方案。在这个层面上,本书也能够有所贡献。

第三,本书能够与现有研究进行一定对话。首先,从国外研究来看,对于贫困人员的就业救助研究主要分为两种取向,第一种取向主要从贫困失业者的现金津贴角度出发,即讨论失业救助金的权利条件、津贴慷慨度以及资格条件,尤其注重失业救助金与失业保险金、社会救助金的比较研究(Pfeifer,2012;Langenbucher,2015;Immervoll et.al.,2018);第二种取向主要是从积极的劳动力市场政策或者激活策略角度出发,探讨如何激励失业者,尤其是领取现金津贴(包括失业保险金、失业救助金、社会救助金)的失业者重返劳动力市场(Barbier & Ludwig,2004;Dingeldey,2007;Johannes,2012;Daigneault,2015;Benda et al.,2020),但很少会从救助层面来讨论贫困人员的就业参与。相较于这两种研究取向,本书无论是对就业救助的概念理解,还是关于路径优化的创新设计,不仅兼顾失业津贴,同时强调就业救助服务,以期构建更具包容性的就业救助话语体系,这既是借鉴,也是补充。在国内研究中,本书在各章节也针对现有围绕城市贫困人员就业促进的相关研究议题进行了回应,包括就业救助对象的识别与规模、福利领取对于就业的抑制效应分析,典型性就业救助措施的全面评估、就业救助的路径优化等。

第四,本书能够为了解中国是如何回应福利领取与就业参与悖论积累一定的资料参考。正如开篇所言,福利领取与就业参与悖论是世界各国面临的普遍性难题,西方工作福利的一系列改革也正是为了回应这一悖论。目前对于西方国家如何来解决福利与就业悖论的研究不仅起步早,而且成果丰富。无论是吉尔德(Gilder,1981)、默里(Murray,1984)、米德(Mead,1997)对于福利依赖问题以及"新家长制"的讨论,还是杰米·派克(Jamie Peck)等学者对于"工作福利国家(Workfare States)"的研究,抑或是欧洲国家对于积极劳动力市场政策以及激活策略的关注,甚至当前瑞士、芬兰、英国等国家对于全民基本收入(Universal Basic Income,UBI)方案的探讨,都体现了西方国家对福利与就业悖论的实践经验以及最新探索。但是反观中国,在学术研究中,学者们目前主要关注的还是福利依赖的争论,制度回应更多的是以政策建议的方式出现,不够详细;此外,在政策实践中,我国的就业救助实行属地化管理,并没有形成统一的回应方式,现有研究对于回应方式的系统总结也较为缺乏,因此本书在聚焦就业救助的制度回应,并且基于政策文本较为全面总结概括了既有的回应方式及其典型措施,因此也能为了解中国是如何以就业救助来回应福利与就业悖论积累一定的资料参考。

8.2　研究特点与创新之处

8.2.1　研究特点

本书的研究特点大体可以归纳为"一个核心议题""两种行文逻辑""两条研究线索"以及"两类研究方法"。

"一个核心议题"指的是研究过程始终围绕"城市贫困人员就业救助"的核心议题,无论是论文题目,还是核心概念,抑或是研究问题及章节结构。

"两种行文逻辑"指的是本书兼顾演绎与归纳的双重逻辑。一方面,本书在工作福利理论和国际经验的借鉴下,以实证分析的方式呈现了我国城市贫困人员就业救助的事实基础、需求分析以及制度回应,并尝试提出了优化路径。各章之间环环相扣、层层推进,遵循从"实然之举"到"应然之思"的演绎逻辑。另一方面,基于实证分析结果,本书以归纳逻辑的方式以期丰富理论视角,对话已有研究,回应现实问题以及总结中国经验。

"两条研究线索"指的是就业救助议题的"明线"与工作福利理论的"暗线"。一方面,就业救助的事实基础、需求分析、制度回应以及优化路径构成了本书的四个核心章节,并且章节之间彼此关联:事实基础反映救助需求,需求分析反馈制度回应;反过来,制度回应是为了检视需求干预效果,而需求干预效果又决定了能否改变事实基础。另一方面,工作福利的前提假设、价值导向、政策路径以及治理逻辑四方面理论内涵也为就业救助四个核心章节的行文开展提供了脉络线索。

"两类研究方法"指的是本书一方面利用定量研究方法,测算了城市贫困人员当中属于就业救助对象的比重,并从个体特征、家庭特征、福利特征以及劳动力市场特征四个维度检视了城市贫困人员就业状态的影响因素及其异质性,并对职业介绍与免费培训的救助效果进行了评估。另一方面,本书也利用定性研究方法,刻画了城市贫困人员面临的主要就业障碍,并评估了典型措施的回应效果以及现有制度的问题不足。

8.2.2 创新之处

本书的创新之处主要包括以下三个方面:

第一,研究选题具有一定创新。尽管随着 2014 年《暂行办法》

的颁布,就业救助成为我国社会救助项目的重要组成,就业救助的概念也开始出现于政策文本以及学术研究中,但系统研究并不多见。并且,无论是政策实践,还是学术研究,对于就业救助的理解与思考相对狭隘,更多的只是将其视为一种"新瓶装老酒"的政策概念新提法,在研究中概念混用、错用、乱用现象凸显,在政策实践当中与就业援助、就业促进政策也没有有效厘清。除韩克庆(2016)、张浩淼(2018)等学者从就业救助的维度来探讨制度发展问题以外,多数研究主要还是遵循低保研究的逻辑,尤其强调低保领取者是否产生了福利依赖。在文献评述部分,本书已经强调这一做法不仅容易陷入福利依赖价值判断的是非之争,而且还会限制就业救助研究对于"就业与贫困"相关本源性议题的讨论。因此,本书尝试"先破后立",在"实然之举"到"应然之思"的演绎逻辑中并没有局限于《暂行办法》的政策文本规定,而是从理论层面来讨论就业救助的本源内涵。本书强调,破解现行就业救助的制度困局,必须要突破现有的制度框架设计,否则可能会陷入"小修小补"的处境。

第二,理论视角具有一定创新。正如上一节所强调的,"工作福利"既是一个"熟悉的概念",也是一个"陌生的概念"。理论视角的创新并不是强调工作福利是一个新提法,而是强调从理论维度来审视工作福利内涵的研究并不多见。现有研究在进行工作福利政策评估以及福利国家比较的过程中反而忽视对于工作福利理论内涵的关注。此外,相较于人力资本投资(西奥多·W.舒尔茨,1990;加里·贝克尔,2007)、发展型社会政策(安东尼·哈尔、詹姆斯·梅志利,2006;詹姆斯·梅志利)、福利多元主义(Ross,1986;Evers,1988;彭华民,2009;马丁·鲍威尔,2013)、第三条道路(安东尼·吉登斯,2000)、资产建设(迈克尔·谢若登,2005)等相关理论,工作福利不仅兼具中观理论的分析优势,而且还涵盖了社会政策与经济政策、公民权利与义务、福利领取与就业参与、福利依赖与反福利依赖、福利递送多元主体等社会福利领域关注的重要议题,就业救助的讨论也能够将其有机整合。

第三,研究发现与研究过程具有一定创新。在研究发现与主要贡献部分,本书已经阐述了相较于已有研究的新发现与新思考。此外,在研究过程中,本书也尝试着进行创新探索。在概念界定部分,本书采取的是相似概念比较的新方式,既有利于展现概念的基本内涵也能够防止相似概念混用;在探讨城市贫困人员就业状态影响因素过程中,对于福利因素的测量指标利用的主成分因子的方法,从低保金享有深度、低保金享有广度以及低保金享有评价三个维度构建了综合性的低保金享有测量指标,这一做法就目前掌握的相关文献来看尚属首次;对于就业救助的量化评估,不同于以往研究只是利用逻辑回归或者 OLS 回归,本书进一步采取了PSM-DID 政策评估的方法以克服内生性与选择性偏差问题,并且还对公益性岗位、社会保险补贴、救助渐退、收入豁免等新型措施进行了补充评估;在需求分析以及路径优化部分,本书发现了就业意愿不足的"懒汉"除了广受关注的福利驱动下的"典型性懒汉",还存在由于心理认知局限的"非典型懒汉",前者本质上是一种"经济人"的行为逻辑,后者则是一种"社会人"的行为逻辑。本书还强调利用最新的助推型政策工具来引导城市贫困人员能够在福利领取与就业参与之间做出正确的行为选择,提高自身的主观能动作用。最后,本书使用了大量的思维导图、概念关系图、逻辑推理图、政策比较图、路径优化图,这些可视化的呈现方式也凸显了本书致力于构建读者友好型的研究作品。

8.3 研究不足与未来展望

8.3.1 研究不足

不置可否的是,本书也存在许多不足和值得进一步讨论的地方。

第一,城市贫困人员的就业参与本身就是一个极其复杂的问题,不仅受到个体、家庭、福利以及劳动力市场等因素的影响,而且始终受到政治经济社会发展水平的约束。正如前文所言,我国就业救助的当前阶段目标可以主要定位于帮助贫困人员找到工作,但是找到工作并不等于摆脱贫困,如何通过有效的政策设计与实施来帮助贫困人员以就业的方式摆脱贫困,即如何有效防止工作中的穷人问题在本书并未详细涉及。这里既有研究资料无法支撑的原因,也有研究者自身的学科背景、知识结构、学术积累以及研究能力的限制因素。

第二,尽管本书的价值主张是强调政府以就业救助的方式来帮助城市贫困人员实现就业,但是政府对于劳动力市场的干预一直以来褒贬不一,如何在保障就业公平的同时又不损失就业效率本身是一个非常复杂的难题,而这一问题的回答很大程度上的确会影响就业救助的具体实施,比如政府以税收优惠的方式来鼓励企业招聘就业救助对象,那么在劳动力供给总量有限的条件下,这些就业救助对象是否会对非就业救助对象产生就业"挤出"效应?对于这一问题的回答,既需要充分的数据支撑,也需要强大的劳动经济学的专业背景,这两点对于笔者而言都是缺乏的。

第三,无论是工作福利,还是就业救助,强调的都是一种工作至上的价值主张。在这种价值主张下,带有"家长制"作风的强制性要求以及对于违规行为的惩罚性监管措施必然不可缺失,否则很难起到有效的约束与激励效应,尤其对于那些"真正的懒汉"。然而,如前文所述,这种带有强制性与惩罚性措施与社会救助强调基本生存权的保障原则始终存在一定悖论,因为如果过于"刚性",将在一定程度上影响到城市贫困人员的基本生存权,也有损社会救助的人文关怀。尽管本书在路径优化中强调从贫困人员中识别出"不应得"穷人,并通过引入失业救助金,以区别于底线救助的低保金,以期能够最大程度上来缓解这种悖论。但是这种做法其实也有一定的不足,比如穷人的分类如何构建一套相对公允的标准,如何克服分类中价值判断色彩过重问题,这些问题与地区的经济发展水平、政府财政投入以及居民福利观念都有很大的关系,需要进一步地探讨和深究。

第四,本书逻辑链条相对较长,从而导致内容较为繁杂,因此对于一些分问题的论证和分析不够细致、深入。比如,囿于个案资料的限制,在进行就业救助需求分析的过程中可能会遗漏一些其他就业障碍;又比如,对于就业救助措施的评估中,对于创业贷款、技术支持、岗位补贴等措施的关注也存在一定不足。再比如,本书的路径优化部分整体上还是以探索性研究为主,这些措施如何真正落地以及是否能够实现预期目标也有待进一步的论证。

8.3.2　未来展望

本书只是聚焦城市贫困人员中需要进行就业救助的对象,因此研究立足点更多的是从社会保障、社会政策的视角来思考如何救助这些贫困人员实现就业、重返劳动力市场,研究对象存在一定程度的限制。因此,在未来可以从外延更广的就业保障的维度来思考贫困者等弱势群体的就业问题。这里面就可以围绕本书的不足依次展开专项研究。尤其是伴随着各种社会新风险的涌现,非自愿性失业可能会成为一种常态,因此如何实现社会保险、社会救助以及社会福利的有机组合,构建覆盖全面的多层次立体化的就业保障,值得未来深思。比如,在新冠疫情中,低收入者无疑遭受着更为严重的就业冲击与失业风险,各国出台了诸如失业补助金、灾难性失业津贴等新型政策,那么它们与就业救助的关系应该如何理顺,也是非常具有现实性的研究议题。此外,无论是就业救助,还是就业保障,对于就业主要还是遵循着传统的雇佣关系的理解,但是近年来随着数字经济时代的发展,弹性就业、灵活就业、共享用工、非正规就业、自雇就业等各种新型就业形式不断涌现,维持日常生活需求似乎并不完全只能依靠雇佣关系下的就业,因此联合国在反贫困中除了强调就业,还强调可持续生计(Sustainable livelihoods)的概念。可持续生计的范围要宽泛得多,可以包括正规就业,但更多的是偏向于强调非正规的途径,即只要通过劳动或经营能够收获足以养家糊口的相应报酬,而且这种劳动或经营必须是合法的并且是可持续的,其主要的目的是尽可能地开发每一个贫困家庭和个人的潜在能力,让其通过自己努力摆脱贫困(唐钧,2016)。因此,未来如何构建就业与可持续生计两条路径作为预防贫困与反贫困的重要方式也值得进一步探讨。

总而言之,失业与贫困、就业与反贫困既是一个拥有渊源历史的研究议题,也是一个始终应景的现实话题,希望能够以本书作为学术生涯新起点!

参考文献

中文著作

1. 慈勤英.福利依赖:事实抑制或建构[M].武汉:武汉大学出版社,2013.

2. 范随,艾伦·汉森,戴维·普瑞斯.变化中的劳动力市场——公共就业服务[M].北京:中国劳动社会保障出版社,2002.

3. 邰风涛,张小建.中国就业制度[M].北京:中国法制出版社,2009.

4. 顾颖.制度与发展:基于国家和企业维度的研究[M].北京:科学出版社,2004.

5. 关信平.中国城市贫困问题研究[M].长沙:湖南人民出版社,1999.

6. 韩克庆.中国城市低保访谈录[M].济南:山东人民出版社,2012.

7. 韩克庆.中国就业救助研究报告[M].北京:中国人民大学出版社,2018.

8. 加里·贝克尔.人力资本理论:关于教育的理论和实证分析[M].郭虹等译,北京:中信出版社,2007.

9. 李文海,夏明方.中国荒政全书[M].北京:北京古籍出版社,2003.

10. 刘燕生.社会保障的起源、发展和道路选择[M].北京:法律出版社,2001.

11. 米尔顿·弗里德曼.自由与资本主义[M].张瑞玉译,北京:商务印书馆,1999.

12. 民政部.中国民政统计年鉴(2019)[M].北京:中国社会出版社,2020.

13. 内务部农村福利司.建国以来灾情和救灾工作史料[M].北京:法律出版社 1958.

14. 潘锦棠.劳动社会学[M].北京:中国劳动出版社,1995.

15. 彭华民.西方社会福利理论前沿——论国家、社会、体制与政策[M].北京:中国社会出版社,2009.

16. 彭华民.福利三角中的社会排斥:对中国城市新贫穷社群的一个实证研究[M].上海:上海人民出版社,2007.

17. 孙立平,郭于华.制度实践与目标群体:下岗失业社会保障制度实际运作的研究[M].北京:社会科学文献出版社,2010.

18. 唐钧等.中国城市贫困与反贫困报告[M].北京:华夏出版社,2003.

19. 王杰秀,关信平.社会救助在贫困治理中的作用研究[M].北京:中国社会科学出版社,2017.

20. 王杰秀,唐钧.中国城乡困难家庭社会政策支持研究(2015)[M].北京:中国社会科学出版社,2017.

21. 王丽华.农村反贫困与就业援助专项制度建设研究[M].北京:民族出版社,2012.

22. 西奥多·W·舒尔茨.论人力资本投资[M].吴珠华等译,北京:北京经济学院出版社,1990.

23. 肖萌.中国城市低保政策减贫效能研究[M].北京:中国妇女出版社,2019.

24. 杨菊华.数据管理与模型分析:STATA 软件应用[M].北京:中国人民大学出版,2012.

25. 杨伟国,王光荣.中国助业报告(第一辑)[M].北京:中国劳动社会保障出版社,2019.

26. 张浩淼.发展型社会救助研究:国际经验与中国道路[M].北京:商务印书馆,2017.

27. 郑功成.中国社会保障改革与发展战略(救助与福利卷)[M].北京:人民出版社,2011.

28. 郑功成.中国社会保障制度变迁与评估[M].北京:中国人民大学出版社,2002.

29. 〔德〕马克思.资本论(第一卷)[M].北京:人民出版社,1975.

30. 〔美〕阿马蒂亚·森.贫困与饥荒[M].王宇、王文玉译,北京:商务印书馆,2001.

31. 〔美〕阿马蒂亚·森.以自由看待发展[M].任赜、于真译,北京:中国人民大学出版社,2002.

32. 〔美〕罗伯特·索洛等.工作与福利[M].刘文忻等译,北京:中国社会科学出版社,2010.

33. 〔美〕迈克尔·谢若登.资产与穷人——一项新的美国福利政策[M].高鉴国译,北京:商务印书馆,2005.

34. 〔美〕尼尔·吉尔伯特,芮贝卡·A·范·沃黑斯.激活失业者——工作导向型政策跨国比较研究[M].王金龙译,北京:中国劳动社会保障出版社,2004.

35.〔美〕尼尔·吉尔伯特.社会福利的目标定位:全球发展趋势与展望[M].郑秉文译,北京:中国劳动社会保障出版社,2004.

36.〔美〕詹姆斯·梅志利.社会发展:社会福利视角下的发展观[M].苗正民译,上海:格致出版社,2009.

37.〔英〕艾伦·迪肯.福利视角:思潮、意识形态及政策争论[M].周薇等译,林闽钢校,上海:上海人民出版社,2011.

38.〔英〕安东尼·哈尔,〔美〕詹姆斯·梅志利.发展型社会政策[M].罗敏,范酉庆等译,北京:社会科学文献出版社,2006.

39.〔英〕安东尼·吉登斯.第三条道路:社会民主主义的复兴[M].郑戈译,北京:北京大学出版社,2000.

40.〔英〕马丁·鲍威尔.理解福利混合经济[M].钟晓慧译,岳经纶校,北京:北京大学出版社,2011.

41.〔英〕诺尔曼·金斯伯格[M].姚俊,张丽译,杭州:浙江大学出版社,2010.

英文著作

1. Alber J. Government Responses to the Challenge of Unemployment: The Development of Unemployment Insurance in Western Europe. in P. Flora, and A. Heidenheimer, eds., The Development of Welfare States in Europe and America[M]. London: Transaction, 1981.

2. Alcock, P. and Craig, G. International social policy: Welfare regimes in the developed world[M]. Basingstoke, ON: Palgrave, 2001.

3. Bane, M. J. and Ellwood, D. T. Welfare Realities——From Rethoric to Reform[M]. Cambridge, London: Harvard University Press, 1994.

4. Bonoli, G. The origins of active social policy[M]. Oxford: Oxford University Press, 2013.

5. B. Seebohm Rowntree. Poverty: A Study of Town Life[M]. New York: Routledge/Thoemmes Press, 1998.

6. Bullock, H. E. and Reppond, H. A. Of "takers" and "makers": A social psychological analysis of class and classism. In P. L. Hammack(Ed.), Oxford handbook of social psychology and social justice[M](pp.223—244). New

York, NY: Oxford University Press, 2018.

7. Clasen, Jochen, and Daniel Clegg. Regulating the Risk of Unemployment National Adaptations to Post-Industrial Labour Markets in Europe [M]. Oxford: Oxford University Press, 2011.

8. Congdon W. J., Kling J. R. and Mullainathan S. Policy and Choice [M]. Washington, DC: Brookings Inst, 2011.

9. Davies, G. From Opportunity to Entitlement: The Transformation and Decline of Great Society Liberalism[M]. Lawrence: University Press of Kansas, 1996.

10. Dolan, P., Hallsworth, M., Halpern, D., King, D. and Vlaev, I. MINDSPACE: Influencing behaviour through public policy, London: Cabinet Office and Institute for Government, 2010.

11. Duell, N., Thurau, L. and Vetter, T. Long-term Unemployment in the EU: Trends and Policies[M]. Gütersloh: Bertelsmann Stiftung, 2016.

12. Duncan, S. and R. Edwards. Lone Mothers, Paid Work and Gendered Moral Rationalities[M]. Basingstoke: Macmillan, 1991.

13. Evers A. Shifts in the welfare mix: introducing a new approach for the study of transformations in welfare and social policy[M]. Vienna: Eurosocial, 1988.

14. Giddens, A. The Third Way[M]. Cambridge: Polity Press, 1998.

15. Gilder, G. Wealth and Poverty[M]. New York: Basic Books, 1981.

16. Gough, I. Global capital, human need and social policies, Basingstoke: Palgrave, 2000.

17. Lawrence M. Mead. The rise of paternalism. In The new paternalism: Supervisory approaches to poverty[M]. Washington, DC: Brookings Institution, 1997.

18. Haskins R. Work over Welfare: The Inside Story of the 1996 Welfare Reform Law[M]. Brookings Institution Press, 2007.

19. Humpage, Louise. Policy change, public attitudes, and social citizenship, Does neoliberalism matter? [M]. Bristol: Bristol University Press, 2015.

20. Joe Soss, Richard C. Fording and Sanford F. Schram. Disciplining the Poor: Neoliberal Paternalism and the Persistent Power of Race [M]. Chicago:

University of Chicago Press，2011

21. Judith M. Gueron and Patricia Auspos. Encyclopedia of Social Work (18thEdition) [M]. Washington, D. C. ：NASW Press，1987.

22. Katz，M. B. The undeserving poor：From the war on poverty to the war on welfare [M]. New York，NY：Pantheon Books，1989.

23. Lin，N.，Cook，K. S. and Burt，R. S.(eds.). Social capital：Theory and research[M]. New Jersey：Transaction Publishers，2001.

24. Lodomel，I. and Trickey，H. An offer you can't refuse：Workfare in international perspective[M]. Bristol：Policy Press，2001.

25. Lodemel I，Moreira A. Activation or Workfare? Governance and the Neo-Liberal Convergence[M]. Oxford University Press，2014.

26. Miller，C. J. Producing welfare：A modern agenda. Basingstoke [M]. UK：London：Palgrave Macmillan，2004.

27. Murray，C. Losing Ground：American Social Policy 1950—1980(10th Anniversary Edition) [M]. New York：Basic Books，2008.

28. Nicholas Lemann. The Promised Land：The Great Black Migration and how it Changed America[M]. New York：Knopf，1991.

29. O. William Farley，Larry L. Smith，Scott W. Boyle. Introduction to Social Work[M]. Boston：AUyn and Bacon，2000.

30. Peck，Jamie. Workfare States[M]. New York：Guilford，2001.

31. Piven，F. F.，& Cloward，R. A. Regulating the poor：The functions of public welfare(2nd ed.) [M]. New York，NY：Vintage Books，1993.

32. Qin，Gao. Welfare，Work，and Poverty：Social Assistance in China [M]. Oxford，Oxford University Press，2017.

33. Rueda，D. Social Democracy Inside Out：Partisanship and Labor Market Policy in Industrialized Democracies [M]. Oxford，Oxford University Press，2007.

34. Rose R. Common goals but different roles：the state's contribution to the welfare Mix[M]. Oxford：Oxford University Press，1986.

35. Thaler，R. H. and Sunstein，C. R. Nudge：Improving Decisions about Health，Wealth and Happiness[M]. New Haven：Yale University Press，2008.

36. White，S. The Civic Minimum：On the Rights and Obligations of

Economic Citizenship [M]. Oxford：Oxford University Press，2003.

37. Willam Julius Wilson. The Truly Disadvantaged：The Inner City, the Underclass and Policy[M]. Chicago：University of Chicago Press，1990.

中文论文

1. 安华,葛越. 就业促进视域下的城市最低生活保障制度优化研究[J]. 宁夏社会科学,2017(05):110—117.

2. 安华,赵云月. 最低工资与社会保障协调发展机制研究[J]. 中州学刊,2019(05):80—86.

3. 安永军. 规则软化与农村低保政策目标偏移[J]. 北京社会科学,2018(09):110—118.

4. 白晨,顾昕. 中国城镇医疗救助的目标定位与覆盖水平[J]. 学习与实践,2015(11):94—102.

5. 白艳莉. 论当代灵活就业发展的微观基础:组织人力资源雇佣模式的弹性化[J]. 当代财经,2007(02):16—19.

6. 包振宇,朱喜钢,金俭. 城市绅士化进程中的公民住宅权保障[J]. 城市问题,2012(03):2—9.

7. 边恕. 解决城市低保制度就业负激励问题的方案探讨——基于"补差制"与"负所得税制"的分析[J]. 中国软科学,2014(10):51—58.

8. 边燕杰. 城市居民社会资本的来源及作用:网络观点与调查发现[J]. 中国社会科学,2004(03):136—146+208.

9. 蔡昉. 中国就业统计的一致性:事实和政策涵义[J]. 中国人口科学,2004(03):4—12+81.

10. 蔡昉,都阳. 中国地区经济增长的趋同与差异——对西部开发战略的启示[J]. 经济研究,2000(10):30—37+80.

11. 蔡昉,王美艳. "非典"疫情对我国就业的影响[J]. 中国社会科学院研究生院学报,2003(04):27—29.

12. 曹海军,霍伟桦. 城市治理理论的范式转换及其对中国的启示[J]. 中国行政管理,2013(07):94—99.

13. 曹信邦. 中国长期照护财务供给多元主体的融合机制研究[J]. 中国行政管理,2019(09):107—112.

14. 陈成文,陈建平,洪业应. 新时代"弱有所扶":对象甄别与制度框架[J]. 学海,2018(04):92—100.

15. 陈翠玉. 有劳动能力城市低保人员"福利依赖"难题及其破解[J]. 探索,2016(02):116—122.

16. 陈水生. 中国城市低保制度的发展困境与转型研究[J]. 社会科学,2014(10):63—71.

17. 陈泽群. "低保养懒人!":由指控低保户而显露出的福利体制问题[J]. 社会保障研究(北京),2007(01):128—136.

18. 程菲,李树苗,悦中山. 中国城市劳动者的社会经济地位与心理健康——户籍人口与流动人口的比较研究[J]. 人口与经济,2018(06):42—52.

19. 仇叶,贺雪峰. 泛福利化:农村低保制度的政策目标偏移及其解释[J]. 政治学研究,2017(03):63—74+127.

20. 仇雨临. 回顾与展望:构建更加公平可持续的全民医保体系[J]. 江淮论坛,2016(01):127—131.

21. 仇雨临. 大病保险的定位与治理[J]. 山东社会科学,2017(04):58+2.

22. 仇雨临,王昭茜. 全民医保与健康中国:基础、纽带和导向[J]. 西北大学学报(哲学社会科学版),2018,48(03):40—47.

23. 慈勤英. 失业者社会援助与再就业的选择——以湖北省武汉市为例[J]. 中国人口科学,2003(04):67—72.

24. 慈勤英,王卓祺. 失业者的再就业选择——最低生活保障制度的微观分析[J]. 社会学研究,2006(03):135—150+244.

25. 慈勤英,兰剑. "福利"与"反福利依赖"——基于城市低保群体的失业与再就业行为分析[J]. 武汉大学学报(哲学社会科学版),2015,68(04):111—119.

26. 崔凤,杜瑶. 城市最低生活保障"身份化"探析[J]. 江海学刊,2010(06):135—139+239.

27. 翟黎明,夏显力,吴爱娣. 政府不同介入场景下农地流转对农户生计资本的影响——基于PSM-DID的计量分析[J]. 中国农村经济,2017(02):2—15.

28. 丁煌. 浅谈政策有效执行的信任基础[J]. 理论探讨,2003(05):91—93.

29. 丁建定. 建立合理的城市居民低保标准调整机制的几个理论问题探讨[J]. 中南民族大学学报(人文社会科学版),2009,29(06):117—121.

30. 都阳,Park A. 中国的城市贫困:社会救助及其效应[J]. 经济研究,

2007(12):24—33.

31. 风笑天. 定性研究与定量研究的差别及其结合[J]. 江苏行政学院学报,2017(02):68—74.

32. 冯虹,叶迎. 我国在转型时期的城镇社会弱势群体研究[J]. 管理世界,2005(09):150—151.

33. 冯帆. 福利给予、就业促进与低保人群的再就业[J]. 南京社会科学,2019(11):47—52+66.

34. 傅鑫媛,辛自强,楼紫茜,等. 基于助推的环保行为干预策略[J]. 心理科学进展,2019,27(11):1939—1950.

35. 江树革,比约恩·古斯塔夫森. 国外社会救助的经验和中国社会救助的未来发展[J]. 经济社会体制比较,2007(04):78—83.

36. 高功敬,高灵芝. 城市低保的历史性质与福利依赖[J]. 南通大学学报(社会科学版),2009,25(03):114—127.

37. 高士元,费立鹏,王向群,等. 精神分裂症病人及家属受歧视状况[J]. 中国心理卫生杂志,2005(02):82—85.

38. 高亚春,杨无意. 我国公益性岗位规范管理研究[J]. 当代经济管理,2017,39(09):50—56.

39. 葛道顺. MOST案例再研究:社区公共服务社的研究和政策应用——大连市完善城市居民最低生活保障制度政策过程的案例分析[J]. 社会学研究,2003(04):61—73.

40. 葛道顺. 镶嵌、自主与弱势群体的社会资本重建[J]. 江苏社会科学,2005(02):222—226.

41. 葛玉好,曾湘泉. 调查失业率计算方法存在的问题及改进建议[J]. 中国人口科学,2010(06):89—96+112.

42. 耿俊茂,张瑞. 西南民族地区大学生失业群体就业保障机制探究[J]. 山东社会科学,2015(S2):230—232.

43. 宫蒲光. 关于社会救助立法中的若干问题[J]. 社会保障评论,2019,3(03):104—119.

44. 龚世俊. 我国城市特殊弱势群体存在的问题及其对策[J]. 学术界,2013(05):215—222+288.

45. 顾海娥. 中国社会救助制度的价值取向——以最低生活保障制度为例[J]. 甘肃社会科学,2017(04):80—86.

46. 顾建平. 可支配收入、劳动力流动与劳动力市场分割——透视苏南等发达地区弱势劳动力的贫困问题[J]. 管理世界,2002(09):78—83.

47. 顾建平. 可支配收入、劳动力流动与劳动力市场分割——透视苏南等发达地区弱势劳动力的贫困问题[J]. 管理世界,2002(09):78—83.

48. 顾昕. 走向发展型福利国家[J]. 南风窗,2016(26):25—27.

49. 关信平. 重大突发事件中困难群体兜底保障体系建设思路[J]. 中共中央党校(国家行政学院)学报,2020,24(03):22—28.

50. 郭于华,常爱书. 生命周期与社会保障——一项对下岗失业工人生命历程的社会学探索[J]. 中国社会科学,2005(05):93—107+206.

51. 郭瑜,张一文. 社会参与、网络与信任:社会救助获得对社会资本的影响[J]. 社会保障研究,2018(02):54—62.

52. 国务院发展研究中心社会保障制度改革研究课题组,丁宁宁,葛延风,等. 中国城镇失业保障制度改革的回顾与前瞻[J]. 管理世界,2001(01):77—86.

53. 哈特利·迪安,岳经纶,叶前. "工利国家"的伦理学[J]. 中国公共政策评论,2009,3(00):127—144.

54. 韩华为. 农村低保会引致负向就业激励吗?——基于CFPS面板数据的实证检验[J]. 人口学刊,2019,41(06):89—102.

55. 韩华为,高琴. 中国农村低保制度的保护效果研究——来自中国家庭追踪调查(CFPS)的经验证据[J]. 公共管理学报,2017,14(02):81—96+156—157.

56. 韩克庆,郭瑜. "福利依赖"是否存在?——中国城市低保制度的一个实证研究[J]. 社会学研究,2012,27(02):149—167+244—245.

57. 韩克庆,刘喜堂. 城市低保制度的研究现状、问题与对策[J]. 社会科学,2008(11):65—72+189—190.

58. 韩克庆. 就业救助的国际经验与制度思考[J]. 中共中央党校学报,2016,20(05):75—81.

59. 韩克庆,赵晰. 就业救助的对象界定与路径选择:工作福利的视角[J]. 社会建设,2017,4(03):5—15.

60. 韩克庆. 减负、整合、创新:我国最低生活保障制度的目标调整[J]. 江淮论坛,2018(03):153—160.

61. 韩玲,赵司嘉. 构建城市低保分类救助模式——对吉林市长虹社区的个案研究[J]. 山东社会科学,2008(12):42—45+60.

62. 何贵兵,李纾,梁竹苑. 以小拨大:行为决策助推社会发展[J]. 心理学报,2018,50(08):803—813.

63. 何贵兵,于永菊. 决策过程中参照点效应研究述评[J]. 心理科学进展,2006(03):408—412.

64. 何景熙. 不充分就业及其社会影响——成都平原及周边地区农村劳动力利用研究[J]. 中国社会科学,1999(02):34—50.

65. 何平,李实,王延中. 中国发展型社会福利体系的公共财政支持研究[J]. 财政研究,2009(06):2—11.

66. 何文炯. 大病保险制度定位与政策完善[J]. 山东社会科学,2017(04):65—69.

67. 何子英. 西方福利国家的发展模式及其对我国和谐社会建设的启示[J]. 马克思主义与现实,2009(02):160—169.

68. 贺雪峰. 论后扶贫时代的反贫困战略[J]. 西北师大学报(社会科学版),2021,58(01):14—21.

69. 洪大用. 改革以来中国城市扶贫工作的发展历程[J]. 社会学研究,2003(01):71—86.

70. 洪大用. 当道义变成制度之后——试论城市低保制度实践的延伸效果及其演进方向[J]. 经济社会体制比较,2005(03):16—25.

71. 洪小良,王雪梅. 低保未就业人员的情况分析与促进就业的基本思路——对北京市东城区调查数据的分析[J]. 北京社会科学,2004(04):71—76.

72. 侯斌. 从救助到就业:发展型救助视角下城乡失业贫困人口的再就业影响研究[J]. 哈尔滨商业大学学报(社会科学版),2019(01):95—106.

73. 侯斌. 主体性均衡:后脱贫时代反贫困治理的路径转向[J]. 哈尔滨商业大学学报(社会科学版),2020(05):119—128.

74. 侯斌,慈勤英. 社会救助对受助者获得感的影响——基于"完善社会救助制度研究"调查数据的分析[J]. 调研世界,2019(07):23—28.

75. 胡鞍钢. 中国城镇失业状况分析[J]. 管理世界,1998(04):3—5.

76. 胡思洋,赵曼. 逆向选择、道德风险与精准救助[J]. 国家行政学院学报,2017(01):94—98+128.

77. 华迎放. 城市贫困群体的就业保障[J]. 经济研究参考,2004(11):2—18+28.

78. 黄晨熹. 城市低保对象求职行为的影响因素及相关制度安排研究——以上海为例[J]. 社会学研究,2007(01):137—160+245.

79. 黄晨熹. 城市低保对象动态管理研究:基于"救助生涯"的视角[J]. 人口与发展,2009,15(06):10—22.

80. 黄润龙. 人口老龄化与储蓄的关系探索[J]. 现代经济探讨,2012(06):30—34.

81. 江治强. 农村低保对象的收入核定及其治理优化[J]. 浙江学刊,2015(04):218—223.

82. 姜丽美. 我国城市低保制度存在的问题与改革路径选择——基于对就业的影响视角[J]. 南昌大学学报(人文社会科学版),2010,41(06):32—36.

83. 蒋悟真,尹迪. 社会救助法与社会保险法的衔接与调适[J]. 法学,2014(04):66—73.

84. 景天魁. 底线公平与社会保障的柔性调节[J]. 社会学研究,2004(06):32—40.

85. 康镇,林闽钢. "以工代赈"作为国家治理工具的历史考察[J]. 理论探讨,2017(02):34—38.

86. 赖德胜,廖娟,刘伟. 我国残疾人就业及其影响因素分析[J]. 中国人民大学学报,2008(01):10—15.

87. 兰剑,慈勤英. 促进就业抑或强化"福利依赖"? ——基于城市低保"反福利依赖政策"的实证分析[J]. 西南大学学报(社会科学版),2016,42(03):36—44+190.

88. 蓝云曦,周昌祥. 社会结构变迁中的福利依赖与反福利依赖分析[J]. 西南民族大学学报(人文社科版),2004(08):467—472.

89. 乐章,肖荣荣. 刑满释放人员的社会保障权益维护研究[J]. 社会保障研究,2015(03):55—58.

90. 李春根,廖彦. 论精准扶贫背景下农村低保对象的诚信机制建设[J]. 山东社会科学,2018(03):67—73.

91. 李春根,邹佳盈. 农村低保政策与贫困对象需求的契合度研究[J]. 社会保障研究,2019(02):59—68.

92. 李丹,徐辉. 欧美国家的工作福利政策及其启示[J]. 厦门大学学报(哲学社会科学版),2008(04):99—105.

93. 李凡华. "低保"标准并非越高越好[J]. 中国民政,2000(08):34.

94. 李娟. 构建城市低保对象就业激励机制研究[J]. 经济纵横,2017(09):43—48.

95. 李军峰. 就业质量的性别比较分析[J]. 市场与人口分析,2003(06):

1—7.

96. 李乐为,王丽华. 就业激励和援助:贫困救助制度演进和优化的基本取向[J]. 甘肃社会科学,2011(03):138—141.

97. 李棉管. 技术难题、政治过程与文化结果——"瞄准偏差"的三种研究视角及其对中国"精准扶贫"的启示[J]. 社会学研究,2017,32(01):217—241+246.

98. 李棉管,岳经纶. 相对贫困与治理的长效机制:从理论到政策[J]. 社会学研究,2020,35(06):67—90+243.

99. 李实. 农村妇女的就业与收入——基于山西若干样本村的实证分析[J]. 中国社会科学,2001(03):56—69+205—206.

100. 李实,Knight J. 中国城市中的三种贫困类型[J]. 经济研究,2002(10):47—58+95.

101. 李伟权,黄扬. 政策执行中的刻板印象:一个"激活—应用"的分析框架[J]. 公共管理学报,2019,16(03):1—15+168.

102. 李武,毛远逸,黄扬. 框架效应、进展信息对公益众筹意愿的影响[J]. 新闻与传播评论,2018,71(05):68—78.

103. 李晓康. 新加坡的工利政策:社会保障第四支柱[J]. 中国公共政策评论,2009,3(00):162—174.

104. 李雅儒,汪抒. 全国大学生职业生涯阻碍因素调查研究[J]. 中国特色社会主义研究,2007(05):50—54.

105. 李迎生. 中国社会政策改革创新的价值基础——社会公平与社会政策[J]. 社会科学,2019(03):76—88.

106. 李迎生. 后脱贫攻坚时代构建一体化的反贫困制度体系[J]. 中国特色社会主义研究,2020(03):14—20+2.

107. 李迎生,肖一帆. 城市低保制度运行的现实困境与改革的路径选择[J]. 江海学刊,2007(02):120—126.

108. 李永友,沈坤荣. 财政支出结构、相对贫困与经济增长[J]. 管理世界,2007(11):14—26+171.

109. 李运华,叶璐. 我国社会救助立法评析[J]. 理论月刊,2016(02):144—149.

110. 李珍,王怡欢,张楚. 中国失业保险制度改革方向:纳入社会救助——基于历史背景与功能定位的分析[J]. 社会保障研究,2020(02):68—75.

111. 李振刚. 我国农村最低生活保障制度目标定位机制的反思——从家计调查到类别身份[J]. 广东社会科学,2016(02):194—205.

112. 李志,杨笛. 国外"从福利到工作"福利政策的发展趋势及启示[J]. 国家行政学院学报,2013(04):118—122.

113. 梁茂信. 美国人力培训与就业政策机制(1971—1982)[J]. 历史研究,2007(01):158—173＋192.

114. 梁祖彬,肖萌. 香港的失业问题与对策——"工利"视角[J]. 中国公共政策评论,2009,3(00):145—161.

115. 廖慧卿,张兴杰,张开云. 社会救助提升农村贫困残障者的生活机遇了吗?——残障污名与街头官僚、救助政策的交互效应研究[J]. 公共行政评论,2020,13(06):21—39＋207.

116. 林辰乐,吕翔涛. 影响城市低保受助者就业的政策因素分析——就业的双项逻辑回归模型及访谈实证研究[J]. 中国软科学,2012(08):23—34.

117. 林丛. 城市居民低保制度"福利依赖"问题研究[J]. 学习与实践,2019(12):91—95.

118. 林卡,范晓光. 贫困和反贫困——对中国贫困类型变迁及反贫困政策的研究[J]. 社会科学战线,2006(01):187—194.

119. 林闽钢. 新时期我国社会救助立法的主要问题研究[J]. 中国行政管理,2018(06):44—48.

120. 林闽钢. 激活贫困者内生动力:理论视角和政策选择[J]. 社会保障评论,2019,3(01):119—130.

121. 林万龙,杨丛丛. 贫困农户能有效利用扶贫型小额信贷服务吗?——对四川省仪陇县贫困村互助资金试点的案例分析[J]. 中国农村经济,2012(02):35—45.

122. 林亦府. 从"福利依赖"到"工作自救"——美国福利制度改革对中国城市低保制度可持续发展的启示[J]. 哈尔滨工业大学学报(社会科学版),2013,15(01):45—50.

123. 林瑜胜. 新形势下我国农民工社会保障体系建设再思考[J]. 社会科学,2010(05):80—88＋189—190.

124. 刘宝臣. 美国贫困家庭临时救助:制度变迁、运行特征及启示[J]. 经济体制改革,2018(06):156—162.

125. 刘宝臣,韩克庆. 中国反贫困政策的分裂与整合:对社会救助与扶贫开发的思考[J]. 广东社会科学,2016(06):5—13.

126. 刘丰. 定性比较分析与国际关系研究[J]. 世界经济与政治,2015(01):90—110+158—159.

127. 刘贯春,陈登科,丰超. 最低工资标准的资源错配效应及其作用机制分析[J]. 中国工业经济,2017(07):62—80.

128. 刘璐婵. "福利依赖"概念的建构逻辑——兼论中国"福利依赖"概念的选择[J]. 天府新论,2016(01):101—109.

129. 刘璐婵,林闽钢. "养懒汉"是否存在? ——城市低保制度中"福利依赖"问题研究[J]. 东岳论丛,2015,36(10):37—42.

130. 刘生龙,李军. 健康、劳动参与及中国农村老年贫困[J]. 中国农村经济,2012(01):56—68.

131. 刘一伟. "错位"还是"精准":最低生活保障与农户多维贫困[J]. 现代经济探讨,2018(04):109—115.

132. 刘云香. 性别福利体制的研究述评[J]. 公共行政评论,2017,10(03):184—201+218.

133. 吕炜,王伟同. 我国基本公共服务提供均等化问题研究——基于公共需求与政府能力视角的分析[J]. 财政研究,2008(05):10—18.

134. 鲁全. 社会保障在重大突发公共卫生事件中的功能研究[J]. 中共中央党校(国家行政学院)学报,2020,24(03):36—41.

135. 陆铭,田士超. 显性失业还是隐性就业? ——来自上海家庭调查数据的证据[J]. 管理世界,2008(01):48—56.

136. 吕越,田琳,吕云龙. 市场分割会抑制企业高质量创新吗? [J]. 宏观质量研究,2021,9(01):29—44.

137. 罗楚亮. 就业稳定性与工资收入差距研究[J]. 中国人口科学,2008(04):11—21+95.

138. 罗微,师文文. 社会救助制度的就业效应:一个文献综述[J]. 社会保障研究,2019(06):100—110.

139. 马芒,徐欣欣,林学翔. 返乡农民工再就业的影响因素分析——基于安徽省的调查[J]. 中国人口科学,2012(02):95—102+112.

140. 马爽. 城市低保对象求职行为及其影响因素研究[J]. 清华大学学报(哲学社会科学版),2017,32(05):183—194+199.

141. 马忠东,吕智浩,叶孔嘉. 劳动参与率与劳动力增长:1982—2050 年[J]. 中国人口科学,2010(01):11—27+111.

142. 毛宇飞,曾湘泉. 互联网使用是否促进了女性就业——基于 CGSS

数据的经验分析[J]. 经济学动态,2017(06):21—31.

143. 梅建明,秦颖. 中国城市贫困与反贫困问题研究述评[J]. 中国人口科学,2005(01):90—96+98.

144. 孟兆敏,吴瑞君. 流动人口与户籍人口的收入差异及其影响因素——以上海市为例[J]. 城市问题,2016(06):82—91.

145. 闵冬潮. 福利(welfare)还是工作福利(workfare):北欧福利国家的实践[J]. 中国图书评论,2016(10):101—107.

146. 明燕飞,刘江. 政府购买公共就业服务的合同制治理研究[J]. 求索,2011(05):29—31.

147. 穆光宗. 中国都市社会的养老问题:以北京为个案[J]. 中国人民大学学报,2002(02):80—87.

148. 宁亚芳. 2020年后贫困标准调整的逻辑与构想[J]. 中州学刊,2020(07):60—68.

149. 潘胜文,杨丽艳. 西方社会福利制度的改革及启示[J]. 武汉大学学报(哲学社会科学版),2005(06):845—849.

150. 彭华民,顾金土. 论福利国家研究中的比较研究方法[J]. 东岳论丛,2009(01):63—70.

151. 彭华民,宋祥秀. 嵌入社会框架的社会福利模式:理论与政策反思[J]. 社会,2006(06):138—153+211.

152. 彭希哲. 社会政策与性别平等——以对中国养老金制度的分析为例[J]. 妇女研究论丛,2003(02):25—30.

153. 彭小龙. 人民陪审员制度的复苏与实践:1998—2010[J]. 法学研究,2011,33(01):15—32.

154. 彭宅文. 最低生活保障制度与救助对象的劳动激励:"中国式福利依赖"及其调整[J]. 社会保障研究,2009(02):163—174.

155. 齐心. 低保未就业人员求职意愿及影响因素研究[J]. 城市问题,2007(07):71—75.

156. 乔世东. 城市低保退出机制中存在的问题及对策研究——以济南市为例[J]. 东岳论丛,2009,30(10):34—38.

157. 邱莉莉. 制约城市低保救助体系发展的若干瓶颈及对策建议[J]. 统计研究,2005(12):14—16.

158. 尚光辉,陈科,宋太淋. 框架效应对购买意愿影响的实证检验[J]. 统计与决策,2020,36(22):181—184.

159. 尚晓援. 中国社会安全网的现状及政策选择[J]. 战略与管理, 2001(06):1—11.

160. 石智雷,谭宇,吴海涛. 返乡农民工创业行为与创业意愿分析[J]. 中国农村观察,2010(05):25—37＋47.

161. 宋锦,李实,王德文. 中国城市低保制度的瞄准度分析[J]. 管理世界,2020,36(06):37—48＋243.

162. 宋扬,赵君. 中国的贫困现状与特征:基于等值规模调整后的再分析[J]. 管理世界,2015(10):65—77.

163. 宋长青,熊自力. 失业统计改革的 10 个问题[J]. 中国统计,2001(08):14—16.

164. 苏文帅,栾一飞. 城市贫困群体画像与媒体话语建构:基于大数据的分析[J]. 传媒,2019(06):94—96.

165. 孙伯驰,段志民. 农村低保制度的减贫效果——基于贫困脆弱性视角的实证分析[J]. 财政研究,2020(02):113—128.

166. 孙远太. 社会救助运行机制的功能障碍与改进路径[J]. 中国行政管理,2016(10):40—44.

167. 唐钧. 城市扶贫与可持续生计[J]. 江苏社会科学,2003(02):126—133.

168. 唐钧. 失能老人护理补贴制度研究[J]. 江苏社会科学,2014(02):75—82.

169. 唐钧. 慎言"福利依赖"[J]. 社会观察,2015(12):26—28.

170. 唐钧. 追求"精准"的反贫困新战略[J]. 西北师大学报(社会科学版),2016,53(01):5—13.

171. 唐钧. 长期照护与重度残疾人保障[J]. 残疾人研究,2019(03):26—29.

172. 唐永,张衔. 人工智能会加剧资本主义失业风险吗——基于政治经济学视角的分析[J]. 财经科学,2020(06):51—65.

173. 陶纪坤. 社会保障费税之辨[J]. 中国国情国力,2008(02):15—18.

174. 陶源. 城镇化与城乡劳动收入差距——基于中国省级面板数据的实证研究[J]. 经济问题探索,2020(08):87—96.

175. 田奇恒,孟传慧. 对城市低保对象就业意愿的分析[J]. 统计与决策,2007(07):87—88.

176. 童星,刘松涛. 我国城市最低生活保障制度中的问题与对策[J]. 学海,2000(04):86—90.

177. 万国威. 我国社会福利制度的理论反思与战略转型[J]. 中国行政管理,2016(01):15—22.

178. 万向东. 农民工非正式就业的进入条件与效果[J]. 管理世界,2008(01):63—74.

179. 汪朝霞. 社会救助制度的国际比较与经验借鉴——以英、美、日等国为研究对象[J]. 苏州大学学报(哲学社会科学版),2011,32(05):15—20.

180. 王超群. 中国基本医疗保险的实际参保率及其分布特征:基于多源数据的分析[J]. 社会保障评论,2020,4(01):67—84.

181. 王迪,刘宝臣,王燊成. 就业救助中的公共服务供给研究——基于上海市某区的实践[J]. 社会建设,2017,4(03):26—35.

182. 王健. 我国社会救助制度中强制工作措施的法律问题及立法建议[J]. 西北民族大学学报(哲学社会科学版),2020(02):86—92.

183. 王晶. 农村市场化、社会资本与农民家庭收入机制[J]. 社会学研究,2013,28(03):119—144+244.

184. 王磊. 城市低保对象救助与就业问题博弈分析[J]. 财经问题研究,2009(05):112—116.

185. 王三秀. 扶贫新情境下我国适度普惠型就业福利政策设计[J]. 中州学刊,2020(05):71—78.

186. 王绍光,何焕荣,乐园. 政策导向、汲取能力与卫生公平[J]. 中国社会科学,2005(06):101—120+207—208.

187. 王燊成,刘宝臣. 构建更加积极的教育救助:社会投资理论的启示[J]. 社会保障研究,2019(01):44—50.

188. 王琬. 大病保险筹资机制与保障政策探讨——基于全国 25 省《大病保险实施方案》的比较[J]. 华中师范大学学报(人文社会科学版),2014,53(03):16—22.

189. 王小鲁,樊纲. 中国收入差距的走势和影响因素分析[J]. 经济研究,2005(10):24—36.

190. 王欣. 北京市就业困难群体再就业促进的研究——基于求职意向及求职行为的分析[J]. 人口与经济,2011(02):52—55.

191. 王旭. 《劳动能力鉴定职工工伤与职业病致残等级》(2014)相关问题研究[J]. 证据科学,2015,23(06):759—767.

192. 王延中. 中国"十三五"时期社会保障制度建设展望[J]. 辽宁大学学报(哲学社会科学版),2016,44(01):1—14.

193. 王延中,王俊霞. 更好发挥社会救助制度反贫困兜底作用[J]. 国家行政学院学报,2015(06):67—71.

194. 王玉泽,罗能生,周桂凤. 高铁开通是否有利于改善居民健康水平?[J]. 财经研究,2020,46(09):92—107.

195. 王增文. 农村社会救助群体再就业意愿影响因素研究[J]. 人口学刊,2012(06):64—71.

196. 王增文,邓大松. 倾向度匹配、救助依赖与瞄准机制——基于社会救助制度实施效应的经验分析[J]. 公共管理学报,2012,9(02):83—88+126.

197. 卫学莉,张帆,卫学芝. 精神疾病患者就业现状及对策[J]. 医学与社会,2016,29(01):27—29.

198. 文雯. 城市低保与家庭减贫——基于 CHIPS 数据的实证分析[J]. 人口与经济,2015(02):108—118.

199. 乌日图. 社会保障顶层设计亟待明确的三大问题[J]. 社会保障研究,2018(03):3—14.

200. 吴定初. 关于教育研究中"比较"的若干概念辨析[J]. 教育评论,1999(01):25—27.

201. 吴帆. 第二次人口转变背景下的中国家庭变迁及政策思考[J]. 广东社会科学,2012(02):23—30.

202. 吴江. 新时代促进灵活就业政策及其实施效果评价[J]. 财经问题研究,2019(02):105—112.

203. 吴小芳. 我国城市就业救助政策研究[J]. 社会保障研究,2011(04):67—77.

204. 吴忠民. 中国现阶段贫富差距扩大问题分析[J]. 科学社会主义,2001(04):21—26.

205. 夏建中. 从制度设计上促进福利接受者再就业——对我国城市低保相关制度的反思和建议[J]. 唯实,2007(06):73—78.

206. 夏庆杰,宋丽娜,Appleton S. 中国城镇贫困的变化趋势和模式:1988—2002[J]. 经济研究,2007(09):96—111.

207. 夏志强,付亚南. 公共服务多元主体合作供给模式的缺陷与治理[J]. 上海行政学院学报,2013,14(04):39—45.

208. 肖萌. 发达国家的工作福利制对中国低保政策的启示[J]. 中国青年政治学院学报,2005(01):138—142.

209. 肖萌,陈虹霖,李飞跃. 低保对象为何退保难? 动态分析策略下的退保模式及其变迁趋势研究[J]. 社会,2019,39(04):210—240.

210. 肖萌,李飞跃. 城市低保对象缘何退保难——中国式"福利依赖"的社会政策解读[J]. 社会保障研究(北京),2016,24(02):191—200.

211. 肖萌,李飞跃. 工作还是依赖?——低保对象就业行为的影响因素分析[J]. 人口学刊,2017,39(01):102—112.

212. 信长星. 从救济到工作——美国的社会福利制度改革及其启示[J]. 中国就业,2001(08):21—28.

213. 谢勇才. 城市低保制度的"福利捆绑"问题及其治理路径[J]. 中国行政管理,2020(07):64—69.

214. 谢增毅. 中国社会救助制度:问题、趋势与立法完善[J]. 社会科学,2014(12):91—101.

215. 谢治菊. 农村最低生活保障制度与农民对政府信任的关系研究——来自两次延续性的调查[J]. 中国行政管理,2013(06):120—125.

216. 星加良司,蔡英实. 试论残障社会模式的认识误区及其实践性陷阱[J]. 社会,2015,35(06):116—132.

217. 熊鸿军,戴昌钧. 就业与失业统计指标的国际比较及借鉴[J]. 商业研究,2009(10):43—47.

218. 徐丽敏. 反福利依赖视角下的低保制度审视——兼析《社会救助暂行办法》[J]. 华东理工大学学报(社会科学版),2014,29(06):109—114.

219. 徐舒,杜鹏程,吴明琴. 最低工资与劳动资源配置效率——来自断点回归设计的证据[J]. 经济学(季刊),2020,19(01):143—164.

220. 徐玮,杨云彦. 流动人口失业特征、分布及影响因素分析[J]. 人口与发展,2016,22(04):10—18.

221. 徐晓军. 病情与人情:乡村艾滋病人的双重压力与自杀风险[J]. 华中师范大学学报(人文社会科学版),2008(05):9—14.

222. 徐月宾,张秀兰. 我国城乡最低生活保障制度若干问题探讨[J]. 东岳论丛,2009(02):32—37.

223. 徐月宾,张秀兰,王小波. 国际社会福利改革:对中国社会救助政策的启示[J]. 江苏社会科学,2011(05):35—40.

224. 许玉镇,孙超群. 论烙印群体及其就业帮扶政策困境——以我国刑满释放人员为例[J]. 社会科学研究,2018(04):46—53.

225. 薛福根,石智雷. 个人素质、家庭禀赋与农村劳动力就业选择的实证研究[J]. 统计与决策,2013(08):110—112.

226. 薛惠元,仙蜜花. 灵活就业人员参加养老保险的制度选择——基于职保与城乡居保制度比较的视角[J]. 保险研究,2015(02):94—104.

227. 严敏,朱春奎. 美国社会福利制度的历史发展与运营管理[J]. 南京社会科学,2014(04):88—94.

228. 杨斌,王琳. 数字经济时代客户服务数字化转型策略研究[J]. 东岳论丛,2020,41(11):30—38.

229. 杨翠迎,王国洪. 最低工资标准对就业:是促进,还是抑制? ——基于中国省面板数据的空间计量研究[J]. 经济管理,2015,37(03):12—22.

230. 杨得前,彭文栋,肖莹. 美国家庭援助计划研究及其对我国的启示[J]. 中国行政管理,2017(11):145—150.

231. 杨德敏. 就业援助:社会救助立法的基本取向[J]. 江西社会科学,2012,32(12):159—164.

232. 杨芳. 福利权视域下最低生活保障对象的认定[J]. 广东社会科学,2015(04):196—201.

233. 杨菊华,张莹,陈志光. 北京市青年流动人口行为适应比较研究[J]. 青年研究,2013(04):1—16+94.

234. 杨仁发,李胜胜. 创新试点政策能够引领企业创新吗? ——来自国家创新型试点城市的微观证据[J]. 统计研究,2020,37(12):32—45.

235. 杨胜利,姚健. 中国流动人口失业风险变动及影响因素研究[J]. 中国人口科学,2020(03):33—46+127.

236. 杨爽. 国际比较视角下我国社会救助制度内容与体系研究[J]. 理论月刊,2018(12):164—170.

237. 杨团,葛道顺. 中国城市社区的社会保障新范式——大连与杭州社区个案研究与探索[J]. 管理世界,2002(02):57—64.

238. 杨伟国,格哈德·伊林,陈立坤. 德国"哈茨改革"及其绩效评估[J]. 欧洲研究,2007(03):26—37+158.

239. 杨伟国. 中国就业促进政策的三大支柱[J]. 新视野,2008(02):18—20.

240. 杨宜勇,张英,顾严. 构建城乡统筹的最低生活保障体系[J]. 中国人口科学,2006(06):36—42+95.

241. 杨玉珍. 农户缘何不愿意进行宅基地的有偿腾退[J]. 经济学家,2015(05):68—77.

242. 姚建平. 中国城市最低生活保障标准水平分析[J]. 中国软科学,

2012(11):57—67.

243. 姚建平. 多元视角下的城乡低收入家庭就业状况研究[J]. 社会保障评论,2017,1(02):88—101.

244. 尹德挺,陈可,常国珍. "农民工困境"与困境中的农民工——以北京市为例[J]. 中国党政干部论坛,2008(09):30—32.

245. 尹志刚,焦永刚,马小红,等. 北京市城市居民贫困问题调查报告[J]. 新视野,2002(01):47—51.

246. 郁建兴. 中国的公共服务体系:发展历程、社会政策与体制机制[J]. 学术月刊,2011,43(03):5—17.

247. 郁建兴,瞿志远. 金融危机冲击下的就业与保增长——以浙江省为研究对象[J]. 浙江大学学报(人文社会科学版),2009,39(06):34—45.

248. 原华荣. 生产性贫困与社会性贫困[J]. 社会学研究,1990(06):81—88.

249. 苑晓美. 发展型社会救助的理念、实践及其启示[J]. 中州学刊,2018(05):80—85.

250. 苑仲达. 英国积极救助制度及其借鉴启示[J]. 国家行政学院学报,2016(04):124—128.

251. 岳经纶,程璆. 福利污名对瞄准偏差感知的影响研究[J]. 社会保障研究,2019(05):88—100.

252. 岳经纶,胡项连. 低保政策执行中的"标提量减":基于反腐败力度视角的解释[J]. 中国行政管理,2018(08):70—75.

253. 臧雷振. 政治社会学中的混合研究方法[J]. 国外社会科学,2016(04):138—145.

254. 詹国旗. 我国造血型救助方式的法治化重构[J]. 学术研究,2020(08):75—78.

255. 张车伟. 失业率定义的国际比较及中国城镇失业率[J]. 世界经济,2003(05):47—54+80.

256. 张浩淼. 救助、就业与福利依赖——兼论关于中国低保制度"养懒汉"的担忧[J]. 兰州学刊,2014(05):163—169.

257. 张浩淼. 就业救助:国际经验与中国道路[J]. 兰州学刊,2018(10):174—182.

258. 张浩淼,仲超. 工作福利在我国社会救助改革中的适用性分析——基于典型福利国家实践的比较与启示[J]. 经济社会体制比较,2019(04):

118—127.

259. 张开云,叶浣儿. 农村低保政策:制度检视与调整路径[J]. 吉林大学社会科学学报,2016,56(04):64—71+189.

260. 张蕾,袁晓慧. 基于定性比较分析的生育保护政策国际比较[J]. 社会保障研究,2019(04):87—94.

261. 张敏. 社会支持网络研究——对大连社区公共服务社的实证分析[J]. 管理世界,2007(12):48—57+171—172.

262. 张敏杰. 工作福利政策及对中国的启示[J]. 浙江社会科学,2006(04):91—97.

263. 张奇林,李鹏. 政府信任、人际信任与制度依赖——一种城乡低保退出困境的解释框架[J]. 青海社会科学,2016(05):123—129.

264. 张世鹏. 关于当代西欧社会阶级结构研究的几个问题[J]. 当代世界与社会主义,1998(01):28—31.

265. 张书维,梁歆佚,岳经纶. 行为社会政策:"助推"公共福利的实践与探索[J]. 心理科学进展,2019,27(03):428—437.

266. 张文宏,刘琳. 职业流动的性别差异研究——一种社会网络的分析视角[J]. 社会学研究,2013,28(05):53—75+243.

267. 章晓懿. 社区能力视角下的社会救助瞄准机制研究:转型国家的经验[J]. 社会保障评论,2017,1(02):134—150.

268. 赵大华. 社会救助权保障下的社会救助立法之完善——兼评《社会救助暂行办法》[J]. 法学,2016(03):117—125.

269. 赵曼,张广科. 失地农民可持续生计及其制度需求[J]. 财政研究,2009(08):36—38.

270. 郑秉文. 供给侧:降费对社会保险结构性改革的意义[J]. 中国人口科学,2016(03):2—11+126.

271. 郑秉文. "后2020"时期建立稳定脱贫长效机制的思考[J]. 宏观经济管理,2019(09):17—25.

272. 周昌祥. 当前社会福利依赖与反福利依赖的社会工作介入研究[J]. 华东理工大学学报(社会科学版),2005(02):13—18.

273. 周广肃,樊纲,申广军. 收入差距、社会资本与健康水平——基于中国家庭追踪调查(CFPS)的实证分析[J]. 管理世界,2014(07):12—21+51+187.

274. 周良才. 从文化失调理论看低保福利依赖的产生原因及解决途径

[J]. 生产力研究,2007(17):52—54.

275. 周琼. 乾隆朝"以工代赈"制度研究[J]. 清华大学学报(哲学社会科学版),2011,26(04):66—79+159.

276. 朱迪. 混合研究方法的方法论、研究策略及应用——以消费模式研究为例[J]. 社会学研究,2012,27(04):146—166+244—245.

277. 朱火云,丁煜,王翻羽. 中国就业质量及地区差异研究[J]. 西北人口,2014,35(02):92—97.

278. 朱亚鹏,刘云香. 制度环境、自由裁量权与中国社会政策执行——以C市城市低保政策执行为例[J]. 中山大学学报(社会科学版),2014,54(06):159—168.

279. 朱一丹,金喜在. 我国城市低保福利依赖问题及对策探析[J]. 东北师大学报(哲学社会科学版),2014(06):74—79.

280. 祝建华. 城市居民最低生活保障制度的评估方法——一个初步的分析框架[J]. 学习与实践,2013(05):86—94.

281. 邹宇春,敖丹,李建栋. 中国城市居民的信任格局及社会资本影响——以广州为例[J]. 中国社会科学,2012(05):131—148+207.

282. 左停. 创新农村发展型社会救助政策—农村低保政策与其他社会救助政策发展能力视角的比较[J]. 苏州大学学报(哲学社会科学版),2016,37(05):1—8.

283. 左停. 反贫困的政策重点与发展型社会救助[J]. 改革,2016(08):80—83.

284. 左停. 贫困的多维性质与社会安全网视角下的反贫困创新[J]. 社会保障评论,2017,1(02):71—87.

285. 左停,贺莉. 基于FGT指数的县级贫困程度多维表达与分类扶贫策略研究——以陕西省为例[J]. 经济问题探索,2019(07):173—180.

286. 左停,金菁,于乐荣. 内生动力、益贫市场与政策保障:打好脱贫攻坚战实现"真脱贫"的路径框架[J]. 苏州大学学报(哲学社会科学版),2018,39(05):47—54+191.

287. 左停,赵梦媛,金菁. 路径、机理与创新:社会保障促进精准扶贫的政策分析[J]. 华中农业大学学报(社会科学版),2018(01):1—12+156.

英文论文

1. Achdut N, Stier H. Welfare-use Accumulation and Chronic Dependen-

cy in Israel: The Role of Structural Factors[J]. Journal of Social Policy, Cambridge University Press, 2020, 49(1):81—101.

2. Alzúa M L, Cruces G, Ripani L. Welfare programs and labor supply in developing countries: experimental evidence from Latin America[J]. Journal of Population Economics, 2013, 26(4):1255—1284.

3. Angelov N, Eliason M. Wage subsidies targeted to jobseekers with disabilities: subsequent employment and disability retirement[J]. IZA Journal of Labor Policy, 2018, 7(1):12.

4. Asfaw S, Davis B, Dewbre J. et al. Cash transfer programme, productive activities and labour supply: Evidence from randomized experiment in Kenya[J]. The journal of development studies, 2014, 50(8):1172—1196.

5. Babcock L, Congdon W J, Katz L F. et al. Notes on behavioral economics and labor market policy[J]. IZA Journal of Labor Policy, 2012, 1(1):2.

6. Bäckman O, Bergmark Å. Escaping welfare? Social assistance dynamics in Sweden[J]. Journal of European Social Policy, 2011:15.

7. Baird S, McKenzie D, Özler B. The effects of cash transfers on adult labor market outcomes[J]. IZA Journal of Development and Migration, 2018, 8(1):22.

8. Barbier J-C, Ludwig-Mayerhofer W. Introduction: The many worlds of activation[J]. European Societies, Routledge, 2004, 6(4):423—436.

9. Benda L, Koster F, Veen R V D. Activation is not a panacea: active labour market policy, long-term unemployment and institutional complementarity[J]. Journal of Social Policy, Cambridge University Press, 2020, 49(3):483—506.

10. Benjamin D J, Choi J J, Strickland A J. Social Identity and Preferences[J]. The American economic review, NIH Public Access, 2010, 100(4):1913.

11. Ben-Ishai, Elizabeth. The New Paternalism: An Analysis of Power, State Intervention, and Autonomy[J]. Political Research Quarterly, 2012, 65(1):151—165.

12. Bergmark Å, Bäckman O. Stuck with Welfare? Long-term Social Assistance Recipiency in Sweden[J]. European Sociological Review, 2004, 20(5):425—443.

13. Bertrand M, Mullainathan S, Shafir E. Behavioral Economics and Marketing in Aid of Decision Making among the Poor[J]. Journal of Public Policy & Marketing, 2006, 25(1):8—23.

14. Berkel R V. The Provision of Income Protection and Activation Services for the Unemployed in "Active" Welfare States. An International Comparison[J]. Journal of Social Policy, Cambridge University Press, 2010, 39(1): 17—34.

15. Besley T, Coate S. Workfare versus Welfare: Incentive Arguments for Work Requirements in Poverty-Alleviation Programs[J]. The American Economic Review, American Economic Association, 1992, 82(1):249—261.

16. Blank R M. Analyzing the Length of Welfare Spells[J]. Journal of Public Economics, 1989, 39(3):253.

17. Boushey H, Wenger J B. Unemployment Insurance Eligibility Before and After Welfare Reform[J]. Journal of Poverty, 2006, 10(3):1—23.

18. Brännström L, Stenberg S-Å. Does Social Assistance Recipiency Influence Unemployment?: Macro-level Findings from Sweden in a Period of Turbulence[J]. Acta Sociologica, 2007, 50(4):347—362.

19. Brodkin E Z, Larsen F. Changing Boundaries: The Policies of Workfare in the U. S. and Europe[J]. Poverty & Public Policy, 2013, 5(1):37—47.

20. Brown A J, Koettl J. Active labor market programs—employment gain or fiscal drain? [J]. IZA Journal of Labor Economics, 2015, 4(1):12.

21. Bullock H E, Twose G H J, Hamilton V M. Mandating Work: A Social Psychological Analysis of Rising Neoliberalism in U. S. Public Assistance Programs [J]. Analyses of Social Issues and Public Policy, 2019, 19(1):282—304.

22. Burtless G. Are Targeted Wage Subsidies Harmful? Evidence from a Wage Voucher Experiment[J]. ILR Review, SAGE Publications Inc, 1985, 39(1):105—114.

23. Caliendo M. Start-up subsidies for the unemployed: Opportunities and limitations[J]. IZA World of Labor, 2016.

24. Camerer C, Issacharoff S, Loewenstein G. et al. Regulation for Conservatives: Behavioral Economics and the Case for "Asymmetric Paternalism" [J]. University of Pennsylvania Law Review, 2003, 151(3):1211.

25. Cantillon B. The paradox of the social investment state: growth, em-

ployment and poverty in the Lisbon era[J]. Journal of European Social Policy, 2011, 21(5):432—449.

26. Carpentier S, Neels K, Van den B K. How Do Exit Rates from Social Assistance Benefit in Belgium Vary with Individual and Local Agency Characteristics? [A]. in: Safety Nets and Benefit Dependence[M]. Emerald Group Publishing Limited, 2014, 39:151—187.

27. Chan C K, Ngok K. Workfare in the undemocratic states: The case of China[J]. International Social Work, SAGE Publications Ltd, 2016, 59(4): 479—493.

28. Contini B. Youth Employment in Europe: Institutions and Social Capital Explain Better than Mainstream Economics[J]. :33.

29. Contini D, Negri N. Would Declining Exit Rates from Welfare Provide Evidence of Welfare Dependence in Homogeneous Environments? [J]. European Sociological Review, 2007, 23(1):21—33.

30. Covarrubias K, Davis B, Winters P. From protection to production: productive impacts of the Malawi Social Cash Transfer scheme[J]. Journal of Development Effectiveness, Routledge, 2012, 4(1):50—77.

31. Daigneault P-M. Ideas and Welfare Reform in Saskatchewan: Entitlement, Workfare or Activation? [J]. Canadian Journal of Political Science/Revue canadienne de science politique, Cambridge University Press, 2015, 48 (1):147—171.

32. Danziger S, Seefeldt K. Barriers to Employment and the "Hard to Serve": Implications for Services, Sanctions, and Time Limits[J]. Social Policy and Society, 2003, 2:151—160.

33. Dengler K. Effectiveness of Active Labour Market Programmes on the Job Quality of Welfare Recipients in Germany[J]. Journal of Social Policy, Cambridge University Press, 2019, 48(4):807—838.

34. Deeming C. Foundations of the Workfare State—Reflections on the Political Transformation of the Welfare State in Britain[J]. Social Policy & Administration, 2015, 49(7):862—886.

35. Dingeldey I. Between workfare and enablement—The different paths to transformation of the welfare state: A comparative analysis of activating labour market policies[J]. European Journal of Political Research, 2007, 46(6):

823—851.

36. Dixon J. On being Poor-by-Choice: A Philosophical Critique of the Neoliberal Poverty Perspective[J]. Poverty & Public Policy, 2012, 4(2):1—19.

37. Dixon J, Carrier K, Dogan R. On Investigating the "Underclass": Contending Philosophical Perspectives[J]. Social Policy and Society, Cambridge University Press, 2005, 4(1):21—30.

38. Eby L T, And Others. Employment Assistance Needs of Accompanying Spouses Following Relocation[R]. 0001—8791, Journal of Vocational Behavior, 1997(2):291—307.

39. Eriksen A. Reclaiming Responsibility: The Case of Welfare-to-Work Policy[J]. Journal of Social Policy, Cambridge University Press, 2019, 48(3):529—546.

40. Esping-Andersen G, Gallie D, Hemerijck A. et al. A NEW WELFARE ARCHITECTURE FOR EUROPE? Report submitted to the Belgian Presidency of the European Union[J]. 2001.

41. Fernandez R M, Castilla E J, Moore P. Social Capital at Work: Networks and Employment at a Phone Center[J]. American Journal of Sociology, University of Chicago Press, 2000, 105(5):1288—1356.

42. Finn D. Modernisation or Workfare? New Labour's Work-Based Welfare State[J]. Competition & Change, 2001, 5(4):355—374.

43. Freeman L F. Availability: Active Search for Work[J]. Ohio State Law Journal, 1949, 10(2):181—190.

44. Galiani S, McEwan P J. The heterogeneous impact of conditional cash transfers[J]. Journal of Public Economics, 2013, 103:85—96.

45. Gallie D, Paugam S, Jacobs S. Unemployment, Poverty and Social Isolation: Is there a vicious circle of social exclusion? [J]. European Societies, Routledge, 2003, 5(1):1—32.

46. Gao Q. Public assistance and poverty reduction: The case of Shanghai [J]. Global Social Policy: An Interdisciplinary Journal of Public Policy and Social Development, 2013, 13(2):193—215.

47. Gao Q, Wu S, Zhai F. Welfare Participation and Time Use in China [J]. Social Indicators Research, 2015, 124(3):863—887.

48. Gao Q, Zhai F, Yang S. et al. Does Welfare Enable Family Expendi-

tures on Human Capital? Evidence from China[J]. World Development, 2014, 64:219—231.

49. Gassmann F, Trindade L Z. Effect of Means-Tested Social Transfers on Labor Supply: Heads Versus Spouses: An Empirical Analysis of Work Disincentives in the Kyrgyz Republic[J]. European Journal of Development Research, Palgrave Macmillan Ltd., 2019, 31(2):189—214.

50. Gigerenzer G. On the Supposed Evidence for Libertarian Paternalism [J]. Review of Philosophy and Psychology, 2015, 6(3):361—383.

51. Gilliam Jr. F D. The "Welfare Queen" Experiment[J]. Nieman Reports, 1999, 53(2):49.

52. Goldberg C A. Welfare Recipients or Workers? Contesting the Workfare State in New York City[J]. Sociological Theory, 2001, 19(2):187—218.

53. Goldstein N J, Cialdini R B, Griskevicius V. A Room with a Viewpoint: Using Social Norms to Motivate Environmental Conservation in Hotels [J]. Journal of Consumer Research, 2008, 35(3):472—482.

54. Gordon J C. Protecting the unemployed: varieties of unionism and the evolution of unemployment benefits and active labor market policy in the rich democracies[J]. Socio-Economic Review, Oxford Academic, 2015, 13(1): 79—99.

55. Gough I, Bradshaw J, Ditch J, et al. Social Assistance in Oecd Countries[J]. Journal of European Social Policy, 1997, 7(1):17—43.

56. Grover C, Piggott L. Social security, employment and Incapacity Benefit: critical reflections on A new deal for welfare[J]. Disability & Society, Routledge, 2007, 22(7):733—746.

57. Grunau P, Lang J. Retraining for the unemployed and the quality of the job match[J]. Applied Economics, Routledge, 2020, 52(47): 5098—5114.

58. Guala F, Mittone L. A Political Justification of Nudging[J]. Review of Philosophy and Psychology, 2015, 6(3):385—395.

59. Haataja A. Unemployment, employment and poverty[J]. European Societies, Routledge, 1999, 1(2):169—196.

60. Handler J F. Welfare, Workfare, and Citizenship in the Developed World[J]. Annual Review of Law and Social Science, 2009, 5(1):71—90.

61. Haskins R. Tanf at Age 20: Work Still Works[J]. Journal of Policy Analysis and Management, 2016, 35(1):224—231.

62. Hausman J, McFadden D. Specification Tests for the Multinomial Logit Model[J]. Econometrica, 1984, 52(5):1219—1240.

63. Heckman J J, Ichimura H, Todd P E. Matching as an Econometric Evaluation Estimator: Evidence from Evaluating a Job Training Programme [J]. The Review of Economic Studies, [Oxford University Press, Review of Economic Studies, Ltd.], 1997, 64(4):605—654.

64. Heins E, Bennett H. "Best of Both Worlds"? A Comparison of Third Sector Providers in Health Care and Welfare-to-Work Markets in Britain [J]. Social Policy & Administration, 2016, 50(1):39—58.

65. Herd D, Lightman E, Mitchell A. Searching for Local Solutions: Making Welfare Policy on the Ground in Ontario[J]. Journal of Progressive Human Services, Routledge, 2009, 20(2):129—151.

66. Ho A T-K, Lang T. Analyzing Social Safety Net and Employment Assistance Spending in Chinese Cities [J]. Australian Journal of Public Administration, John Wiley & Sons, Ltd, 2013, 72(3):359—375.

67. Hohmeyer K, Lietzmann T. Persistence of Welfare Receipt and Unemployment in Germany: Determinants and Duration Dependence[J]. Journal of Social Policy, Cambridge University Press, 2020, 49(2):299—322.

68. Hohmeyer K, Wolff J. A fistful of euros: Is the German one-euro job workfare scheme effective for participants? [J]. International Journal of Social Welfare, 2012, 21(2):174—185.

69. Huber M, Lechner M, Wunsch C. et al.. Do German Welfare-to-Work Programmes Reduce Welfare Dependency and Increase Employment? [J]. German Economic Review, 2011, 12(2):182—204.

70. Jessop B. Towards a Schumpeterian Workfare Regime in Britain? Reflections on Regulation, Governance, and Welfare State[J]. Environment and Planning A: Economy and Space, SAGE Publications Ltd, 1995, 27(10):1613—1626.

71. Jenson J, Saint-Martin D. New Routes to Social Cohesion? Citizenship and the Social Investment State[J]. The Canadian Journal of Sociology/Cahiers canadiens de sociologie, Canadian Journal of Sociology, 2003, 28(1):77—99.

72. Johnson E, Goldstein D. Medicine. Do defaults save lives? [J]. Science(New York, N. Y.), 2003, 302:1338—1339.

73. Kananen J. Nordic paths from welfare to workfare: Danish, Swedish and Finnish labour market reforms in comparison[J]. Local Economy, 2012, 27(5/6):558—576.

74. Katz L F. Wage Subsidies for the Disadvantaged[R]. w5679, National Bureau of Economic Research, 1996.

75. Kasarda J D, Ting K. Joblessness and poverty in America's central cities: Causes and policy prescriptions[J]. Housing Policy Debate, Routledge, 1996, 7(2):387—419.

76. Kersbergen K V, Hemerijck A. Two Decades of Change in Europe: The Emergence of the Social Investment State[J]. Journal of Social Policy, Cambridge University Press, 2012, 41(3):475—492.

77. Kruppe T, Lang J. Labour market effects of retraining for the unemployed: the role of occupations[J]. Applied Economics, Routledge, 2018, 50(14):1578—1600.

78. Krusell P, Mukoyama T, Şahin A, et al. Revisiting the welfare effects of eliminating business cycles[J]. Review of Economic Dynamics, 2009, 12(3):393—404.

79. Kvist J. Complexities in Assessing Unemployment Benefits and Policies[J]. International Social Security Review, 1998, 51(4):33—55.

80. Laibson D. Golden Eggs and Hyperbolic Discounting[J]. The Quarterly Journal of Economics, 1997, 112(2):443—478.

81. Leggett W. The politics of behaviour change: nudge, neoliberalism and the state[J]. Policy & Politics, 2014, 42(1):3—19.

82. Lei J, Chan C K. Does China's public assistance scheme create welfare dependency? An assessment of the welfare of the Urban Minimum Living Standard Guarantee[J]. International Social Work, SAGE Publications Ltd, 2019, 62(2):487—501.

83. Lepenies R, Małecka M. The Institutional Consequences of Nudging—Nudges, Politics, and the Law[J]. Review of Philosophy and Psychology, 2015, 6(3):427—437.

84. Levin I P, Schneider S L, Gaeth G J. All Frames Are Not Created

Equal: A Typology and Critical Analysis of Framing Effects[J]. Organizational Behavior and Human Decision Processes, 1998, 76(2):149—188.

85. Liang Y, Cao R. Employment assistance policies of Chinese government play positive roles! The impact of post-earthquake employment assistance policies on the health-related quality of life of Chinese earthquake populations[J]. Social Indicators Research, 2015, 120(3):835—857.

86. LITTLE D L. Independent Workers, Dependable Mothers: Discourse, Resistance, and AFDC Workfare Programs[J]. Social Politics: International Studies in Gender, State & Society, 1999, 6(2):161—202.

87. Longacre M L, Weber-Raley L, Kent E E. Cancer Caregiving While Employed: Caregiving Roles, Employment Adjustments, Employer Assistance, and Preferences for Support[J]. Journal of Cancer Education, 2019:1—13.

88. López-Santana M, Moyer R. Decentralising the Active Welfare State: The Relevance of Intergovernmental Structures in Italy and Spain[J]. Journal of Social Policy, Cambridge University Press, 2012, 41(4):769—788.

89. Madrian B C, Shea D F. The Power of Suggestion: Inertia in 401 (k) Participation and Savings Behavior[J]. The Quarterly Journal of Economics, Oxford University Press, 2001, 116(4):1149—1187.

90. Marsden P V, Gorman E H. Social Networks, Job Changes, and Recruitment[A]. in I. Berg, A. L. Kalleberg. Sourcebook of Labor Markets: Evolving Structures and Processes[M]. Boston, MA: Springer US, 2001: 467—502.

91. Martin J P. Activation and active labour market policies in OECD countries: stylised facts and evidence on their effectiveness[J]. IZA Journal of Labor Policy, 2015, 4(1):4.

92. McDonald S. What You Know or Who You Know? Occupation-specific work experience and job matching through social networks[J]. Social Science Research, 2011, 40(6):1664—1675.

93. Mills C. The Heteronomy of Choice Architecture[J]. Review of Philosophy and Psychology, 2015, 6(3):495—509.

94. Mouw T. Social Capital and Finding a Job: Do Contacts Matter? [J]. American Sociological Review, [American Sociological Association, Sage Publications, Inc.], 2003, 68(6):868—898.

95. Münscher R, Vetter M, Scheuerle T. A Review and Taxonomy of Choice Architecture Techniques[J]. Journal of Behavioral Decision Making, John Wiley & Sons, Ltd, 2016, 29(5):511—524.

96. Nagatsu M. Social Nudges: Their Mechanisms and Justification [J]. Review of Philosophy and Psychology, 2015, 6(3):481—494.

97. Nassar S, Al-Qimlass A, Karacan-Ozdemir N. et al. Considerations for career intervention services in global youth workforce development: consensus across policy, research, and practice[J]. Empirical Research in Vocational Education and Training, 2019, 11(1):5.

98. Newman I. Work as a route out of poverty: a critical evaluation of the UK welfare to work policy[J]. Policy Studies, Routledge, 2011, 32(2):91—108.

99. Nilssen E, Kildal N. New Contractualism in Social Policy and the Norwegian Fight against Poverty and Social Exclusion[J]. Ethics and Social Welfare, Routledge, 2009, 3(3):303—321.

100. O'Connor B. The Intellectual Origins of "Welfare Dependency" [J]. Australian Journal of Social Issues, 2001, 36(3):221—236.

101. Osinubi T S. Macroeconometric analysis of growth, unemployment and poverty in Nigeria [J]. Pakistan Economic and Social Review, Department of Economics, University of the Punjab, 2005, 43(2):249—269.

102. Peter B. Doeringer & Michael J. Piore, 1975. Unemployment and the Dual Labor Market[J]. The Public Interest; New York Vol.38, (Winter 1975):67.

103. Pearce D. Rights and Wrongs of Welfare Reform: A Feminist Approach[J]. Affilia, SAGE Publications Inc, 2000, 15(2):133—152.

104. Peck J, Theodore N. Exporting workfare/importing welfare-to-work: exploring the politics of Third Way policy transfer[J]. Political Geography, 2001, 20(4):427—460.

105. Peck J, Theodore N. "Work first": Workfare and the regulation of contingent labour markets[J]. Cambridge Journal of Economics, 2000, 24 (1):119.

106. Peck J, Tickell A. Neoliberalizing Space[J]. Antipode, 2002, 34 (3):380—404.

107. Peterson G W. Development of a Selection Measure for Access to

Public Employment Assistance Programs[J]. Journal of Employment Counseling, Journal of Employment Counseling, 1986, 23(3):131—139.

108. Rank M R. Family structure and the process of exiting from welfare [J]. Journal of Marriage and the Family, US: National Council on Family Relations, 1986, 48(3):607—618.

109. Solinger, D. J. The phase-out of the unfit: Keeping the unworthy out of work. In L. A. Keister (Ed.), Research in the sociology of work (Vol. 19): Work and organizations in China after thirty years of transition. London: Emerald Press, 2009:307—336.

110. Solinger D J, Jiang T. When Chinese Central Orders and Promotion Criteria Conflict: Implementation Decisions on the Destitute in Poor versus Prosperous Cities[J]. Modern China, 2016, 42(6):571—606.

111. Schram S F, Soss J, Houser L. et al. The third level of US welfare reform: governmentality under neoliberal paternalism[J]. Citizenship Studies, Routledge, 2010, 14(6):739—754.

112. Schulte L, Greer I, Umney C. et al. Insertion as an alternative to workfare: Active labour-market schemes in the Parisian suburbs[J]. Journal of European Social Policy, SAGE Publications Ltd, 2018, 28(4):326—341.

113. Scruggs L, Allan J P. The Material Consequences of Welfare States: Benefit Generosity and Absolute Poverty in 16 OECD Countries[J]. Comparative Political Studies, SAGE Publications Inc, 2006, 39(7):880—904.

114. Shaefer H L. Identifying Key Barriers to Unemployment Insurance for Disadvantaged Workers in the United States[J]. Journal of Social Policy, 2010, 39(3):439—460.

115. Spinnewijn J. Training and search during unemployment[J]. Journal of Public Economics, 2013, 99:49—65.

116. Standing G. Workfare and the precariat: workfare is the wrong policy response to the insecurities and inequalities of a flexible market economy [J]. Soundings, Lawrence & Wishart Ltd., 2011(47):35—44.

117. Thaler R. Toward a positive theory of consumer choice[J]. Journal of Economic Behavior & Organization, 1980, 1(1):39—60.

118. Torfing J. Workfare with Welfare: Recent Reforms of the Danish Welfare State[J]. Journal of European Social Policy, 1999, 9(1):5—28.

119. Tummers L. Public Policy and Behavior Change[J]. Public Administration Review, 2019, 79(6):925—930.

120. Tversky A, Kahneman D. The framing of decisions and the psychology of choice[J]. Science, American Association for the Advancement of Science, 1981, 211(4481):453—458.

121. Vroman W. Unemployment Insurance and Unemployment Assistance: A Comparison[J]. 2001:45.

122. Walker R, Wiseman M. Making welfare work: UK activation policies under New Labour[J]. International Social Security Review, 2003, 56(1):3—29.

123. Wu C-F, Cancian M, Wallace G. The effect of welfare sanctions on TANF exits and employment[J]. Children and Youth Services Review, 2014, 36:1—14.

124. Xu Y, Carraro L. Minimum income programme and welfare dependency in China[J]. International Journal of Social Welfare, 2017, 26(2):141—150.

125. Zhang H. Employment assistance in urban China: A qualitative study from the youth recipients' perspective[J]. Children and Youth Services Review, 2018, 88:521—527.

126. Zhang H. Uncoordination of China's social assistance program resources and policy solutions[J]. Social Work and Social Welfare, 2019, 1(1):1—6.

其他(会议论文、报纸、电子资源、政策文件等)

1. Alan Deacon. Public Welfare and private behavior: the case of welfare to work' programmes[R]. 2th International Research Conference of the International Social Security Association, Jenusalem, 1998.

2. Allard, Gayle J. Measuring the Changing Generosity of Unemployment Benefits: Beyond Existing Indicators[R]. SSRN Electronic Journal, IE Working paper, WP05-8, 2005.

3. Boeri T., Bocconi U., Debenedetti F. R., Conde-Ruiz J. I., Galasso V. Protecting Against Labour Market Risk: Employment Protection or Unemployment Benefits[R]. CEPR Discussion Paper No.3990, 2003.

4. Contini, B. Youth employment in Europe: institutions and social cap-

ital explain better than mainstream economics〔R〕. IZA Discussion Papers No.4718，2010.

5. Edmonds，Eric V. ；Schady，Norbert. Poverty Alleviation and Child Labor〔R〕. Policy Research Working Paper No.4702. World Bank，Washington，DC，2008.

6. Fernandez，R.，et al. Faces of Joblessness：Characterising Employment Barriers to Inform Policy〔R〕. OECD Social，Employment and Migration Working Papers No.192，OECD Publishing，Paris，2016.

7. Ian Ayres，Sophie Raseman，and Alice Shih. Evidence from Two Large Field Experiments that Peer Comparison Feedback Can Reduce Residential Energy Usage〔R〕. NBER Working Paper No.15386，2009.

8. ILO. World Social Protection Report 2017—19：Universal Social Protection to Achieve the Sustainable Development Goals〔R〕. Geneva：ILO，2017.

9. Immervoll，H.，Jenkins，S. P. and Königs，S. Are Recipients of Social Assistance "Benefit Dependent"? Concepts，Measurement and Results for Selected Countries〔R〕. IZA Discussion Paper 8786，Bonn：IZA，2015.

10. Immervoll，H.，Knotz，C. How Demanding Are Activation Requirements for Jobseekers〔R〕. OECD Social，Employment and Migration Working Papers Vol. 215，2018.

11. Kristine Langenbucher. How Demanding Are Eligibility Criteria for Unemployment Benefits，Quantitative Indicators for OECD and EU Countries〔R〕. OECD Social，Employment and Migration Working Papers No. 215，2015.

12. Peter Saunders. The direct and indirect effects of unemployment on poverty and inequality〔R〕. SPRC Discussion Paper No.118，Sydney，Australia，2002.

13. 郭玉辉. 我国社会救助制度面临的问题与完善路径〔N〕. 光明日报（理论版），2015-02-27(07).

14. 康劲. 低保金如何变成"养懒金"〔N〕. 工人日报，2006-04-05(001).

15. 周蕾. "救助渐退"思路下的国际救助制度经验与启示〔N〕. 中国社会报，2013-11-04(004).

16. Borgen Magazine. A Global Dilemma：How Unemployment Creates

Poverty[EB/OL]. https://www.borgenmagazine.com/unemployment-creates-poverty/. 2020 年 6 月 8 日访问.

17. Cabinet Office. Giving Green paper. HM Government，London（2010）［EB/OL］. http://jnmz. jinan. gov. cn/art/2012/6/14/art _ 8396 _ 2395104.html. 2020 年 8 月 1 日访问.

18. Calmfors，L. Active labour market policy and unemployment：a framework for the analysis of crucial design features［EB/OL］. https://www.swd.gov.hk/storage/asset/section/251/EmSS_042020.pdf. 2020 年 8 月 7 日访问.

19. Dar，Amit. 2003. Public Employment Services：Functions and Innovations. World Bank Employment Policy Primer［EB/OL］. https://open-knowledge.worldbank.org/handle/10986/11814. 2020 年 6 月 28 日访问.

20. Ellwood D. Welfare Reform as I Knew It：When Bad Things Happen to Good Policies[EB/OL]. The American Prospect. https://prospect.org/api/content/cdc959c2-c15f-57f0-8c76-1bd88684ccb4/. 2020 年 6 月 28 日访问.

21. European Commission. European Semester Thematic Factsheet Active Labour Market Policies[EB/OL]. https://ec. europa. eu/info/sites/info/files/european-semester _ thematic-factsheet _ active-labour-market-policies _ en _ 0.pdf. 2020 年 6 月 28 日访问.

22. Eurostat. Labour market policy statistics Qualitative report. Denmark，2017[EB/OL]. https://ec. europa. eu/social/main. jsp? catId＝1143&intPageId＝3227&langId＝en. 2020 年 6 月 28 日访问.

23. Hussmanns，Ralf. Measurement of Employment，Unemployment and Underemployment—Current International Standards and Issues in Their Application ［EB/OL］. https://www. ilo. org/wcmsp5/groups/public/---dgreports/---stat/documents/publication/wcms_088394.pdf. 2020 年 8 月 18 日访问.

24. James Browne，Dirk Neumann，Daniele Pacifico，Olga Rastrigina. Benefit generosity and work incentives for recipients of disability benefits in 12 EU member States[EB/OL]. http://www. oecd. org/els/soc/benefits-and-wages/Benefit-generosity-and-work-incentives-for-disability-benefit-recipients. pdf. July，2018. 2020 年 6 月 17 日访问.

25. Heyma，A.，van Ours J. C. How eligibility criteria and entitlement characteristics of unemployment benefits affect job finding rates of elderly

workers［EB/OL］. https://www. cerge-ei. cz/pdf/events/papers/051107 _ t. pdf，Sep 2005. 2020 年 6 月 17 日访问.

26. ILO. Resolution concerning statistics of work，employment and labour underutilization，Adopted by the Nineteenth International Conference of Labour Statisticians（October 2013）［EB/OL］. https://www. ilo. org/wcm-sp5/groups/public/---dgreports/---stat/documents/normativeinstrument/wc-ms_230304.pdf. 2020 年 8 月 18 日访问.

27. IRS. Work Opportunity Tax Credit［EB/OL］. https://www. irs. gov/businesses/small-businesses-self-employed/work-opportunity-tax-credit. 2020 年 6 月 28 日访问.

28. OECD. Employment Outlook 2012［EB/OL］. http://dx. doi. org/10.1787/empl_outlook-2012-en. 2020 年 8 月 7 日访问.

29. OECD. Employment Outlook 2014［EB/OL］. http://dx. doi. org/10.1787/empl_outlook-2014-8-en. 2020 年 8 月 7 日访问.

30. OECD. Employment Outlook 2015［EB/OL］. http://dx. doi. org/10.1787/empl_outlook-2015-en. 2020 年 8 月 7 日访问.

31. OECD. The OECD Tax-Benefit model for Australia description of policy rules for 2019［EB/OL］. http://www. oecd. org/els/soc/benefits-and-wages/Australia_2019.pdf. 2020 年 8 月 15 日访问.

32. OECD. The OECD Tax-Benefit model for Austria description of policy rules for 2019［EB/OL］. http://www. oecd. org/els/soc/TaxBEN-Germany-2019.pdf. 2020 年 8 月 15 日访问.

33. OECD. The OECD Tax-Benefit model for Austria description of policy rules for 2019［EB/OL］. http://www. oecd. org/els/soc/TaxBEN-Germany-2019.pdf. 2020 年 8 月 15 日访问.

34. OECD. The OECD Tax-Benefit model for Chile description of policy rules for 2015［EB/OL］. http://www. oecd. org/els/soc/benefits-and-wages/taxBEN-Chile-2015.pdf. 2020 年 8 月 15 日访问.

35. OECD. The OECD Tax-Benefit model for Estonia description of policy rules for 2019［EB/OL］. http://www. oecd. org/els/soc/TaxBEN-Estonia-2019.pdf. 2020 年 8 月 15 日访问.

36. OECD. The OECD Tax-Benefit model for Finland-description of policy rules for 2019［EB/OL］. http://www. oecd. org/els/soc/TaxBEN-Finland-

2019.pdf. 2020 年 8 月 15 日访问.

37. OECD. The OECD Tax-Benefit model for France description of policy rules for 2019［EB/OL］. http://www. oecd. org/els/soc/TaxBEN-France-2019.pdf. 2020 年 8 月 15 日访问.

38. OECD. The OECD Tax-Benefit model for Germany description of policy rules for 2019［EB/OL］. http://www.oecd.org/els/soc/TaxBEN-Germany-2019.pdf. 2020 年 8 月 15 日访问.

39. OECD. The OECD Tax-Benefit model for Greece description of policy rules for 2019［EB/OL］. http://www. oecd. org/els/soc/TaxBEN-Greece-2019.pdf. 2020 年 8 月 15 日访问.

40. OECD. The OECD Tax-Benefit model for Ireland description of policy rules for 2019［EB/OL］. http://www.oecd.org/els/soc/TaxBEN-Ireland-2019.pdf. 2020 年 8 月 15 日访问.

41. OECD. The OECD Tax-Benefit model for Malta description of policy rules for 2019［EB/OL］. http://www. oecd. org/els/soc/TaxBEN-Malta-2019.pdf. 2020 年 8 月 15 日访问.

42. OECD. The OECD Tax-Benefit model for New Zealand description of policy rules for 2019［EB/OL］. http://www.oecd.org/els/soc/TaxBEN-New_Zealand-2019.pdf. 2020 年 8 月 15 日访问.

43. OECD. The OECD Tax-Benefit model for Portugal description of policy rules for 2019［EB/OL］. http://www.oecd.org/els/soc/TaxBEN-Portugal-2019.pdf. 2020 年 8 月 15 日访问.

44. OECD. The OECD Tax-Benefit model for Spain description of policy rules for 2019［EB/OL］. http://www.oecd.org/els/soc/TaxBEN-Spain-2019.pdf. 2020 年 8 月 15 日访问.

45. OECD. The OECD Tax-Benefit model for Sweden description of policy rules for 2019［EB/OL］. http://www.oecd.org/els/soc/TaxBEN-Sweden-2019.pdf. 2020 年 8 月 15 日访问.

46. OECD. The OECD Tax-Benefit model for Switzerland description of policy rules for 2019［EB/OL］. http://www. oecd. org/els/soc/TaxBEN-Switzerland-2019.pdf. 2020 年 8 月 15 日访问.

47. OECD. The OECD Tax-Benefit model for United Kingdom description of policy rules for 2019［EB/OL］. http://www. oecd. org/els/soc/Tax-

BEN-United-Kingdom-2019.pdf. 2020 年 8 月 15 日访问.

48. The Council of Economic Advisers. Expanding Work Requirements in Non-Cash Welfare Programs[EB/OL]. https://www. whitehouse. gov/wp-content/uploads/2018/07/Expanding-Work-Requirements-in-Non-Cash-Welfare-Programs.pdf，July 2018. 2020 年 6 月 17 日访问.

49. United States General Accounting Office. Targeted Jobs Tax Credit Employer Actions to Recruit，Hire，and Retain Eligible Workers Vary[EB/OL]. https://www.gao.gov/assets/160/150113.pdf. 2020 年 6 月 28 日访问.

50. U. S. Congress. Comprehensive Employment and Training Act of 1973，in U. S. Code，Congressional and Administration News，St. Paul：West Publishing Co.，1973，1：925[EB/OL]. https://www.congress.gov/bill/93rd-congress/house-bill/17526?s=1&r=5. 2020 年 6 月 28 日访问.

51. U. S. Congress. Family Support Act of 1988. H. R. 1720 [EB/OL]. https://www. congress. gov/bill/100th-congress/house-bill/1720. 2020 年 12 月 22 日访问.

52. 人社部.2020 年第二季度全国招聘求职 100 个短缺职业排行[EB/OL]. http://www. mohrss. gov. cn/SYrlzyhshbzb/dongtaixinwen/buneiyaowen/202007/t20200721_380124.html.2020 年 11 月 1 日访问.

53. 国家统计局. 人口和就业（28）[EB/OL]. http://www. stats. gov. cn/tjzs/cjwtjd/201308/t20130829_74322.html.2020 年 9 月 17 日访问.

54. 联合国. 哥本哈根社会发展问题宣言[EB/OL]. https://www.un.org/zh/documents/treaty/files/A-CONF-166-9.shtml,2021 年 2 月 19 日访问.

55. 北京市劳动和社会保障局　北京市财政局.北京市劳动和社会保障局、北京市财政局关于印发《北京市鼓励城镇就业困难人员自谋职业（自主创业）社会保险补贴办法》的通知[Z].京劳社服发〔2006〕45 号,2006-04-04.

56. 北京市民政局　北京市财政局.北京市劳动和社会保障局、市民政局、市财政局关于印发《建立促进城市低保就业服务对象就业机制暂行办法实施细则》的通知 [Z].京劳社就发〔2004〕187 号,2004-12-17.

57. 北京市人大常委会.北京市就业援助规定[Z].北京市人民代表大会常务委员会公告第 21 号,2012-01-04.

58. 本溪市人大.本溪市就业促进条例（2019 修改）[Z].本溪市第十六届人民代表大会常务委员会公告第 4 号,2019-06-10.

59. 重庆市财政局　重庆市劳动和社会保障局　重庆市就业再就业工作

领导小组 重庆市民政局.重庆市财政局、重庆市劳动和社会保障局、重庆市就业再就业工作领导小组办公室、重庆市民政局关于试行就业补贴促进城市居民最低生活保障人员就业再就业的通知[Z].渝财社〔2006〕41号,2006-03-22.

60. 广州市人力资源和社会保障局 广州市财政局.广州市人力资源和社会保障局、广州市财政局关于印发广州市就业补助资金使用管理办法的通知[Z].穗人社规字〔2019〕1号,2019-02-20.

61. 国务院.城市居民最低生活保障条例[Z].中华人民共和国国务院令[第271号],1999-09-28.

62. 国务院.国务院关于印发完善城镇社会保障体系试点方案的通知[Z].国发〔2000〕42号,2000-12-25.

63. 黑龙江省民政厅 黑龙江省人力资源和社会保障厅.黑龙江省民政厅、黑龙江省人力资源和社会保障厅、黑龙江省扶贫办关于做好城乡最低生活保障制度与城市就业农村扶贫开发政策相互衔接的指导意见[Z].黑民办〔2014〕90号,2014-07-25.

64. 湖北省人民政府.湖北省社会救助实施办法[Z].湖北省人民政府令第374号[Z].湖北省人民政府令第374号,2014-09-10.

65. 湖南省人民政府.湖南省人民政府办公厅关于转发省劳动保障厅、省民政厅、省财政厅《湖南省建立促进就业与城市居民最低生活保障联动机制暂行办法》的通知[Z].湘政办发〔2008〕1号,2008-02-13.

66. 民政部 财政部.民政部、财政部关于《中华人民共和国社会救助法(草案征求意见稿)》公开征求意见的通知[Z].2020-09-07.

67. 南阳市人民政府办公室.南阳市人民政府办公室关于印发南阳市开展最低生活保障失业保险与促进就业联动工作试点实施方案的通知[Z].宛政办〔2007〕84号,2007-12-11.

68. 宁波市人民政府.宁波市人民政府关于进一步做好新形势下就业创业工作的意见[Z].甬政发〔2015〕112号,2015-09-30.

69. 全国人大常委会.中华人民共和国就业促进法[Z].中华人民共和国主席令第七十号,2007-08-30.

70. 上海市人力资源和社会保障局、上海市财政局、上海市民政局、上海市残疾人联合会关于进一步做好本市就业援助工作的若干意见[Z].沪人社就发〔2016〕54号,2016-12-23.

71. 朔州市人民政府.朔州市人民政府关于印发《朔州市建立健全全市城

乡社会救助体系的实施办法》的通知[Z].朔政发〔2005〕101 号,2005-11-30.

72. 天津市人力资源和社会保障局　天津市财政局.天津市人力资源和社会保障局、天津市财政局关于印发《天津市公益性岗位开发管理暂行办法》的通知[Z].津人社局发〔2020〕10 号,2020-06-04.

73. 银川市人民政府.银川市人民政府办公厅关于印发加强经济困难家庭社会救助工作实施意见的通知[Z].银政办发〔2018〕109 号,2018-06-27.

74. 中共中央办公厅　国务院办公厅.中共中央办公厅、国务院办公厅印发《关于改革完善社会救助制度的意见》[Z].中办发〔2020〕18 号,2020-08-15.

75. 中华人民共和国国务院.社会救助暂行办法[Z].中华人民共和国国务院令第 649 号,2014-02-21.

附　　录

深度访谈个案编码信息

附表 1-1　个案编码信息表

个案编码	访谈人员	受访对象（人口）	对象身份	访谈地点	访谈时间	转录字数
BJSJSWXS42	卢同学、耿同学	王先生(3)	贫困人员	石景山区	1 h 10 min	13910
BJFTZXS53	卢同学、耿同学	张先生(3)	贫困人员	丰台区	1 h 7 min	10440
BJDCLXS28	李同学	刘先生(3)	贫困人员	东城区	1 h 10 min	10111
BJFTMXS38	本人	马先生(1)	贫困人员	丰台区	1 h 30 min	17815
BJSJSPXS42	本人，姚同学	潘先生(1)	贫困人员	石景山区	51 min	9862
BJSJSTNS49	祝同学、杨同学	田女士(2)	贫困人员	石景山区	1 h 21 min	12679
BJSJSZNS34	本人，姚同学	张女士(2)	贫困人员	石景山区	1 h 5 min	18420
BJSJSSXS35	任同学、宁同学	宋先生(4)	贫困人员	石景山区	50 min	9348
BJFTBXS47	卢同学、耿同学	白先生(1)	贫困人员	丰台区	42 min	9348
BJDCSNS48	本人，程同学	隋女士(3)	贫困人员	东城区	1 h 18 min	18712
BJDCDNS46	本人，姚同学	丁女士(1)	贫困人员	东城区	35 min	5910

个案编码	访谈人员	受访对象（人口）	对象身份	访谈地点	访谈时间	转录字数
BJXCHXS53	申同学	黄先生(2)	贫困人员	西城区	57 min	10098
48BJDCZNS	王同学	张女士	居委会副主任	东城区	1 h 10 min	13189
38BJXCZXS	本人	张先生	居委会民政专干	西城区	47 min	9780
33BJYQYXS	任同学	闫先生	民政干部	延庆区民政局	1 h 15 min	13607
47BJSJSLXS	刘同学	李先生	低保中心主任	石景山区民政局	1 h 30 min	27301
36BJXCLXS	本人	李先生	居委会民政专干	西城区	56 min	10766
28BJSJSSXS	本人	孙先生	民政科科员	石景山区	1 h 05 min	12225
33BJSXCYNS	本人	杨女士	市民服务中心主任	西城区	1 h 40 min	21891
35BJSJSLXS	薛同学	李先生	副科长	石景山区民政局	1 h 20 min	11859
33BJDCTXS	杨同学	谭先生	民政科副科长	东城区	1 h 09 min	9682
48BJDCZXS	王同学	张女士	社区居委会副主任	东城区	1 h 10 min	13189
38BJXCLSX	本人	朱女士	公益性岗位负责人	西城区	53 min	8978
33BJDCLNS	本人	刘女士	低保中心副主任	东城区民政局	1 h 30 min	18607
38BJXCLSX	本人	吕先生	街道社保所专干	西城区	1 h 35 min	17868

访谈提纲

城市贫困对象

1. 请您介绍一下家庭情况(成员、收入、困难、工作、自我评价等)。

2. 您上个月的家庭收入和支出大概是多少?主要有哪些收入来源?支出的费用都干什么用了(生活、教育、就医、社交等具体数字)?

3. 您觉得现行的低保标准合理吗?每次调整低保金时,是怎么调整的?

4. 您申请低保有没有什么顾虑?请说明原因。

5. 您认为低保的申领程序是否合理?请举例说明。

6. 您认识的人当中,有没有"应保未保"的情况?

7. 您对退出低保怎么看?您能讲一个该退没退的故事吗?

8. 您觉得目前低保政策存在养懒汉的现象吗?为什么?

9. 您或家人在低保期间有没有就业和工作经历?有哪些妨碍就业和工作的困难?

10. 您或家人在低保期间社区或者街道工作人员有没有推荐工作?一般是什么工作?您是否满意?

12. 您或家人在低保期间有参加过社区或者街道组织的招聘会吗?如果有,请详细谈谈。

13. 您或家人想找什么样的工作?

14. 您觉得社区或者街道工作人员对你们是否就业重视吗?请举例说明。

15. 您身边有没有人拿着工作收入吃着低保的?您觉得该现

象合理吗？

16. 您一般对什么类型的就业帮扶比较感兴趣？

17. 如果近期有合适的工作,您愿意退出低保进行工作吗？

18. 如有可能,您在什么情况下会考虑退出低保？请详细谈谈。

街道社区民政专干

1. 请您介绍下自己的个人及工作情况。

2. 请您介绍下本社区/街道低保对象的基本情况(低保金水平、领取低保的时间,退保情况、低保成员主要构成、特殊群体等),尤其是有劳动能力的对象。

3. 请您介绍下本区/街道在促进低保对象就业的主要方式和手段、问题与成效。

4. 请问您对于当前低保将有劳动能力的低保对象纳入覆盖对象有什么看法？

5. 您如何看待福利领取与就业参与？您觉得低保养懒汉问题存在吗？

6. 请您介绍下工作收入豁免、救助渐退、公益性劳动等政策的基本情况。

7. 请您介绍下低保审核过程汇总收入核减、隐性收入、家庭成员认定等具体操作。

8. 请您介绍下在针对有劳动能力,并且也有就业能力低保对象就业激励以及引导主动退保的具体做法、成功案例以及主要难点。

9. 请您介绍下本街道公共就业服务、就业援助以及就业救助的基本情况。

10. 请您介绍下日常各部门合作及交流的情况。

11. 您觉得有劳动能力低保对象就业参与的主要障碍在哪?

12. 请您介绍下服务对象中低保对象的参与情况以及效果反馈。

后　　记

　　当写下"后记"二字时,喻示着在外求学工作二十余载,我即将迎来人生中的第一本专著,此时此刻内心是激动而又忐忑的。之所以激动,是因为专著在很大程度上可以被视为研究者的学术门面,是研究者在特定领域深入研究和思考的结晶。如果时光回溯到 2011 年夏天刚参加完高考的我,做梦也不会想到自己居然能够出版专著。言其忐忑,是因为即使完成了博士阶段学习,在学术圈摸爬滚打了若干年,也发表了一些"粗制滥造"的文章,但是深知自己的学术涵养有多深、学术积累有多实,生怕拙著的出版会受到同行们的诸多批评。不过,我想或许这也是一名青椒必经的阶段吧。

　　无论如何,这本拙著的出版,需要感谢很多。首先我要感谢导师——中国社会科学院社会发展战略研究院的韩克庆研究员。拙著源于我的博士论文,导师对我的悉心指导以及关怀备至是我能够完成硕博学习最为关键的因素,也是这本拙著能够成稿的关键所在。其实,当初之所以选择城镇贫困人员就业救助这一主题,也是源于硕博期间跟随老师做课题、跑调研后的直观感受,尤其是在和受访对象访谈过程中,深感该群体就业形势的严峻性以及重要性。其次,我要感谢中央党校(国家行政学院)社会和生态文明教研部的领导和老师,尤其是"改革开放以来党的社会建设思想研究"创新工程项目组的老师们。同时,也要感谢国家社会科学基金青年项目"行为社会政策视域下社会救助对象积极就业研究"(项目编号:22CSH096)的支持。此外，我要感谢上海三联书店，尤其是编辑郑秀艳老师。无论是从最初的交流，还是后期每个阶段的推进，出版社各位老师们始终保持着高效务实的工作风格，让拙著能够有机会顺利出版。最后，我还要特别感谢一直以来给予我各种支持的家人们以及写作过程中给予各种帮助的老师、同学以及受访对象等。

后记的最后，还想絮絮叨叨啰嗦几句，不知不觉自己从学生身份转变为老师身份已将近三年。进入职场以来，深感做好学问以及为人处世的不易。虽然也会面临各种磕磕碰碰，但我始终相信只要为人善良、以诚待人、踏实做事，付出一定会以某种形式给予反馈的。回想起 2011 年上大学以来，我先是在中山大学政治与公共管理学院接受了政治学、行政管理等专业的基础训练，后在中国人民大学劳动人事学院接受了社会保障专业的学科训练，期间受国家留学基金委公派，前往美国加州大学伯克利分校社会福利学院接受了社会福利、社会工作等专业训练，还去过新加坡、日本等地的短期访学交流。这些学习经历为我研究城镇贫困人员就业救助议题提供了跨学科的多元化视角，也让我切实感受到做好、做深一个研究选题的不易。因此，囿于学术涵养和学术能力的限制，我相信无论是从论证的严谨性来看，还是从政策的可行性来看，抑或是理论的边际贡献度，拙著还有诸多有待进一步修改和完善的地方。对此，也希望广大读者能够多加包涵、多加批评和指导，我定将保持谦虚和敬畏之心，不断弥补学术知识短板以及研究能力的局限，期待在未来的研究中能够继续将这一选题做得更加扎实、更加深入。

王燊成

2024 年 4 月于大有北里 100 号

图书在版编目(CIP)数据

城市贫困人员就业救助研究/王燊成著.—上海：
上海三联书店,2024.5
ISBN 978-7-5426-8233-8

Ⅰ.①城… Ⅱ.①王… Ⅲ.①城市-就业-社会救济
-研究-中国 Ⅳ.①D632.1

中国国家版本馆 CIP 数据核字(2023)第 167592 号

城市贫困人员就业救助研究

著　者 / 王燊成

责任编辑 / 郑秀艳
装帧设计 / 一本好书
监　制 / 姚　军
责任校对 / 王凌霄

出版发行 / 上海三联书店
　　　　　(200041)中国上海市静安区威海路 755 号 30 楼
邮　箱 sdxsanlian@sina.com
联系电话 / 编辑部：021-22895517
　　　　　发行部：021-22895559
印　刷 / 上海惠敦印务科技有限公司

版　次 / 2024 年 5 月第 1 版
印　次 / 2024 年 5 月第 1 次印刷
开　本 / 890 mm×1240 mm　1/32
字　数 / 240 千字
印　张 / 10.75
书　号 / ISBN 978-7-5426-8233-8/D·600
定　价 / 78.00 元

敬启读者,如发现本书有印装质量问题,请与印刷厂联系 021-63779028